让法律被信仰

法之治

新时代创新司法保障丛书

杨临萍 总主编

人民法院
法律适用与司法政策
审判指导与参考

杨临萍/主编

法律出版社
LAW PRESS·CHINA

编 辑 委 员 会

总 序

国无常强,无常弱;奉法者强,则国强,奉法者弱,则国弱。党的十八大以来,以习近平同志为核心的党中央高度重视法治工作,将全面依法治国作为战略布局的重要组成部分,形成了习近平总书记关于全面依法治国新理念新思想新战略。人民法院公正司法作为全面推进依法治国的重要环节,具有举足轻重的意义。党的十九大发出了夺取新时代中国特色社会主义伟大胜利的动员令,开启了社会主义现代化建设的新征程。在习近平同志为核心的党中央的坚强领导下,我们解决了许多长期想解决而没有解决的难题,办成了许多过去想办成而没有办成的大事,党和国家事业取得了新的历史性成就,全面推进依法治国取得显著成效。

昨夜江边春水生,此日中流自在行。法院审判执行工作是充满政治智慧的技术工作,也是需要高超司法技术的政治工作。重庆法院全体干警以习近平新时代中国特色社会主义思想为指引,认真学习习近平总书记视察重庆重要讲话精神,围绕"努力让人民群众在每一个司法案件中感受到公平正义"的要求,积极发挥司法职能,为经济社会发展大局贡献司法智慧与力量,用实际行动将习近平总书记的殷殷嘱托全面落实在重庆大地上。我们根据中央、最高人民法院、重庆市委部署,推进司法体制综合配套改革,落实司法责任制改革,完善各项单项改革,发挥"制度优势 + 技术优势",构建人力与科技深度融合的司法运行新模式,推动司法质效和公信力全面提升。

习近平总书记指出:"实践决定认识,是认识的源泉和动力,也是认识的目的和归宿。"重庆法院全体干警深学笃用习近平新时代中国特色社会主义思想,坚持总体国家安全观,推进平安重庆建设;坚持贯彻新发展理念,服务保障中心大局;坚持以人民为中心,满足群众多元司法需求;坚持深化改革创新,主动拥抱智慧时代,为实现"两点"定位、"两地""两高"目标贡献力量,为推动高质量发展,创造高品质生活提供司法保障。全面依法治国是国家治理的一场深刻革命。重庆法院全体干警在这场气势磅礴的革命实践中形成了大量经验、方法和技术,这些经验、方法和技术经过理论升华,生动诠释了中国特色社会主义法治理论。

法,国之权衡也,时之准绳也。审判执行是法院的核心业务,但不是唯一业务。作为国家审判机关,法院在维护宪法法律尊严的前提下,必须充分发挥审判职能,参与社会治安综合治理,服务经济社会发展大局,服务党和国家中心工作,履行好维护国家政治安全、确保社会大局稳定、促进社会公平正义、保障人民安居乐业的职责任务。法律是对权利义务的确认与分配,司法案件往往体现了各种社会利益的冲突。法院在审判执行工作中能够较直接地了解法律问题背后的社会问题。法院受理的案件往往由法律问题和社会问题交错,法官们需要通过解决法律问题实现对社会问题的化解,为人民群众的行为提供预期,从司法角度实现法的指引、评价、预测和教育功能。重庆法院的法官们在法院审判、执行、管理、改革等各方面表现出卓越智慧与丰富经验,并取得了喜人成绩。

一花独放不是春,万紫千红春满园。为及时总结审判经验与司法规律,指导司法实践,更好地发挥新时代司法保障发展的功能,我们编辑出版了这套"新时代创新司法保障丛书"。首批推出《新时代司法促进良法善治的实践》《人民法院法律适用与司法政策审判指导与参考》《司法体制改革与智慧法院的实践与探索》《基本解决执行难理论探索与实务指引》《供给侧结构性改革司法实践——破产重整与和解的最新理论及实务》《人民法院解决"一带一路"贸易争端的司法实践与探索》,旨在反映人民法院在审判实务、司法体制改革、智慧法院建设、基本解决执行难、司法服务中心工作等方面的一些实践与思考。丛书既有对重大司法问题的宏观考量,也有对具体规则的微观分析。"新时代创新司法保障丛书"是锻炼人才、发现人才的重要平台,是进一步促进法院队伍革命化、正规化、专业化、职业化建设的重要手段。我们衷心希望这些成果能够对促进我国司法工作发展起到一定作用。

实践无止境，理论创新无止境。“新时代创新司法保障丛书”是开放式文丛，我们将及时总结法院工作中的司法智慧，并纳入丛书出版，为我国审判理论的丰富和发展添砖加瓦，为法学研究、法学教育和司法实务提供参考。

2019 年，正值中华人民共和国成立 70 周年，“新时代创新司法保障丛书”是重庆法院全体干警对中华人民共和国 70 华诞的隆重献礼。祝福祖国繁荣昌盛，国泰民安！

是为序。

2019 年 1 月

序

司法审判是经济社会发展变化的“晴雨表”,是社情民意的“风向标”。人民法院发布的案例作为司法公共服务产品,是人民法院审判经验的生动总结,是人民法院司法智慧的集中体现,亦是进行国家治理与社会治理的重要依据。党的十八大以来,以习近平同志为核心的党中央高度重视司法案例在促进公正司法、加强法治宣传、推进法治建设中的重要作用。党的十八届四中全会更是明确要加强和规范司法解释和案例指导,统一法律适用标准。实践中,典型案例一直发挥着弘扬社会主义核心价值观、统一裁判标准、提高审判质量、提升司法公信、推动中国特色社会主义司法制度建设的重要作用。案例工作已成为一项事关国家法治建设、经济社会科学发展、司法公正权威的重要事业。

为贯彻落实党中央关于司法案例工作的重要部署和要求,最高人民法院专门出台《关于案例指导工作的规定》《〈关于案例指导工作的规定〉实施细则》《案例指导工作专家委员会工作规则》等案例指导工作规定,截至目前发布20批106个指导性案例,构建中国特色案例指导制度,有效地促进了法律适用标准的统一。

近年来,重庆法院全面贯彻落实最高人民法院关于案例工作的部署,把案例工作作为贯彻落实党的方针政策、正确实施国家法律的有效抓手,作为加强审判指导、保障司法公正的重要手段,作为展示司法为民、弘扬法治精神的重要窗口,通过强化案例工作认识、健全案例工作机制、培养案例编辑队伍、构建案例工作网络、搭建案例工作平台等方式，着力打造精品案例，及时发布典型案例，积极发挥典型案例的规范、指导、评价、引领功能，大力弘扬社会主义法治精神和社会主义核心价值观，产出了一批精品典型案例。如“重庆融豪投资（集团）有限公司与泸州市江阳区人民政府等合同纠纷案”被最高人民法院评为“依法平等保护非公有制经济发展十大典型案例”“保护产权和企业家合法权益首批7个典型案例”；“刘某诉刘某某、周某某请求分割父母出资购买共有房屋纠纷案”“杜某某诉张某某、何某某保障残疾人经营权纠纷案”分别入选最高人民法院“大力弘扬社会主义核心价值观十大典型案例”和最高人民法院“残疾人权益维护十大典型案例”；“成都同德福合川桃片有限公司诉重庆市合川区同德福桃片有限公司等侵害商标权及不正当竞争纠纷案”“重庆市涪陵志大物业管理有限公司诉重庆市涪陵区人力资源和社会保障局等见义勇为视同工伤行政确认案”“罗某某诉重庆市彭水苗族土家族自治县地方海事处政府信息公开案”三个案例作为最高人民法院指导性案例发布，为全国法院审理类似案件提供裁判规则指导，贡献了重庆法院的司法智慧。

法律的生命力在于实施，案例的生命力在于应用。为充分发挥案例在服务审判、宣传法治、完善立法、繁荣法学研究等方面的作用，我们对重庆法院审判实践中发布的法律适用参考类案例和司法政策实施类案例进行了梳理，汇编了刑事审判参考、民事审判参考、商事审判参考、行政审判参考、司法弘扬核心价值观、生态文明司法保护、民营经济司法保护、涉自贸试验区司法保护等各类案例，形成这本案例集。希望书中对审判工作的思考以及案例所体现的裁判思路，能够为法官办案提供有益参考，为社会公众提供行为借鉴，为法治社会提供规则指引。

是为序。

2019年1月

目　录

法律适用参考类案例

刑事审判参考

民事审判参考

商事审判参考

行政审判参考

司法政策实施类案例

司法弘扬核心价值观

生态文明司法保护

民营经济司法保护

涉自贸试验区司法保护

法律适用参考类
案 例

刑事审判参考

严某等网上开设赌场案

关键词

刑事　开设赌场罪　网上开设赌场

裁判要点

1. 以开设游戏工作室为名，建立赌博网站并接受投注的行为，按照《关于办理网络赌博犯罪案件适用法律若干问题的意见》，应当认定为《刑法》第 303 条第 2 款规定的开设赌场罪。

2. 明知是赌博网站，为其提供网站技术支持、资金支付结算等服务的，应当认定为开设赌场罪的共犯。

3. 具有参与赌博网站的行为，是否有利润分成不影响共同犯罪行为的成立。

相关法条

《刑法》第 303 条第 2 款

《关于办理网络赌博犯罪案件适用法律若干问题的意见》第 1 条、第 2 条

基本案情

重庆市沙坪坝区人民检察院诉称：2008 年 12 月，被告人严某受王某某（另案处理）委托，与被告人闫某一起网罗被告人杜某某等 13 人在王某某出资成立的创想游戏工作

室,开设网上赌场,代理运行万博赌博网获取经济利益。严某担任经理,闫某负责财务、人事管理,杜某某、李某、王某、龚某、陈某某、胡某某、沙马某某某、黄某、母色某某、杨某林、杨某、霍某某、包某某等13名被告人均分工参与了赌博网站的运行。15名被告人的行为构成开设赌场罪。

被告人严某及其辩护人辩称:其只是受王某某委托、帮助王某某管理创想游戏工作室,对开设赌场所起作用不大,且案发后认罪态度好,退回了大部分赃款,请求从轻处罚,适用缓刑。

被告人闫某及其辩护人对公诉机关指控事实没有异议,但认为其不是主犯,且认罪态度好,退回了赃款,请求量刑时予以考虑。被告人杜某某及李某、王某、龚某等3名被告人及其辩护人对指控的事实及罪名没有异议,但提出在共同犯罪中系从犯,作用较小,要求减轻或者免除处罚。陈某某、胡某某、沙马某某某、黄某、母色某某、杨某林、杨某、霍某某、包某某等9名被告人对公诉机关指控没有异议。

法院经审理查明:2008年12月,被告人严某接受王某某(另案处理)的委托,与被告人闫某一起在沙坪坝区曾家镇租赁房屋,作为创想游戏工作室的办公地点,在网上开设赌场,代理运行万博赌博网。由被告人严某担任经理,负责万博赌博网站的运行和日常管理;被告人闫某担任财务,负责与王某某进行资金对账、转账汇款、租赁房屋、办理公司上网线路、招聘人员等事务;被告人杜某某负责万博网的技术支持和服务器维护,还负责对不是创想游戏工作室营运、代理的其他赌博网站进行黑客攻击;其余被告人中,李某、王某、龚某等3人,负责对被告人陈某某、胡某某、沙马某某某、黄某、母色某某、杨某林、杨某、霍某某、包某某等9人进行管理、考勤及技术培训。2009年5月至2010年5月,被告人李某、王某、龚某与被告人陈某某、胡某某、沙马某某某、黄某、母色某某、杨某林、杨某、霍某某、包某某等12人,在创想游戏工作室运行的万博赌博网站上,采取陪打麻将、斗地主等赌博方式,以积分为赌注,分成2班,全天24小时与王某某、陈某(另案处理)等人发展的万博赌博网站一级、二级代理商的注册赌客进行赌博,万博赌博网站每场自动扣除赢家4%积分获取非法利益。在创想游戏工作室工作期间,被告人严某除领取工资外,还从创想游戏工作室每月盈利中按比例提成,共计获取工资及提成90,000余元。闫某、杜某某、李某、王某、龚某、陈某某、胡某某、沙马某某某、黄某、母色某某、杨某林、杨某、霍某某、包某某等14名被告人分别获取40,000元至1000元不等的工资及奖金,未有利润提成。

裁判结果

重庆市沙坪坝区人民法院于2010年12月3日依法作出(2010)沙法刑初字第672号刑事判决,以开设赌场罪,判处严某有期徒刑1年6个月,并处罚金30,000元;判处闫某犯有期徒刑6个月,并处罚金10,000元;判处杜某某有期徒刑1年4个月,并处罚金30,000元。李某、王某、龚某等其余12名被告人也被判处7个月的有期徒刑,且并分别处1000元至2000元的罚金。没收电脑等作案工具,对各被告人的违法所得继续予以追缴。一审判决后,被告人未上诉,检察机关未抗诉,该判决已生效。

裁判理由

法院生效裁判认为:创想游戏工作室的建立,在万博赌博网站的运行上起着不可或缺的作用,没有游戏工作室,则万博赌博网站无法正常运行,被告人严某作为创想游戏工作室的经理,实际管理了赌博网站的日常运行,领取工资并有利润提成,其行为严重妨害了社会管理,已经构成开设赌场罪。被告人闫某与被告人李某、王某、龚某分别为财务人员、组长,对创想游戏工作室进行了不同程度的管理,虽只领取工资及奖金无利润分成,但具有开设游戏工作室为名建立赌博网站并接受投注的行为,严重妨害了社会管理,已构成开设赌场罪。被告人杜某某虽只领取工资及奖金,但其明知万博网站是赌博网站,而为其提供技术支持,其行为已构成开设赌场罪共犯。被告人陈某某、胡某某、沙马某某某、黄某、母色某某、杨某林、杨某、霍某某、包某某等9人虽只领取工资及奖金,但其为他人开设的赌场提供帮助,妨害了社会管理秩序,已构成开设赌场罪。其中,严某负责万博赌博网站的运行及日常管理,闫某负责创想游戏工作室的财务和后勤工作,杜某某负责万博赌博网站的技术支持和服务器维护以及对不是创想游戏工作室营运、代理的其他赌博网站进行黑客攻击,在共同犯罪中起主要作用,系主犯,应按照其所参与的全部犯罪予以处罚。被告人李某、王某、龚某、陈某某、胡某某、沙马某某某、黄某、母色某某、杨某林、杨某、霍某某、包某某12人在共同犯罪中起辅助作用,系从犯,应从轻处罚。据此,依法作出上述判决。

理解与参照

本案例涉及网络赌博这一新类型犯罪。同传统赌博犯罪相比,网络赌博犯罪具有犯罪现场和空间的虚拟性,隐蔽性强,运营者、参与者的低成本和低风险性,涉及面广、涉赌金额大,危害极其严重等特点,对社会道德和社会主义市场经济秩序破坏已经成为不可忽视的问题。该参考案例的发布,有利于正确理解最高人民法院、最高人民检察院、公安部《关于办理网络赌博犯罪案件适用法律若干问题的意见》(以下简称《意见》)中有关以开设游戏工作室为名,建立赌博网站并接受投注的行为,是否按照《刑法》第 303 条第 2 款的规定认定为开设赌场罪,明知是赌博网站,为其提供网站技术支持、资金支付结算等服务的是否应当认定为从犯,以及具有参与赌博犯罪网站的行为,没有参与利润分成的是否构成开设赌场罪等问题提供了十分重要的指导。理解和参照适用该参考性案例的裁判要点,需要注意把握以下问题。

一、关于网上开设赌场罪的理解

利用网络开设赌场的行为,根据最高人民法院和最高人民检察院于 2005 年 5 月公布的《关于办理赌博刑事案件具体应用法律若干问题的解释》(以下简称《解释》)第 2 条规定了开设赌场的行为:行为人创立了网络赌博网站,或者是担任了网络赌博网站的代理,接受投注的,属于《刑法》第 303 条规定的"开设赌场"。2010 年 10 月最高人民法院、最高人民检察院、公安部出台的《意见》第 1 条规定了网上开设赌场的具体行为以及定罪量刑标准。从上述规定来看,开设赌场是指建立赌博网站,将网站提供给他人组织赌博或者自行接受投注。赌博网站是网络赌博的载体,建立赌博网站的行为就相当于将传统的赌场放在了虚拟空间中,开设网络赌场罪的客观方面表现为把互联网作为赌博的工具和场所,在互联网上建立赌博网站,采取赌资交易电子化等。

理解网上开设赌场应当注意的问题有以下几点:一是开设网络赌场的行为人对于网络赌场的设立和经营具有主导作用,既主导网络赌场的建立也主导赌场的经营。二是网络赌场不仅仅提供他人进行赌博的条件从而抽头渔利,赌场设立者往往自己或者聘用工作人员或者利用已设计好程序的工具参与与赌客的赌博,从中获利。具体表现为:(1)建立赌博网站,将网站提供给他人组织赌博或者自行接受投注。赌博网站是网络赌博的载体,建立赌博网站的行为就相当于将传统的赌场放在了虚拟的网络空间。有的网站在中国注册,但实践中多数是在赌博合法化的国家注册的,其服务器多数在国外。这里的赌博网站不仅局限于专门为从事网络赌博而设立的网站,也包括部分网页中有赌博内容的网站。(2)为网站担任各级代理并接受投注。赌博网站建立者尤其是境外的建立人多数是建立传销类似的"金字塔式"的传销网络，由层级代理人担任节点，形成严密的网络。这些代理如果接受了投注的，按照规定应当认定为开设赌场罪。(3)为参与赌博网站利润分成，一些并没有参与赌博网站任何组织管理的行为人，以投入资金的方式参与了赌博网站的行为人，《意见》规定为开设赌场罪予以打击。

二、关于网上开设赌场罪中共同犯罪的司法认定

正确理解网上开设赌场的共同犯罪认定，应当首先了解建立运营赌博网站的全过程，一般情况其分为四个步骤：第一，网络赌博的组织者一般是不会设计赌博网站程序的，他们雇用精通计算机程序设计的专业程序员设计出赌博网站的运行程序或者直接购买程序员设计好的程序。第二，将赌博网站接入互联网，赌博网站的经营者购置或者租用服务器、网络存储空间以及互联网接入线路，在服务器中安装配置赌博网站，为赌博网站的运营做好准备工作。第三，赌博网站推广及发展代理及会员步骤，赌博网站的经营者为了使赌博网站能够被更多人知晓，会利用各种途径宣传网站，如在引擎中发布赌博网站广告，发展各地区总代理，雇用人员发展会员。第四，利用银行或者第三方支付平台实现资金流转，赌博网站的经营者预先在多家银行分别建立账户，并且寻求相关第三方支付公司作为合作伙伴。赌客利用账号密码登录赌博网站，可以通过网上银行或者第三方支付平台实现赌博网站的点数和现实货币的转换。赌博网站的经营者利用第三方支付公司将赌博网站的赌资转移到设置好的各个银行的账户，再按照预先设定好的提成比例，根据投注的情况，通过银行将钱转给各级代理，实现赌客、赌博网站以及各级代理间的资金流转。这四个步骤相互依存，形成了整个网络赌博的利益链条，对网络赌博的蔓延起了很大的促进作用，所以打击时要针对这些环节中的犯罪行为均进行有力惩罚才能有效地切断利益链条，才能真正遏制网络赌博犯罪的蔓延。

按照共同犯罪的刑法规定，构成共同犯罪的条件有二：一是必须两人共同实施犯罪行为；二是两人须有共同的犯罪故意。网上开设赌场犯罪需要从两个角度来分析行为人是否构成本罪：一个角度是网络赌场的组织者、各级代理与赌客之间形成的共同犯罪；另一个角度是从网上开设赌场的组织者与为网络赌场运行提供帮助的人之间形成的共同犯罪。

从赌博网站的组织者、各级代理与赌客行为来看，网络赌博犯罪是必然的共同犯罪，实施网络赌博犯罪需要开设网络赌场的组织者、各级代理和赌客数人共同完成。

后一种共同犯罪的行为是我们要解决的重点，在司法实践中，网络赌博的组织者与为网络赌场运行提供相关服务的人之间是否构成共同犯罪，这需要根据帮助行为的性质进行不同的认定。《解释》第4条规定，明知他人实施赌博犯罪而为其提供计算机网络的，以赌博罪的共犯论处，《意见》第2条也对网上开设赌场共同犯罪中帮助行为认定和处罚进行了规范。实践中，可以将其分为以下几种情况：

一是提供网络存储空间、服务器托管、互联网接入、网站广告等服务的提供商。提供商的主观要件应当定位于“明知”，如果服务提供商在明知使用者利用自己提供的服务从事网络赌博犯罪，仍然继续为其提供相关服务的情况下，应该认为其具备主客观统一原则，构成网络赌博犯罪的共犯，这种原则同样适用于为网络赌博提供服务的广告商等。《意见》中规定明知是赌博网站，为赌博网站提供互联网接入、服务器托管、网络存储空间、通信传输通道、投放广告、发展会员等服务，收取服务费数额在2万元以上的，构成开设赌场罪的共犯。对于如何认定明知的问题，我们认为如果以上服务商在收取服务费用明显异常就可认定为明知。这里的异常包括两种情况：一是收取的费用明显高于其他网站；二是收取的费用明显低于其他网站。我们不排除搜索引擎网站或者其他服务商没有尽到审核义务，在不知情的情况下将带有赌博性质的网站发布，如果服务商在知情后能够停止服务则可不追究刑事责任。

关于“服务费”的认定。如果服务来自网络赌博公司以外的提供商，我们认为还比较好认定。但是，如果是公司内部人员做的技术支持等工作，又该如何认定？《意见》对此没有明确规定。我们认为，只要明知本人正在为网络赌博提供相关技术支持，并且领取相应的工资或者工资及奖金等薪酬，就应当认定为开设赌场罪的共同犯罪。

二是提供资金转移的第三方支付公司。《意见》规定，明知是网络赌博犯罪，为赌博网站提供资金结算服务，收取服务费金额在1万元以上或者帮助收取赌资20万元以上的，属于开设赌场的共犯。在网络赌博犯罪的过程中，资金的转移是非常重要的，将赌客的钱转移到赌博网站的账户中，网站的组织者再从该账户中提取出来，第三方支付平台可以说是非常重要的一个角色。行为人通过网上银行和第三方支付公司以及赌博公司的流转，在网上完成了所有的支付，双方不用见面，而且快捷隐蔽，全过程类似网上购物过程。当然，一般赌博公司会用一些商户的名义与之签订合同，第三方支付公司在部分情况下是不知情的，但也有很多的第三方支付公司在明知对方非法从事赌博活动，仍提供服务的，构成开设赌场的共犯。

黄某贵、黄某故意杀人数罪并罚案

关键词

刑事　数罪并罚　刑期计算

裁判要点

1. 前罪判决宣告前已发现一人犯数罪但未并案起诉、判决的，无论前罪刑罚是否执行完毕，均应将后审理的犯罪与前罪实行数罪并罚。

2. 前罪判决已执行的刑期应计算在新判决决定执行的刑期内。

相关法条

《刑法》第69条、第70条

基本案情

公诉机关为重庆市人民检察院第一分院。

被告人黄某贵，男，1967年7月20日生。2009年8月23日因涉嫌犯介绍卖淫罪被羁押。2010年1月21日因犯介绍卖淫罪被判处有期徒刑1年，并处罚金人民币5000元。2010年8月22日刑满，当日因涉嫌故意杀人案（本案）被刑事拘留。

被告人黄某，男，1974年8月6日生。2009年7月23日因涉嫌犯故意伤害、故意毁损财物罪被羁押。2009年12月

30 日因犯故意伤害、故意毁损财物罪被判处有期徒刑 1 年。2010 年 7 月 22 日刑满，当日因涉嫌故意杀人案（本案）被刑事拘留。同年 8 月 27 日被释放，同年 9 月 1 日被监视居住。2011 年 5 月 18 日被逮捕。

2009 年 11 月 16 日，被告人黄某在自己涉嫌故意伤害、故意毁损财物罪案件审理期间，在江北区看守所主动坦检了被告人黄某贵和自己涉嫌故意杀人犯罪案的案情。

法院经审理查明：张甲（已判刑）因与王某某（男，殁年 28 岁）有矛盾，邀约被告人黄某贵以及李某某、张乙（均已判刑）、敖某某、梅某某、谭某某（均另案处理）等人报复王某某。2000 年 5 月 21 日晚，张甲等人向黄某借得东洋刀 2 把后，乘车来到重庆市江北区花园村灰坝社王某某暂住处附近守候。次日凌晨，当王某某返家时，张甲、敖某某、黄某贵上前围住王某某，张甲、敖某某持刀对王某某进行砍杀，李某某、张乙、梅某某、谭某某等人在外围堵王某某。王某某逃往一民房躲避，张甲、敖某某、黄某贵等人继续追砍，在看到王某某被迫翻墙跳楼坠地后逃离现场。经法医鉴定，王某某系因被砍切器砍切全身多处部位，致失血性休克死亡。

裁判结果

重庆市第一中级人民法院于 2011 年 11 月 3 日作出（2011）渝一中法刑初字第 00079 号刑事判决：被告人黄某贵犯故意杀人罪，判处有期徒刑 12 年，剥夺政治权利 2 年；被告人黄某犯故意杀人罪，判处有期徒刑 3 年。

宣判后，黄某贵、黄某提出上诉。重庆市高级人民法院于 2012 年 9 月 25 日以（2012）渝高法刑终字第 00103 号刑事判决书予以改判：黄某贵犯故意杀人罪，判处有期徒刑 12 年，剥夺政治权利 2 年，合并因犯介绍卖淫罪被判处有期徒刑 1 年，决定执行有期徒刑 12 年，剥夺政治权利 2 年（刑期从判决执行之日起计算；判决执行以前先行羁押的，羁押 1 日折抵刑期 1 日，即自 2009 年 8 月 23 日起至 2021 年 8 月 22 日止）。黄某犯故意杀人罪，判处有期徒刑 3 年，合并因犯故意伤害罪、故意毁坏财物罪被判处有期徒刑 1 年，决定执行有期徒刑 3 年（刑期从判决执行之日起计算；判决执行以前先行羁押的，羁押 1 日折抵刑期 1 日，即自 2011 年 5 月 18 日起至 2013 年 4 月 12 日止）。

裁判理由

法院生效裁判认为：黄某贵伙同他人杀害被害人王某某，黄某明知张甲等人借刀欲报复他人而提供作案凶器，共同致一人死亡，其行为均已构成故意杀人罪。黄某贵受邀约参与犯罪，且现有证据不足以认定黄某贵持刀砍杀了被害人，在共同犯罪中起次要作用，系从犯，依法从轻处罚。黄某为他人提供作案刀具，导致他人持刀砍杀致一人死亡，在共同犯罪中起辅助作用，系从犯，以及在因其他犯罪行为被羁押期间，主动交代未被司法机关掌握的故意杀人罪行，系自首，对其依法减轻处罚。

黄某贵、黄某的故意杀人犯罪，在二人原犯罪案件的判决宣告前就已被发现，属于《刑法》第 69 条“判决宣告以前一人犯数罪”的情形，应当实行数罪并罚。

理解与参照

本案例涉及司法实践中侦查机关、公诉机关基于各种原因发现一人犯数罪而未并案移送、并案起诉的如何数罪并罚问题。对此，本案例明确在前罪判决宣告前已经掌握了被告人一人犯数罪的主要事实情况下，无论基于何种原因而未并案起诉、判决的，无论前罪刑罚是否执行完毕，均应实行数罪并罚。前罪判决已执行的刑期应计算在新判决决定执行的刑期内。该参考性案例的发布，不仅有利于正确理解《刑法》第 69 条、第 70 条关于数罪并罚的内容，而且能填补判决宣告前发现一人犯数罪但系分案审理数罪并罚中刑期计算的法律空白，还有利于依法保障犯数罪的被告人不因分案审理而影响数罪并罚法律条款的平等适用。理解和参照使用该参考性案例的裁判要点，需要注意把握以下问题。

一、数罪应否并罚与罪行“发现”时间息息相关

关于数罪并罚，我国《刑法》第 69 条、第 70 条、第 71 条进行了规定。其中，第 69 条规定了“判决宣告以前一人犯数罪”应当并罚，且规定了并罚原则；第 70 条规定了漏罪的数罪并罚，即“判决宣告以后，刑罚执行完毕以前，发现被判刑的犯罪分子在判决宣告以前还有其他罪没有判决的”，应当对前后罪按照《刑法》第 69 条的规定进行并罚；第 71 条规定了新罪的数罪并罚，即“判决宣告以后，刑罚执行完毕以前，被判刑的犯罪分子又犯罪的”，应当把前罪没有执行的刑罚和后罪所判处的刑罚，依照《刑法》第 69 条的规定进行并罚。从上述规定可以看出，一人犯数罪是否并罚以及如何并罚与其犯罪时间及罪行被发现时间息息相关。在前罪刑罚执行完毕前“发现”一人还有其他罪没有判决，应当对发现的数罪进行并罚。

二、数罪并罚中发现“数罪”的认定

数罪并罚制度中对“发现”的认定，直接影响着法律和罚则的适用，一人所犯数罪在何时被发现决定了其数罪是否并罚以及如何并罚。因此,何为“发现”的标准成为关键。“发现”作为动词的基本含义是看到或找到前人没有看到的事物和规律,或者是发觉。“发现”一人还有其他罪行没有判决中的“发现”应是指“看到”或“发觉”。有观点认为,“发现”一人还有其他罪没有判决的主体仅为法院。法院在审理后罪时,如前罪已执行完毕,则不再数罪并罚。如果将“发现”一人还有其他罪没有判决的主体局限为法院,则会因诉讼程序进展的差异导致法律适用的不统一。也就是说,如果侦查、起诉阶段用时较短可能导致前罪没有执行完毕,则要数罪并罚;一旦侦查、起诉阶段用时较长导致前罪刑罚已执行完毕,则不数罪并罚。这无疑与法律适用的平等和统一相违背。因此,“发现”一人还有其他罪没有判决的主体应当是负有侦查、起诉、审判职能的司法机关。因为只有这些机关才能启动、运行刑事诉讼程序,进而追究刑事犯罪。“发现”还有其他罪行的时间,应为发现漏罪主体知悉一人还有其他罪没有判决的第一时间。

本案中,因被告人黄某向公安机关坦检,公安机关对黄某贵、黄某等人进行立案侦查并取得同案人供述的时间为黄某贵、黄某所犯前罪的审理过程中,即前罪的判决宣告前本案的罪行已被发现。公安机关作为“发现”黄某贵、黄某还有故意杀人罪没有判决的主体,“发现”后罪的时间为二人前罪判决宣告前。故应当对二人前罪、后罪进行数罪并罚。

三、数罪并罚中并罚条款的适用

“前罪的刑罚执行完毕以前”发现“后罪”,应当对“前罪”与“后罪”一起进行并罚,但对数罪的并罚方法及适用的条款又因“后罪”被发现的时间节点和后罪的性质(是否为新犯的罪)不同而不同。本案的数罪并罚不是数罪并罚的常见、典型情形,因此不仅对是否应数罪并罚有分歧,对数罪并罚应当适用的条款也有不同看法。有观点认为,本案的故意杀人罪属于漏罪,应当适用《刑法》第70条的规定。但是,本案二被告人所犯故意杀人罪不是“新犯的罪”,故不适用《刑法》第71条。那么应该适用《刑法》第69条还是第70条?我们认为,本案中黄某贵、黄某的故意杀人罪行均是在二人前罪判决宣告前发现的,不符合《刑法》第70条规定的“发现”后罪的时间节点,即判决宣告以后发现的。故本案后罪虽然看似漏罪,但因不符合第70条规定的“漏罪”发现的时间节点,故不能适用第70条的规定。《刑法》第69条规定的数罪并罚,在实践中的典型情形是一并审理数罪,本案虽然是对数罪进行分案审理,但因发现后罪的时间节点符合该条规定,即在前罪的判决宣告前发现后罪,故应适用

《刑法》第 69 条进行数罪并罚。

四、分案审理判决宣告前一人犯数罪的刑期计算

《刑法》第 69 条规定的数罪并罚,在实践中的典型情形是一并审理数罪,该条仅规定了有期徒刑数罪并罚的限制加重原则;没有规定分案审理,且前罪已执行的刑期计算及折抵问题。因此,此种情况下前罪已经执行的刑期如何计算系法律空白。我们认为,此种情况可以参照《刑法》第 70 条针对漏罪数罪并罚时的刑期计算规定,即“已经执行的刑期,应当计算在新判决决定的刑期以内”。无论是本案的刑期折抵还是第 70 条规定的刑期折抵原则,其深层次的法律原理均体现在《刑法》第 47 条的规定中:“有期徒刑的刑期,从判决执行之日起计算;判决执行以前先行羁押的,羁押一日折抵刑期一日。”本案前罪已经执行的刑期也可视为数罪并罚判决的先行羁押,羁押 1 日,折抵刑期 1 日。故本案中对黄某贵、黄某前罪已经执行的刑期计算在新判决决定的刑期以内。

姚某贩卖毒品犯罪记录封存后再贩卖毒品量刑案

关键词

刑事　未成年人　轻罪犯罪记录封存　毒品再犯　不予从重处罚

裁判要点

未成年人因走私、贩卖、运输、制造、非法持有毒品罪被判处5年有期徒刑以下刑罚之后又犯《刑法》第六章第七节规定之罪的，不予从重处罚。

相关法条

《刑法》第356条

《刑事诉讼法》第275条

基本案情

姚某，1993年9月4日出生，于2011年7月22日即年满18周岁之前因犯贩卖毒品罪被判处有期徒刑6个月。2013年1月16日，姚某在重庆市垫江县桂溪镇一网吧附近又以人民币200元的价格贩卖含甲基苯丙胺的毒品0.19克给吸毒人员欧阳某某，被公安民警当场抓获。

裁判结果

重庆市垫江县人民法院于2013年4月25日作出(2013)垫法刑初字第00086号刑事判决:被告人姚某犯贩卖毒品罪,判处有期徒刑6个月,并处罚金人民币1000元。一审判决生效后,重庆市人民检察院第三分院提起抗诉。重庆市第三中级人民法院于2013年10月10日作出(2013)渝三中法刑再终字第00002号刑事裁定:驳回抗诉,维持重庆市垫江县人民法院(2013)垫法刑初字第00086号刑事判决。

裁判理由

法院生效裁判认为,姚某违反国家毒品管理法规规定,贩卖毒品冰毒给他人,已构成贩卖毒品罪。抗诉机关抗诉提出,姚某曾因犯贩卖毒品罪被判过刑,又犯贩卖毒品罪,系毒品再犯,应当从重处罚。经查,虽然抗诉机关举示了姚某未满18周岁前因犯贩卖毒品罪被判过刑的证据,但2013年1月1日起修改施行的《刑事诉讼法》第275条(2018年修正,现为第286条)第1款规定"犯罪时不满十八周岁,被判处五年有期徒刑以下刑罚的,应当对相关犯罪记录予以封存",第2款规定"犯罪记录被封存的,不得向任何单位和个人提供,但司法机关为办案需要或者有关单位根据国家规定进行查询的除外。依法进行查询的单位,应当对被封存的犯罪记录的情况予以保密",故不得将封存的未成年人犯罪记录用作从重处罚的依据。因此,抗诉机关提出姚某系毒品再犯,应当从重处罚的抗诉理由,不予支持。

理解与参照

本案例涉及未成年人被封存的毒品犯罪记录是否构成毒品再犯问题。对此,法院认为未成年人因走私、贩卖、运输、制造、非法持有毒品罪被判处5年有期徒刑以下刑罚之后又犯《刑法》第六章第七节规定之罪的,不予从重处罚。本案例对正确理解适用2012年《刑事诉讼法》第275条关于未成年人轻罪犯罪记录封存制度和《刑法》第356条关于毒品再犯的规定具有指导意义和参照价值。裁判要点明确未成年人被封存的毒品犯罪记录不能作为毒品犯罪再犯的认定依据,体现了对未成年人罪犯以教育挽救为主的方针,亦有利于将未成年人犯罪记录封存落实实处。理解和参照使用该参考性案例的裁判要点,需要注意把握以下问题。

一、未成年人轻罪犯罪记录应被封存

犯罪记录，又称前科，是指曾经被宣告有罪或者被判处刑罚的法律事实。根据相关法律规定，有犯罪记录的人员在择业方面会受到一定的“门槛障碍”，除不能担任法官、检察官和警察外，还可能不能担任教师、会计、商业银行的高级主管人员、医生以及证券交易所的负责人等。然而，上述规定与《未成年人保护法》第57条的规定有冲突，该条明确规定解除羁押、服刑期满的未成年人的复学、升学、就业不受歧视。2003年以来，如何科学合理地处理未成年人的犯罪记录，我国各地司法机关一直在进行各种有益的探索，如2003年河北省石家庄市长安区人民法院和2009年山东省乐陵市人民法院的尝试。[①] 2008年12月，中央政法委在《关于深化司法体制与工作机制改革若干问题的意见》中要求：人民法院要按照教育为主、惩罚为辅的原则，有条件地建立未成年人轻罪犯罪记录消灭制度。2009年3月，最高人民法院发布的《人民法院第三个五年改革纲要（2009－2013）》提出，配合有关部门有条件地建立未成年人轻罪犯罪记录消灭制度，明确其条件、期限、程序和法律后果。

在这一背景下，《刑法修正案（八）》和2012年《刑事诉讼法》作了相应的规定。2011年，《刑法修正案（八）》对《刑法》第65条第1款作了修改，增加了未成年人犯罪不构成累犯的规定；在《刑法》第100条“依法受过刑事处罚的人，在入伍、就业的时候，应当如实向有关单位报告自己曾受过刑事处罚，不得隐瞒”后增加1款作为第2款，规定：犯罪的时候不满18周岁被判处5年有期徒刑以下刑罚的人，免除前款规定的报告义务。上述条款的修改是为了对犯罪的未成年人更好地体现以教育挽救为主的方针，以使他们能更好地接受教育改造，便于他们以后生活顺利地融入社会，成为服务社会的有用之材。[②] 2012年《刑事诉讼法》第275条新增了未成年人轻罪犯罪记录封存制度，规定了未成年人犯罪记录封存的条件和例外情形，即犯罪的时候不满18周岁，被判处5年有期徒刑以下刑罚的，应当对相关犯罪记录予以封存。犯罪记录被封存的，不得向任何单位和个人提供，但司法机关为办案需要或者有关单位根据国家规定进行查询的除外。依法进行查询的单位，应当对被封存的犯罪记录的情况予以保密。

我国通过《刑法修正案（八）》和2012年《刑事诉讼法》虽然没有建立典型意义

---

① 参见张军主编：《新刑事诉讼法法官培训教材》，法律出版社2012年版，第407页。

② 参见全国人大常委会法制工作委员会刑法室编：《中华人民共和国刑法修正案（八）——条文说明、立法理由及相关规定》，北京大学出版社2011年版，第20页。

上的未成年人犯罪记录消灭制度,而是将未成年人犯罪记录予以暂时地封存,[①]但仍然体现了对未成年人"教育、感化、挽救"的刑事政策,防止未成年罪犯被标签化,使其能够更好地重新回归社会。

二、未成年人轻罪犯罪记录封存的效应

2012年《刑事诉讼法》第275条第2款对封存的犯罪记录的使用进行了规定,即犯罪记录被封存的,不得向任何单位和个人提供,但司法机关为办案需要或者有关单位根据国家规定进行查询的除外。依法进行查询的单位,应当对被封存的犯罪记录的情况予以保密。根据该款规定,被封存的犯罪记录不得向任何单位和个人提供,但有两种例外情形:一是有关单位根据国家规定可进行查询;二是司法机关为办理案件需要。

而"司法机关办理案件需要"根据参与立法相关人员的解释,它是指"当司法机关办理具体案件需要从未成年犯罪嫌疑人、被告人的犯罪记录中获取线索、有关定罪量刑信息时,可查询其犯罪记录"。"司法机关为办案需要"主要是指公安司法机关因为侦办案件,通过有关犯罪记录能够发现线索,掌握前科等需要,可以查询犯罪记录。[②] 根据学者的解释,所谓"司法机关办案需要",是指司法机关在办案过程中,为更清楚查明案件事实,更全面掌握行为人的人身危险性、行为特点等,需要查询行为人前科情况的。[③] 笔者认为,为办案需要只能是出于"为了从该未成年人案件中查询其他线索、需要追究漏罪、对其进行有针对性的教育以帮助其顺利回归社会"这三种目的,必须杜绝查询是为了在其后的成年人诉讼中加以运用以及其他有损该未成年人利益的目的。

三、对封存的犯罪记录不应再次否定评价

《刑法》第356条规定:因走私、贩卖、运输、制造、非法持有毒品罪被判过刑,又犯本节规定之罪的,从重处罚。虽然《刑法修正案(八)》修改后《刑法》第65条明确"不满十八周岁的人犯罪"不作为累犯从重处罚,但对未成年人毒品犯罪记录能否作为毒品再犯的认定依据没有作出规定。但2012年修订《刑事诉讼法》第275条和

---

① 参见张军、姜伟、田文昌:《新控辩审三人谈》,北京大学出版社2014年版,第345页。

② 参见孙茂利主编:《新刑事诉讼法释义与公安实务指南》,中国人民公安大学出版社2012年版,第550页。

③ 参见陈光中主编:《〈中华人民共和国刑事诉讼法〉修改条文释义与点评》,人民法院出版社2012年版,第413~414页。

《刑法修正案(八)》均体现了对未成年罪犯从宽对待的精神,希望未成年人罪犯能够更好地融入社会,总体思路是未成年人所犯的错误对其以后的生活、工作等方面不产生负面影响。如果将未成年人封存的犯罪记录认定毒品再犯,无疑与立法精神相违背,而且也与贯彻联合国有关文件及国际条约中关于未成年人司法特别保护精神相违背。如《联合国保护被剥夺自由少年规则》第19条规定:释放时,少年的记录应封存,并在适当时候加以销毁。1985年《联合国少年司法最低限度》(又称《北京规则》)第21条第2款规定:未成年罪犯的档案不得在其后的成人诉讼案中加以引用。

此外,根据2012年《刑事诉讼法》第275条仅规定有关单位可以查询,对犯罪记录能否再作刑法评价未明确。但根据该条"依法进行查询的单位,应当对被封存的犯罪记录的情况予以保密"的规定,可以从反面推断出司法机关为办理案件需要查询未成年人犯罪记录应当不是为了在新的案件中用作对被告人不利的量刑证据,否则,便违背了保密义务。如果为了遵守保密义务,将新的案件作为不公开审理的案件或者在新的案件中仅将未成年人犯罪记录予以保密的做法均没有依据。因此,未成年人轻罪犯罪记录封存即意味着未成年人毒品犯罪记录不得作为毒品再犯的依据。

袁某某等走私、运输毒品案

关键词

刑事　共同犯罪　同行运输毒品

裁判要点

受他人邀约同行运输毒品并彼此知情的，如受邀约人对邀约人的运输毒品行为没有实施配合、掩护等帮助行为，则受邀约人仅在其运输毒品的数量范围内与邀约人成立共同犯罪。

相关法条

《刑法》第 25 条

基本案情

2013 年 2 月底，被告人袁某某邀约被告人张某某帮其男友李某某运输毒品。同年 3 月 1 日，袁某某与张某某在缅甸小勐拉一旅馆内将 8 坨毒品甲基苯丙胺片剂藏于体内。其中，袁某某藏匿 5 坨，张某某藏匿 3 坨。2 人乘车至云南，与李某某安排的另外 2 名运输毒品的男子从景洪机场乘飞机前往重庆。在重庆市南川区一旅馆内，四人排出毒品交给他人。张某某从袁某某处获得 6000 元报酬。

2013 年 3 月，袁某某邀约张某某，2 人又邀约被告人周某某帮李某某运输毒品甲基苯丙胺片剂到重庆。3 月 15

日,李某某将毒品甲基苯丙胺片剂送至张某某、周某某在缅甸小勐拉暂住的旅馆,张某某、周某某分别将4包、3包甲基苯丙胺片剂藏于体内。2人乘坐袁某某联系的摩托车从缅甸到云南,在景洪机场乘飞机前往重庆。次日凌晨1时许,张某某,周某某在重庆市江北国际机场国内到达出口被抓获归案。民警分别从张某某、周某某处查获从体内排出的毒品甲基苯丙胺片剂183.9克、139.4克。经鉴定,上述查获的甲基苯丙胺片剂中均检出甲基苯丙胺和咖啡因成分。其中,从张某某处查获的甲基苯丙胺片剂的甲基苯丙胺含量为9.7%,从周某某处查获的甲基苯丙胺片剂的甲基苯丙胺含量为10.2%。2013年6月8日,袁某某被抓获归案。

裁判结果

重庆市第一中级人民法院于2014年5月16日作出(2013)渝一中法刑初字第00215号刑事判决:(1)被告人袁某某犯走私、运输毒品罪,判处无期徒刑,剥夺政治权利终身,并处没收个人全部财产;(2)被告人张某某犯走私、运输毒品罪,判处有期徒刑15年,剥夺政治权利5年,并处没收个人财产30,000元;(3)被告人周某某犯走私、运输毒品罪,判处有期徒刑12年,剥夺政治权利2年,并处罚金20,000元。宣判后,袁某某不服,提起上诉。重庆市高级人民法院于2014年10月15日作出(2014)渝高法刑终字第00171号刑事裁定:驳回上诉,维持原判。

裁判理由

法院生效裁判认为,袁某某采取体内藏毒方式走私、运输甲基苯丙胺片剂5坨,还邀约被告人张某某走私、运输甲基苯丙胺片剂3坨及183.9克,与张某某共同邀约被告人周某某走私、运输甲基苯丙胺片剂139.4克,其行为已构成走私、运输毒品罪。袁某某邀约张某某、周某某参与犯罪,是共同犯罪中的主犯。张某某受袁某某邀约,走私、运输甲基苯丙胺片剂3坨和183.9克,与袁某某共同邀约周某某走私、运输甲基苯丙胺片剂139.4克,其行为已构成走私、运输毒品罪。张某某在共同犯罪中系从犯,且到案后如实供述自己罪行,可从轻处罚。周某某受袁某某、张某某邀约,走私、运输甲基苯丙胺片剂139.4克,已构成走私、运输毒品罪。周某某在共同犯罪中系从犯,且到案后如实供述自己罪行,可减轻处罚。

理解与参照

本案例涉及受邀约人与邀约人同行运输毒品案件中,受邀约人在多大范围内与邀约人成立共同犯罪以及其是否应对邀约人运输的毒品承担责任问题。对此,本案例则认为,虽然受邀约人与邀约人同行运输毒品并彼此知情,但是如果受邀约人对邀约人的运输毒品行为没有实施配合、掩护等帮助行为,则受邀约人仅在其运输毒品的数量范围内与邀约人成立共同犯罪,进而不对邀约人运输的毒品承担责任。该裁判规则与最高人民法院于2015年5月发布的《全国法院毒品犯罪审判工作座谈会纪要》中关于同行运输毒品共同犯罪的认定精神相一致,亦有助于准确理解刑法第25条关于共同犯罪的内涵,对司法实践中就同行运输毒品案件中如何认定行为人之间成立共同犯罪以及行为人之间责任承担具有重要指导意义。理解和参照使用该参考性案例的裁判要点,需要注意把握以下问题。

一、关于同行运输毒品的犯罪情形

实践中,两名以上行为人同行运输毒品现象多发,且相互间关系呈多样化态势,具体情形不完全罗列如下。情形1:两名以上行为人受他人安排同行运输毒品,彼此不知情。情形2:两名以上行为人受他人安排同行运输毒品,彼此知情,但相互独立,彼此之间无关联。情形3:两名以上行为人受他人安排同行运输毒品,彼此知情,且彼此有帮助行为。情形4:两名以上同行运输毒品的行为人之间是邀约与受邀约关系,受邀约人对邀约人的运输毒品行为没有配合、掩护等帮助行为。情形5:两名以上同行运输毒品的行为人之间是邀约与受邀约关系,且受邀约人对邀约人的运输毒品行为有配合、掩护等帮助行为。上述情形,行为人间是否构成共同犯罪、成立共同犯罪的范围、行为人承担刑事责任的范围不尽相同,实践中需准确甄别,妥善处理。

二、关于同行运输毒品是否成立共同犯罪问题

我国《刑法》第25条规定:"共同犯罪是指二人以上共同故意犯罪。二人以上共同过失犯罪,不以共同犯罪论处;应当负刑事责任的,按照他们所犯的罪分别处罚。"最高人民法院于2015年5月发布的《全国法院毒品犯罪审判工作座谈会纪要》明确:"两人以上同行运输毒品的,应当从是否明知他人带有毒品,有无共同运输毒品的意思联络,有无实施配合、掩护他人运输毒品的行为等方面综合审查认定是否构成共同犯罪。受雇于同一雇主同行运输毒品,但受雇者之间没有共同犯罪故意,或者虽然明知他人受雇运输毒品,但各自的运输行为相对独立,既没有实施配合、掩护他人运输毒品的行为,又分别按照各自运输的毒品数量领取报酬的,不应认定为共同犯罪。"因此,同行运输毒品的行为人间并不当然构成共同犯罪,要构成共同犯罪首先要求行为人间主观上有意思联络,无意思联络则无共同犯罪,如同行运输毒品的行为人之间彼此不知情或虽知情无联络的情形1、情形2不构成共同犯罪，仅构成同时犯。要构成共同犯罪除要求行为人间主观上有意思联络外，还需要有共同的犯罪行为，如行为人间存在邀约关系、帮助关系的情形3、情形4、情形5均构成共同犯罪。

三、关于同行运输毒品行为人的刑事责任范围

关于受邀约人与邀约人一起同行运输毒品的刑事责任范围，有观点认为，受邀约人与邀约人在二者运输的全部毒品范围内成立共同犯罪，但对受邀约人认定从犯，受邀约的从犯仅对自己的行为负责。在本案中，即认定三被告人在全部毒品范围内构成共同犯罪，又认定受邀约人周某某只对自己运输的毒品负责，邀约人张某某对自己运输的毒品和邀约周某某运输的毒品负责。对于该观点，我们不能认同。因为，我国刑法中的从犯是共同犯罪前提下的从犯，根据“部分实行全部责任”的共同犯罪原理，各共同犯罪人对共同实行的犯罪行为整体负责，故包含从犯在内的各行为人承担刑事责任的范围除单独犯罪外，还包含共同犯罪整体。本案中关于受邀约人对邀约人运输的毒品是否承担刑事责任值得探讨，但探讨时不能突破共同犯罪原理，探讨的对象应为共同犯罪的成立范围。

四、关于同行运输毒品共同犯罪的成立范围

本案所涉情形属于情形4，即两名以上同行运输毒品的行为人之间是邀约与受邀约关系，但受邀约人对邀约人的运输毒品行为没有配合、掩护等帮助行为。对于该种情形，在何种范围内成立共同犯罪，实践中有分歧。以往通说观点认为，受邀约者与邀约者在二者运输的全部毒品范围内成立共同犯罪。理由是，邀约者与受邀约者对于对方运输毒品知情并一路同行，目的在于守望相助，同行过程中不可避免地会相互照应，即使没有实质的帮助行为，也有精神上的相互支持，对于坚决彼此的犯意依然有不可或缺的作用，故行为人间主观上有意思联络，客观上守望相助，应认定在二者运输的全部毒品范围内成立共同犯罪。至于量刑，可以考虑行为人自己运输的具体数量，并可通过对受邀约者认定为从犯的方式对其从轻、减轻处罚。我们的观点是受邀约者与邀约者仅在受邀约者运输的毒品范围内成立共同犯罪。理由是，共同犯罪除了主观上的意思联络，还需要有共同的犯罪行为，即各共同犯罪人的行为间彼此联系，相互配合，与犯罪结果之间均存在因果关系。本案中受邀约者虽然对邀约者运输毒品行为知情，但没有证据证实受邀约者对邀约者运输毒品行为提供了配合、掩护等帮助行为，也没有证据证实受邀约者的参与为邀约者提供了不可或缺的精神支持,即无法证实受邀约者的行为与邀约者的犯罪结果间存在因果关系,故二者仅在受邀约者运输毒品范围内成立共同犯罪,受邀约者不对邀约者运输毒品的犯罪结果负责。具体到本案共同犯罪的成立范围,我们认为,作为受邀约者的周某某与作为邀约者的张某某、袁某某在周某某运输毒品范围内成立共同犯罪,周某某仅对其自身运输的毒品承担刑事责任;作为受邀约者的张某某与作为邀约者的袁某某在张某某和周某某运输毒品范围内成立共同犯罪,张某某对该范围承担刑事责任;张某某自己运输的部分与周某某无关;袁某某自己运输的部分与张某某、周某某无关。

五、关于配合、掩护等帮助行为的认定

同行运输毒品行为人间的帮助行为,并非均是刑法意义上的帮助。刑事否定评价的对象应为与运输毒品行为有直接相关的配合、帮助行为,如帮助藏匿毒品、帮助提供交通工具、帮助承担交通费用、为对方逃避检查打掩护等。如仅是路途中生活上的相互帮助,不应视为配合、掩护等帮助行为。

邵某某、杨某盗窃立功认定案

关键词

刑事　立功　规劝他人(包括同案犯)　自首

裁判要点

犯罪分子到案后规劝其他犯罪嫌疑人(包括同案犯)投案自首的,可以认定为有立功表现。

相关法条

《刑法》第68条

最高人民法院《关于处理自首和立功具体应用法律若干问题的解释》第5条

基本案情

2013年11月中旬,被告人邵某某在重庆市沙坪坝区西永镇某中学附近一居民楼下,用钢锯锯断防盗U型锁后盗窃被害人秦某所有的牌照号为渝CSE×××哈力爱俊达牌两轮摩托车一辆,并将被盗摩托车的启动锁更换后归自己使用。经估价鉴定,被盗摩托车价值3900元。2013年12月2日1时30分,经邵某某提议,其与被告人杨某在重庆市沙坪坝区西永镇某网吧附近一居民楼楼下,用钢锯锯断防盗U型锁后共同盗窃被害人蒋某某所有的牌照为苏HVD×××本田牌两轮摩托车,后邵某某被群众当场抓获,杨某逃离。

经估价鉴定,被盗摩托车价值15,750元。

邵某某归案后,按照公安民警的要求,打电话劝杨某到公安机关投案。2013年12月2日,杨某到公安机关投案,并如实供述了自己的犯罪事实。

裁判结果

重庆市沙坪坝区人民法院于2014年4月21日作出(2014)沙法刑初字第00560号刑事判决:(1)被告人邵某某犯盗窃罪,判处有期徒刑9个月,并处罚金10,000元。(2)被告人杨某犯盗窃罪,判处有期徒刑6个月,并处罚金8000元。一审宣判后,杨某不服提出上诉,后又申请撤诉。重庆市第一中级人民法院于2014年7月22日作出(2014)渝一中法刑终字第00262号刑事裁定:准许上诉人杨某撤回上诉。

裁判理由

法院生效裁判认为,被告人邵某某、杨某以非法占有为目的,采取秘密手段窃取公民财物,其中邵某某单独盗窃3900元,与杨某共同盗窃15,750元,数额较大,其行为侵犯了公民的财产权利,均已构成盗窃罪。邵某某、杨某在共同犯罪中的作用与地位相当,不宜区分主从犯,可根据邵某某、杨某在共同犯罪中的作用和地位分别予以处罚。邵某某到案后规劝杨某自动投案,系立功,可以从轻处罚;杨某主动投案,并如实供述自己的犯罪事实,系自首,可以从轻处罚。邵某某归案后如实供述自己的犯罪事实,可以从轻处罚。

理解与参照

本案例涉及犯罪分子规劝其他犯罪嫌疑人(包括同案犯)投案自首的能否认定为立功问题。对此,本案例明确犯罪分子到案后规劝其他犯罪嫌疑人(包括同案犯)投案自首的,可以认定为有立功表现。本案例所确认的裁判要点符合刑法及最高人民法院关于设置立功制度的立法精神,有利于鼓励犯罪分子规劝其他犯罪嫌疑人及其同案犯及时到案、有利于节约司法资源以更有效及时地打击犯罪。理解和参照使用该参考性案例的裁判要点,需要注意把握以下问题。

一、关于规劝其他犯罪嫌疑人(包括同案犯)自首的性质

犯罪分子到案以后,规劝其他犯罪嫌疑人自首,显然是一种对国家、社会有益的积极行为,应当认定为立功以予以鼓励和倡导。问题的关键在于犯罪分子归案以后规劝同案犯自首的行为能否认定为立功。

1. 规劝其他犯罪嫌疑人(包括同案犯)自首不同于供述犯罪事实。实施了共同犯罪行为的犯罪分子归案后供述犯罪事实,仅包括供述其本人与同案犯共同犯罪的事实和同案犯身份、体貌特征、联系方式等信息,不包括应司法机关要求同同案犯联系,促成同案犯归案的情形。最高人民法院《关于处理自首和立功具体应用法律若干问题的解释》(以下简称《解释》)第1条第2款第3项规定:"共同犯罪案件中的犯罪嫌疑人,除如实供述自己的罪行,还应当供述所知的同案犯,主犯则应当供述所知其他同案的共同犯罪事实,才能认定为自首。"《全国部分法院审理毒品犯罪案件工作座谈会纪要》(以下简称《座谈会纪要》)指出,"共同犯罪中同案犯的基本情况,包括同案犯姓名、住址、体貌特征、联络方式等信息,属于被告人应当供述的范围。公安机关根据被告人供述抓获同案犯的,不应认定其有立功表现"。最高人民法院《关于处理自首和立功若干具体问题的意见》(以下简称《意见》)第5条第2款规定:"犯罪分子提供同案犯姓名、住址、体貌特征等基本情况,或者提供犯罪前、犯罪中掌握、使用的同案犯联络方式、藏匿地址,司法机关据此抓捕同案犯的,不能认定为协助司法机关抓捕同案犯。"

2. 规劝其他犯罪嫌疑人(包括同案犯)自首属于协助抓捕同案犯的行为。《座谈会纪要》第7条规定:"被告人在公安机关抓获同案犯过程中确实起到协助作用的,例如,经被告人现场指认、辨认抓获了同案犯;被告人带领公安人员抓获了同案犯;被告人提供了不为有关机关掌握或者有关机关按照正常工作程序无法掌握的同案犯藏匿的线索,有关机关据此抓获了同案犯;被告人交代了与同案犯的联系方式,又按要求与对方联络,积极协助公安机关抓获了同案犯等,属于协助司法机关抓获同案犯,应认定为立功。"《意见》第5条规定,犯罪分子按照司法机关的安排,以打电话、发信息等方式将其他犯罪嫌疑人(包括同案犯)约至指定地点的,属于协助司法机关抓捕同案犯的行为。

犯罪分子到案后规劝其他犯罪嫌疑人(包括同案犯)投案自首的,符合《座谈会纪要》关于"被告人交代了与同案犯的联系方式,又按要求与对方联络,积极协助公安机关抓获了同案犯等,属于协助司法机关抓获同案犯,应认定为立功"的规定精神;按照举轻明重的解释学原理,规劝同案犯归案也符合《意见》关于"如果按照司法机关的安排,将同案犯约至指定地点,可认定为立功"的规定精神。

3. 规劝其他犯罪嫌疑人(包括同案犯)自首构成立功的法理依据。法律设立立功制度的目的在于鼓励犯罪分子检举揭发其他犯罪行为,协助司法机关及时侦破案件、抓捕犯罪嫌疑人,以体现打击犯罪的及时性、有效性,最终有利于国家和社会。从法律上来看,行为人犯罪后揭发他人犯罪行为或者提供重要线索从而得以侦破其他案件,将功抵过,表明行为人对犯罪行为的痛恨,因而其再犯可能性降低;从政策上来看,行为人在犯罪后揭发他人犯罪行为或者提供重要线索,有利于司法机关发现侦破其他犯罪案件,从而实现刑法的确证,节约司法资源,降低司法成本。从前述相关规定来看,将同案犯约至指定地点由公安机关抓获或者带领侦查人员抓获同案犯的行为成立立功没有异议,与之相比,规劝同案犯自动投案不但具有使犯罪嫌疑人归案的效果,并且因无须司法机关投入抓捕所要付出的人力、物力等,更能节约司法资源,降低司法成本,认定为立功的政策依据更足;规劝犯罪嫌疑人自动投案,犯罪嫌疑人归案后主动供述犯罪事实的,犯罪嫌疑人悔罪服法,人身危险性降低,更利于刑法目的的实现。因此,从产生的作用和效果来看,规劝犯罪嫌疑人自动投案的行为都超过了《解释》《意见》规定的协助抓捕行为,理应作出肯定性评价。

二、其他需要注意的问题

参照本案例认定规劝他人(包括同案犯)自首构成立功应当注意以下几个问题。

一是立功中的"功"是一种有利于国家、社会的积极功效,认定立功,重在考察实际效果。并不是所有的规劝他人自动投案的行为都构成立功,如果规劝行为没有达到促成被规劝者归案效果的,不宜认定为立功;如果规劝行为与他人自动投案行为没有直接因果关系,对他人归案确实没有起到协助作用的,亦不宜认定为立功。这里的直接因果关系主要是指行为人的规劝行为说服了犯罪嫌疑人,犯罪嫌疑人自动投案完全或者主要是基于行为人的劝说。如行为人按照司法机关的要求,打电话规劝犯罪嫌疑人投案,犯罪嫌疑人已在投案途中、已以信电投案的或者已向其他机关或者有关负责人员投案的,不能认定为立功。

二是在犯罪分子规劝其他犯罪嫌疑人(包括同案犯)投案自首的情形下,同时认定规劝者构成立功、被规劝者构成自首并不矛盾。一方面,实施了犯罪行为人的人接受他人规劝,产生了投案自首的意愿,自动归案,如实供述罪行,符合法律规定的自首条件,当然应当认定为自首。另一方面,正是规劝者的行为,促成了被规劝者自首,实际上也属于协助司法机关抓捕被规劝者的积极行为,规劝者的行为对于降低司法成本、提高司法效率发挥了实际功效,依法认定为立功表现,符合法律规定的立功条件和立法精神。在犯罪分子规劝其他犯罪嫌疑人(包括同案犯)自首的情形下,认定规劝者构成立功、被规劝者构成自首,应当综合考虑其各自犯罪的事实、性质、情节、社会危害性程度和人身危险性大小,结合立功和自首的具体事实和情节,分别不同情形,酌情体现政策。

葛某某故意杀人、盗窃、掩饰、隐瞒犯罪所得立功认定案

关键词

刑事　故意杀人　立功　供述关联犯罪

裁判要点

犯罪分子如实供述与自己犯罪有密切关联的犯罪，系其法定义务，即使客观上对司法机关侦破他人犯罪案件起了一定作用，也不应认定为立功。

相关法条

《刑法》第68条

最高人民法院《关于处理自首和立功具体应用法律若干问题的解释》第1条第2项

基本案情

2013年1月4日，被告人葛某某之妻罗某某因家庭矛盾离家出走。同月15日，葛某某收到重庆市黔江区人民法院送达的罗某某要求与其离婚的民事起诉状及传票。之后，葛某某便怀疑被害人孙某福（时年32岁）教唆、帮助罗某某离家出走，并挑拨其与罗某某之间的关系等，遂产生了杀害孙某福全家的念头。次日上午，葛某某携带斧头来到孙某福家

后，持斧头先后砍击孙某福及孙某福之子孙某强（被害人，时年6岁）、孙某（被害人，时年8岁）的头部数下，致三人均重伤，其中孙某福属一级伤残，孙某属二级伤残，孙某强属八级伤残。孙某福之妻姚某琼（被害人，时年29岁）闻讯前来制止时，葛某某持斧头砍击姚某琼的头部，致姚某琼轻伤。姚某琼大声呼救，葛某某便逃离现场。当日下午，葛某某向公安机关投案，并如实供述上述犯罪事实。

葛某某在看守所还检举了罗某法等人的盗窃情况，并供述了其掩饰、隐瞒犯罪所得的事实。具体事实如下：2012年12月17日凌晨，欧某某、宋某、罗某法、罗某（均已判刑）从位于重庆市黔江区某街道的重庆武陵硅业有限公司（以下简称硅业公司）仓库盗得价值71，448元的电机铜铜管后，罗某驾驶长安车与罗某法一起将所盗铜管运往罗某法的门市部。途中，该车发生故障，罗某法遂联系葛某某，让葛某某驾驶其自己的农用车将故障车辆拉回罗某法的门市部。在罗某法的门市部，罗某法等人将长安车上的铜管转到农用车上后，葛某某驾驶农用车帮助罗某法将铜管运至周某某处，以60，000余元销售给周某某。罗某法分给葛某某500元。2013年1月10日凌晨，葛某某受罗某法邀约，驾驶自己的农用车和罗某法、罗某到达硅业公司门外后，罗某法让葛某某下车等候。随后，罗某驾驶农用车进入硅业公司仓库，与王某某、宋某、欧某某、罗某法盗得价值27，425元的特铜铜管。之后，葛某某驾驶农用车和罗某法一起将所盗铜管运至周某某处，以20，000余元销售给周某某。罗某法分给葛某某400元。

公安机关于2013年1月24日对罗某法等人涉嫌盗窃案立案侦查。2013年7月23日，黔江区人民法院对罗某法等人作出了判决。

公诉机关认为，被告人葛某某犯故意杀人罪、掩饰、隐瞒犯罪所得罪及盗窃罪，应数罪并罚。葛某某在犯罪以后自动投案，并如实供述自己的犯罪事实，系自首。葛某某到案后有检举他人犯罪的立功行为，提请法院依法判处。

裁判结果

重庆市第四中级人民法院于2013年11月19日作出（2013）渝四中法刑初字第00025号判决：被告人葛某某犯故意杀人罪，判处死刑，缓期2年执行，剥夺政治权利终身；犯掩饰、隐瞒犯罪所得罪，判处有期徒刑1年3个月，并处罚金3000元；犯盗窃罪，判处有期徒刑1年，并处罚金2000元；决定执行死刑，缓期2年执行，剥夺政治权利终身，并处罚金5000元。一审判决宣判后，葛某某不服，提起上诉。重庆市高级人民法院于2014年10月17日作出(2014)渝高法刑终字第00097号刑事裁定书,裁定驳回上诉,维持原判。

裁判理由

法院生效判决认为,葛某某意欲非法剥夺他人生命,持械致3人重伤、1人轻伤;明知是犯罪所得而予以转移,以及以非法占有为目的,伙同他人秘密窃取硅业公司财物,数额较大,其行为已分别构成故意杀人罪、掩饰、隐瞒犯罪所得罪、盗窃罪,均应依法惩处,并数罪并罚。葛某某仅凭主观臆断,即产生杀人念头,持利斧砍击4名被害人头部数次,致被害人孙某福砍成一级伤残,致两名无辜儿童被害人孙某、孙某强二级伤残、八级伤残,致姚某某轻伤,犯罪情节恶劣、手段残忍,后果和罪行严重,葛某某的主观恶性深、人身危险性大,论罪应判处死刑。鉴于葛某某具有犯罪未遂、自首等从宽情节,一审法院判处葛某某死刑可不立即执行,并限制减刑,量刑适当。葛某某在被采取强制措施后,如实供述公安机关还未掌握的掩饰、隐瞒犯罪所得及盗窃的犯罪事实,构成自首,依法予以从轻处罚。葛某某所检举的他人盗窃犯罪系其如实供述自身犯掩饰、隐瞒犯罪所得罪所应供述的事实范围,不构成立功。在共同盗窃犯罪中,葛某某起辅助作用,系从犯,依法予以从轻处罚。

理解与参照

本案例涉及司法实践中上下游等关系密切的关联犯罪中,犯罪分子如实供述与自己犯罪有密切关联的犯罪能否认定立功问题。对此,本案例明确犯罪分子如实供述与自己犯罪有密切关联的犯罪不应认定立功的裁判要点,与《刑法》及最高人民法院《关于处理自首和立功具体应用法律若干问题的解释》关于"如实供述自己的罪行的"规定精神相一致,对于关联犯罪中准确把握犯罪嫌疑人如实供述自己罪行的范围以及立功认定具有重要参考价值。理解和参照使用该参考性案例的裁判要点,需要注意把握以下问题。

一、揭发他人关联性犯罪行为的类型

自首、立功的认定向来是司法实践中的难点,尤其是当犯罪分子如实供述自己罪行,同时又对相关联的他人犯罪事实予以揭发的情况下,如何认定立功,往往存在争议。从刑法规定来看,具有关联性的他人犯罪行为主要包括以下几类:一是共同犯罪中的他人犯罪行为;二是具有对合关系犯罪中的他人犯罪行为;三是连累犯与基本犯中的他人犯罪行为。

1. 揭发型立功中的排除情形

(1)揭发同案犯的共同犯罪行为

对于揭发同案犯的共同犯罪行为的,基于共同犯罪“部分行为,全部责任”的原理,不能认定为立功,实践中对此没有分歧。最高人民法院《关于处理自首和立功具体应用法律若干问题的解释》第6条对此有明确规定,“共同犯罪案件的犯罪分子到案后,揭发同案犯共同犯罪事实的,可以酌情予以从轻处罚”。也就是说,揭发同案犯的共同犯罪事实属于“如实供述自己罪行”的范围。

(2)揭发具有对合关系犯罪中的他人犯罪行为

所谓具有对合关系的犯罪,是指双方主体各自实施的犯罪行为之间存在对应关系,共同促进双方犯罪行为的完成,缺少一方的犯罪行为,另一方的犯罪行为就无法实施或者完成。[①] 如行贿罪与受贿罪、重婚罪等,犯罪分子交代自己的犯罪事实时必然涉及对方的犯罪事实,故揭发具有对合关系犯罪中的他人犯罪行为不属于立功,属于“如实供述自己罪行”的范围。

2. 揭发型立功中的争议情形

基本犯与连累犯之间相互揭发的情形,属于揭发型立功中的争议情形。所谓连累犯,是指事前与他人没有通谋,在他人犯罪以后,明知他人的犯罪情况,而仍然以各种形式予以帮助,依法应受处罚的行为。如我国《刑法》第310条规定的窝藏、包庇罪,第312条规定的掩饰、隐瞒犯罪所得、犯罪所得收益罪,第307条规定的帮助毁灭证据罪等。

(1)基本犯揭发连累犯是否构成立功

基本犯揭发连累犯即先前犯罪人揭发连累犯的行为,如盗窃罪的基本犯揭发帮助其掩饰、隐瞒犯罪所得的连累犯,故意杀人罪的基本犯揭发帮助其处理尸体的,构成帮助毁灭证据罪的连累犯等。目前多数学者认为,基本犯揭发连累犯不构成立功。理由是先前犯罪人对连累犯实施犯罪具有原因力,实际上是连累犯的制造者,在司法机关涉及赃款赃物以及犯罪后行为的查证上,必然要求一并如实供述不可罚的事后行为,即基本犯揭发连累犯的犯罪行为,仍然没有超出如实供述的范围,不能

---

① 参见罗艳:《论揭发型立功与供述相关联的他人犯罪行为性质的界定》,载《河南公安高等专科学校学报》2009年第5期。

认定为立功。[①] 当然也有反对观点认为,基本犯供述了包括犯罪的时间、地点、同案犯、犯罪动机、手段、后果等要素内容,已经完整地供述了犯罪事实,其即使不交代事后不可罚的行为,如赃款、赃物的去向等也不影响其定罪量刑,故基本犯揭发连累犯应构成立功。对立功认定标准把握过紧,会在一定程度上削弱犯罪嫌疑人主动揭发他人犯罪的积极性,立功制度的设立目的则越不易实现。[②] 针对基本犯揭发连累犯,我市实践中基本无争议,通说认为不构成立功。

(2)连累犯揭发基本犯是否构成立功

本案中葛某某所检举的他人盗窃犯罪系其所犯掩饰、隐瞒犯罪所得的先前犯罪或者说是上游犯罪,所涉及的情形属于揭发型立功中的争议情形,连累犯揭发基本犯是否构成立功理论界存在分歧,实践中亦做法不一。

肯定派观点认为,应认定为立功,理由是争议情形符合我国立法和司法解释规定的立功的法定条件,不属于应当排除认定为立功的情形。具体论证如下:我国《刑法》第68条规定:犯罪分子有揭发他人犯罪行为,查证属实的,或者提供重要线索,从而得以侦破其他案件等立功表现的,可以从轻或减轻处罚;有重大立功表现的,可以减轻或免除处罚。《刑法》第68条规定的立功标准乃是认定行为人是否具有立功表现的法定条件,从立法用语可以看出,该条款并没有排除行为人检举揭发与自己犯罪有关联的他人犯罪足以成立立功的可能性。根据最高人民法院《关于处理自首和立功具体应用法律若干问题的解释》相关规定,对于检举揭发他人犯罪行为构成立功,只排除了一种情形的适用,即仅当"他人"系同案犯,且被检举揭发的犯罪行为乃同案犯与其本人共同实施的犯罪行为时,才不属于立功。反之,可以推定,如检举的"他人"不属同案犯,只要被检举的犯罪事实经查证属实,就应认定为立功。[③]

否定派认为,不构成立功,理由是争议情形中,犯罪分子供述的"上游犯罪"与己罪具有"法律上的关联",属于己罪构成要件中的某一要素,且对己罪的处断有影响,犯罪分子供述"上游犯罪"属于"如实供述的义务范围"。具体论证如下:对此类问题判断的关键不在于两罪之间是否存在"事实上的关联",而在于是否存在"法律上

---

① 参见胡清坪:《立功制度适用问题探讨》,西南政法大学2013年硕士学位论文,第6页。

② 参见罗艳:《论揭发型立功与供述相关联的他人犯罪行为性质的界定》,载《河南公安高等专科学校学报》2009年第5期。

③ 参见方岩:《如实供述与本案相关联的他人犯罪事实能否认定立功》,载《人民法院报》2004年11月25日。

的关联”,即他人犯罪的相关情况是否属于己罪的违法性要素和责任要素。[①] 掩饰、隐瞒犯罪所得罪的构成要件包括对他人犯罪情况的“明知”,明知自己掩饰、隐瞒的对象是他人犯罪所得是己罪的主观要件,故供述“上游犯罪”属于“如实供述的义务范围”。

二、揭发关联犯罪是否构成立功的基石:对立功本质的探讨

立功制度是我国刑法特有的一项重要的刑罚裁量制度,我国刑法及相关司法解释对于具有立功表现的犯罪分子积极鼓励,使其受到宽大处理,具有一定的刑事政策意蕴。要厘清争议情形是否构成立功,也要从立功制度的本质进行探讨。

关于立功制度设立的刑事政策依据或者说立功的本质学界有不同说法,较为通行的说法为功利主义说,即认为立功的本质是国家功利主义。我国立法者在设立立功制度时,其目的是非常明确的,就是通过减轻犯罪人的刑罚,换取防控犯罪的司法投入减少、司法效益增加,以此实现维护社会稳定和节约司法资源的目的。[②]

那么唯功利主义是否可行?换句话说,是否犯罪分子揭发他人犯罪符合功利主义就应当认定为立功?答案是否定的。公正是刑事诉讼的首要价值,国家功利主义必须要以公正为界限,建立在公正的基础上。体现在立功制度上,对于国家功利主义的限制主要是通过司法解释对某些行为排除认定为立功来实现的。比如,2010 年最高人民法院《关于处理自首和立功若干具体问题的意见》中对于获取立功线索的合法性、公正性的明确,就表明了反对追求功利的唯一性,不允许为逃避严厉的刑罚制裁而不择手段制造立功、非法获取立功线索等做法。利用、钻营法律空子的行为损害司法正义和司法威信,任何人不能因为违法行为而获得褒奖是公平正义的必然之义。立功制度的本质是建立在公正基础上的国家功利主义,司法实践中对于立功的认定必须兼顾功利与公正,并以公正为界限。

三、揭发关联犯罪是否构成立功的关键:“如实供述自己罪行”范围的界定

针对基本犯与连累犯之间相互揭发的情形,我们认为属于“如实供述自己罪行”的范围,不构成立功。而“如实供述自己罪行”范围如何界定,则成为探讨揭发关联犯罪是否构成立功的关键。我们认为,“如实供述自己罪行”范围的界定不仅关乎己罪的构成要件,还关乎立功的本质。

---

① 参见赵赤、郝川:《认定立功要看自罪与他罪法律上是否关联》,载《检察日报》2015 年 1 月 21 日,第 3 版。

② 参见胡清坪:《立功制度适用问题探讨》,西南政法大学 2013 年硕士学位论文。

1. 构成要件范围内要素必然属于“如实供述自己罪行”的范围

构成要件要素包括主体、客体(对象)、主观方面、客观方面的要素,具体就是时间、地点、行为人、犯罪对象、主观要素、行为、后果等。犯罪分子供述构成要件范围内的要素属于“如实供述自己罪行”,这是无可争议的。那么对于基本犯与连累犯相互揭发的情况,能否纳入己罪的构成要件呢?

从基本犯揭发连累犯的情形来看,基本犯揭发连累犯多涉及事后不可罚行为,如盗窃罪的赃物的处理等。犯盗窃罪的基本犯是否供述赃物的处理均不影响其定罪和量刑,事后不可罚行为明显属于本罪的构成要件之外的要素。该情形是否属于“如实供述自己罪行”的范围将在下文予以论述。

从连累犯揭发基本犯的情形来看,连累犯需要供述其“明知”基本犯的犯罪行为,如犯掩饰、隐瞒犯罪所得罪的连累犯需要供述其主观要件,即明知系犯盗窃罪的基本犯盗窃所得而予以窝藏、转移、收购、代为销售等,故连累犯揭发基本犯的内容系其构成要件的一部分,故属于“如实供述自己罪行”的范围。故本案中,葛某某所检举的他人盗窃犯罪系其如实供述自身犯掩饰、隐瞒犯罪所得罪所应供述的事实范围,不构成立功。

2. 事后不可罚行为亦属于“如实供述自己罪行”的范围

事后不可罚行为是指在状态犯的场合,为了确保、利用或处分本罪行为所获不法利益而针对同一法益(本罪法益)实施的,尽管形式上符合相关犯罪的构成要件,但因未超过原法益侵犯范围和程度而不可罚的行为。我国《刑法》中第312条规定的掩饰、隐瞒犯罪所得罪即是根据事后不可罚行为理论设立的,从该条的法律条文描述看,出现了“代为”字眼,可见立法设定该罪的犯罪主体不包括上游犯罪的实施主体,上游犯罪的行为人如果实施了该条的行为,其后行为被评价为事后不可罚行为,因而不被处罚,如盗窃犯转移、销售赃物的行为。

那么事后不可罚行为,是不是上游犯罪实施主体应当如实供述的范围,换句话说,基本犯揭发掩饰、隐瞒犯罪所得的连累犯,属于“如实供述自己的罪行”,还是构成立功呢?我们的观点是,事后不可罚行为虽然根据侵犯法益的数量在刑罚上不单独作为一罪进行处罚,但不意味着事后不可罚行为系合法行为,事后不可罚行为不是不罚,而是已合并于本罪进行处罚,故事后不可罚行为也是本罪的构成要素,如盗窃罪的基本犯揭发掩饰、隐瞒犯罪所得的连累犯则属于如实供述其事后不可罚行为,属于“如实供述自己罪行”的范围。另外,从立功的本质角度考察,如果允许基本犯揭发连累犯构成立功,则会造成对公正这一刑事诉讼首要价值的侵害,毕竟基本犯对连累犯实施犯罪具有原因力,实际上是连累犯的制造者,其连累他人并从中获利有违公正。以窝藏罪为例,如果被窝藏的犯罪分子制造窝藏犯罪后,再揭发该犯罪行为可被认定为立功,那么将预示着犯罪分子逃避司法机关追诉的时间越长,制造的窝藏犯罪越多,害的人越多,其立功的机会也就越多,功劳也就越大,这与立功的立法本意不符。

民事审判参考

陈某全等诉重庆丰盈房地产开发有限公司商品房预约合同定金返还纠纷案

关键词

民事　商品房买卖　预约合同　置业预算表　定金

裁判要点

购房人与开发商共同签署记载商品房房号、面积、单价、付款方式和正式签约时间等内容的签约置业预算表，应认定双方针对商品房买卖订立了预约合同。开发商通过收受定金作为担保后，因一方当事人原因未订立商品房买卖合同，另一方主张适用法律关于定金规定的，人民法院应予支持。

相关法条

《合同法》第8条

最高人民法院《关于审理商品房买卖合同纠纷案件适用法律若干问题的解释》第4条

基本案情

2012年3月15日，原告陈某全、陈某羽向舒某某（原告陈某全之妻、陈某羽之母）出具委托书，委托舒某某代原告办理购买位于重庆市江北嘴的“HY天下”楼盘商品房。同月26日，舒某某参加了重庆大泽置业代理有限公司组织的

"基金购房团",以团购方式购买被告重庆丰盈房地产开发有限公司(以下简称丰盈公司)位于重庆市江北嘴的"HY 天下"当期开盘指定团购房源,并在交纳 10 万元团购指标费后,享受折后总价再减免 50 万元的购房优惠。2012 年 3 月 31 日,两原告与被告的置业顾问樊某签订签约置业预算表,对客户名称、房号、建筑面积、建面单价、折前总价、现金减免、付款方式、代收费用、交房标准及签约日期等内容进行了确认,其中房屋折前总价确定为 568.003 万元。该预算表还明确了签约时客户须提供的资料,特别提示《重庆市商品房买卖合同》将严格按该表进行填写。当天,两原告交纳了"HY 天下"观澜苑 3－702 号房屋的定金 20 万元。2012 年 4 月 6 日,被告再次出具专用收据,表示收到 2 原告购房款 50 万元。后因被告提供的《重庆市商品房买卖合同(草稿)》未载明置业预算表中确认的装修标准、接房标准,双方未能签署购房合同。2 原告起诉至法院,要求被告双倍返还定金、退还购房款并赔偿资金占用损失。

裁判结果

重庆市江北区人民法院于 2013 年 11 月 8 日作出(2013)江法民初字第 07478 号判决:被告双倍返还原告定金 40 万元、退还房款 50 万元并支付资金占用利息。一审宣判后,丰盈公司不服,提起上诉。重庆市第一中级人民法院于 2014 年 3 月 12 日作出(2014)渝一中法民终字第 00179 号判决:驳回上诉,维持原判。

裁判理由

法院生效裁判认为,陈某全、陈某羽于 2012 年 3 月 31 日向被告丰盈公司交付了 20 万元定金,并通过置业预算表确定了房号、面积、单价、付款方式及正式签约时间等,置业预算表符合预约合同的法律特征,应视为双方的预约合同关系成立。虽然被告对签约置业预算表及定金和房款收据等持有异议,但原告举示的委托书、团购申请及承诺书、置业预算表、定金收据及房款收据等证据,可证实两原告欲购买被告开发的特定房屋,并向被告交纳了定金 20 万元及房款 50 万元的事实。陈某全、陈某羽缴纳购房定金后,也在规定期限内缴纳了房款。因丰盈公司在购房合同条款中不愿意按照置业预算表所承诺的交房标准交房,致被告未与陈某全、陈某羽签订购房合同。故丰盈公司的行为违反了双方预约合同的约定。根据最高人民法院《关于审理商品房买卖合同纠纷案件适用法律若干问题的解释》第 4 条的规定,出卖人通过认购、订购、预订等方式向买受人收受定金作为订立商品房买卖合同担保的,如果因一方原因未能订立商品房买卖合同,应当按照法律关于定金的规定处理;因不可归责于当事人双方的事由,导致商品房买卖合同未能订立的,出卖人应当将定金返还买受人。本案中,被告并未按照双方在置业预算表中约定的交房标准签订商品房买卖合同,且未举示证据证实双方未签订正式购房合同系原告的原因或不可归责于双方的原因,故被告应双倍返还原告定金 40 万元、退还已收房款 50 万元并支付相应资金占用利息。

理解与参照

该案例旨在明确记载有商品房房号、面积、单价和正式签约时间等内容的签约置业预算表应认定为商品房买卖预约合同;因一方当事人原因,违反预约合同约定未订立本约的,可以适用定金罚则赔偿损失。该参考性案例的发布,有利于正确理解签约置业预算表的性质,对于进一步保护商品房买卖中购房人的合法权益、维护公平的市场交易秩序具有重要意义。理解和参照裁判要点要注意以下问题。

一、预约合同的内涵及相关法律规定

按照民法原理,合同有预约与本约之分。预约合同是约定将来订立一定合同之契约,它成立于本约之前,其内容着眼于向本约的发展。预约合同与本约合同两者具有不同的性质和效力。从目的上看,当事人订立预约是为了在一定期间内订立本约,也在于为缔结本约提供保障;而订立本约的目的,是要通过本约的履行,满足各自生活目的。从履行上看,预约合同一方仅能请求对方履行订立本约之义务,并不能依据预约合同直接请求对方交付财物。一般认为,预约合同包括意向书、允诺书、认购书、购买不动产的定金收据、原则协议、谅解备忘录、协议要点、谈判纪要等,其特征为:一是双方达成了一致;二是预约是双方对未来合同事项的预先规划;三是预约之标的指向订立本约;四是预约必须具备书面形式;五是预约各方应受预约合同约束。

从法制史上看,预约合同源于罗马法上的要物契约。因要物契约为实践合同,须以标的物的实际交付作为合同成立条件。在标的物交付前当事人可随意撤回意思表示,该要物契约对当事人双方不具有将来交货、付款之约束的含义。为了弥补交付标的物合同方能成立的弊端,专门创设了买卖预约,允许当事人对未来合同作出一种初步的安排,即在将来某个时间订立买卖合同的合同。这不仅不会损害当事人的利益;相反,使交易更趋于发达和灵活。立法上最早确认预约合同的,是始于

1804年的法国《拿破仑民法典》。虽然我国《合同法》未规定预约合同,但是2012年3月31日通过的最高人民法院《关于审理买卖合同纠纷案件适用法律问题的解释》第2条规定了预约合同:"当事人签订认购书、订购书、预订书、意向书、备忘录等预约合同,约定在将来一定期限内订立买卖合同,一方不履行订立买卖合同的义务,对方请求其承担预约合同违约责任或者要求解除预约合同并主张损害赔偿的,人民法院应予支持。"

二、签约置业预算表的性质认定

在商品房买卖中,开发商为了让购房者明确拟购房屋所需支付的费用明细情况而专门设计了置业预算表。该表一般含有购房者姓名、房屋地址、房号、房屋面积、购房优惠、房屋单价及总价款、首付款比例金额以及购房所需支付的税款明细等。在一般情况下,该置业预算表是开发商向购房人作出的单方意思表示,即向购房人介绍拟购房屋的优惠信息及所需支出的相关费用。但是,如果购房人与开发商双方均对置业预算表中的相关信息如房号、价款等进行明确并签字确认的,则实质上双方是以表格形式对双方在购房中的权利义务进行了明确,即该置业预算表实质上是一份合同。既然是一份合同,那么该置业预算表是本约合同还是预约合同呢?

由于置业预算表仅是双方当事人对未来双方签署商品房买卖合同中的部分内容如房号、价款、付款方式及相关税费、正式签约时间等进行事先明确,虽然该预算表约定了商品房买卖本约合同的买卖标的、价款等条件,如根据预算表可以明确所购买房屋的房号、面积、单价等,但是该置业预算表最终指向的并非商品房出卖人何时交房,而是指向双方何时签订商品房买卖本约合同,即商品房交付义务并不能依据预算表直接发生。如果需要产生交付商品房义务还需要一个中间环节,即另外订立一个合同。因此,购房人与开发商共同签署记载商品房房号、面积、单价、付款方式和正式签约时间等内容的签约置业预算表,应认定为商品房买卖预约合同。

三、预约合同与定金罚责

定金在学理上可以分5种:一是立约定金,指为保证正式签订合同而交付的定金;二是证约定金,指为证明合同的成立而交付的定金;三是成约定金,指以定金的支付作为合同成立或生效的条件;四是解约定金,指作为保留解除权的定金;五是违约定金,指作为履行合同担保的定金。上述5种定金的功能各不相同,分别起到了立约、证约、成约、解约、违约的证明和担保作用。我国《合同法》第115条对定金作了规定:当事人可以依照《担保法》约定一方向对方给付定金作为债权的担保。债务人履行债务后,定金应当抵作价款或者收回。给付定金的一方不履行约定的债务的,无权要求返还定金;收受定金的一方不履行约定的债务的,应当双倍返还定金。

商品房买卖预约合同中的定金具有两重属性:一是预约合同双方当事人约定以支付定金作为订立本约的担保,故其性质属于本约立约定金;二是由于预约合同是以订立本约为目的,该定金亦旨在担保当事人诚信谈判,故其又具备预约合同履约定金的属性。因此,在商品房买卖预约合同约定定金的,一方违约不应仅适用立约定金罚则,还应考察双方当事人对预约合同的履行情况。一方当事人拒绝签订本约且无正当理由的,应适用立约定金的罚则规定;如已诚信磋商但终因存在不可归责于双方当事人的事由致使本约无法签订,另一方要求适用定金罚则的,则不能得到支持。不可归责于双方当事人的事由,主要包括当事人双方全面、忠实履行了预约合同中诚信谈判的义务,但仍未达成本约的情形。陈某全等诉重庆丰盈公司商品房预约合同纠纷案系因开发商提供的《重庆市商品房买卖合同(草稿)》未载明置业预算表中确认的装修标准、接房标准,且不同意更改,致使双方未能签署商品房购房本约合同,并不属于不可归责于双方当事人事由,故应适用定金罚责。

四、其他需要说明的问题

在商品房买卖中,一些商品房买卖预约合同虽然如名为预约合同,但如果预约合同内容具备商品房买卖合同主要内容的,则可以转化为本约即商品房买卖合同。最高人民法院《关于审理商品房买卖合同纠纷案件适用法律若干问题的解释》第5条规定:商品房的认购、订购、预订等协议具备《商品房销售管理办法》第16条规定的商品房买卖合同的主要内容,并且出卖人已经按照约定收受购房款的,该协议应当认定为商品房买卖合同。该司法法解释实际上是明确了名为预约的商品房认购书转化为本约即商品房买卖合同的两个条件:一是具备《商品房销售管理办法》第16条规定的商品房买卖合同的主要内容;二是出卖人已按约定收取购房款。出卖人已按约定收取购房款表明商品房预约合同已实际履行,出卖人已收取了购房款。这里所称"购房款"既应包括全款,也应包括部分购房款。由于商品房签约置业预算表仅仅是一份表格,一般情况下不可能具备《商品房销售管理办法》第16条规定的商品房买卖合同的主要内容,但如果双方当事人在签约置业预算表中并非明确正式签约时间的,而是明确了《商品房销售管理办法》第16条规定的商品房买卖合同主要内容,且出卖人已按约定收取购房款的,则此时该置业预算表已转化为商品房买卖合同。

郭某诉重庆远大物业管理有限公司未订立书面劳动合同双倍工资纠纷案

关键词

民事　劳动争议　用工管理人员　怠于履行职责　未订立劳动合同　不支付2倍工资

裁判要点

具有用工管理职责的人员怠于按照用人单位要求履行订立本人书面劳动合同职责，之后以未订立书面劳动合同为由请求用人单位支付2倍工资的，人民法院不予支持。

相关法条

《劳动合同法》第82条

基本案情

2010年9月15日，重庆远大物业管理有限公司（以下简称远大公司）召开股东会，作出《重庆远大物业管理有限公司股东会关于聘请郭某为远大物业管理有限公司总经理的决议》。决议载明：根据《公司法》的规定，结合企业的发展规划，经过股东会集体研究决定聘请郭某为重庆远大物业管理有限公司总经理，全面负责公司的经营、管理工作。同时抓紧拟订经营、管理计划和用工合同。由董事李某提议，股东会一致同意郭某的年薪不得超过20万元，进行考核，试用期为3个月至6个月，劳动合同期按5年以内签订，由郭某本人自行拟稿与股东会签订。此决定由董事长向郭某传达。2010年9月20日，郭某进入远大公司担任总经理一职，年薪20万元，月工资16,667元，双方未签订书面劳动合同，远大公司未为郭某办理社会保险。2010年9月28日，远大公司督察员华某受董事长李某某委托催促郭某签订劳动合同。2011年1月26日，郭某口头向远大公司提出辞职。当日，双方办理了交接手续，郭某未再到远大公司工作，双方劳动关系于2011年1月26日终止。2011年2月23日，郭某向重庆市渝中区劳动人事争议仲裁委员会申请仲裁，要求远大公司支付2010年10月20日至2011年1月30日因未签订书面劳动合同而应支付的双倍工资差额66,668元、支付经济补偿金3870元、补缴2010年9月至2011年1月的社会保险费。2011年7月25日，重庆市渝中区劳动人事争议仲裁委员会作出渝中劳仲案字(2011)第76号《仲裁裁决书》，驳回郭某关于社会保险费征缴的仲裁申请及其他仲裁请求。郭某不服，起诉至法院。

裁判结果

重庆市渝中区人民法院于2011年12月12日作出(2011)中区民初字第05588号判决：驳回原告郭某的诉讼请求。一审宣判后，双方当事人均未上诉，判决现已发生法律效力。

裁判理由

法院生效裁判认为，原被告之间存在劳动关系，应受劳动法及相关法律的调整。原劳动部《关于贯彻执行〈中华人民共和国劳动法〉若干问题的意见》第10条规定："根据劳动部《实施〈劳动法〉中有关劳动合同问题的解答》的规定，经理由其上级部门聘任(委任)的，应与聘任(委任)部门签订劳动合同。实行公司制的经理和有关经营管理人员，应根据《公司法》的规定与董事会签订劳动合同。"虽然根据《劳动合同法》第82条规定，用人单位自用工之日起超过1个月不满1年未与劳动者订立书面劳动合同的，应当向劳动者每月支付2倍的工资。但根据本案查明的事实，被告于2010年9月15日召开股东会作出了《关于聘请郭某先生为远大物业管理有限公司总经理的决议》，已就原告担任总经理的薪金待遇、聘任年限和工作职责作出决议，并明确指出原告负责制定公司的用工合同，原告的劳动合同由原告本人自行拟稿与股东会签订。该股东会决议已经具备劳动合同的基本要件。原告于2010年9月20日至2011年1月26日在被告处工作期间,也是根据该股东会决议而担任总经理一职,享受薪金待遇,掌管公司公章,行使管理职权。双方建立劳动关系1个月内,远大公司还委托督察员华某催促郭某签订劳动合同。由于原告为公司负责制定用工合同的人员,应由其负责劳动合同的签订,且股东会明确要求其拟稿签订书面劳动合同,但原告怠于行使职责未订立书面劳动合同,应自行承担未订立书面劳动合同的后果,故对原告诉讼请求不予支持。

理解与参照

该案例明确:具有用工管理职责的人员怠于按照用人单位要求履行订立本人书面劳动合同职责,之后以未订立书面劳动合同为由请求用人单位支付双倍工资的,人民法院不予支持。该案例有利于正确理解《劳动合同法》第7条、第10条及第82条中关于未订立书面劳动合同支付双倍工资的规定,对正确处理司法实践中具有用工管理职责的人员怠于按照用人单位要求履行订立本人书面劳动合同职责,进而请求支付双倍工资案件有指导意义和参照价值。

一、我国关于订立书面劳动合同的相关法律规定

我国《劳动合同法》第7条规定:用人单位自用工之日起即与劳动者建立劳动关系。第10条规定:建立劳动关系,应当订立书面劳动合同。已建立劳动关系,未同时订立书面劳动合同的,应当自用工之日起1个月内订立书面劳动合同。第82条规定:用人单位自用工之日起超过1个月不满1年未与劳动者订立书面劳动合同的,应当向劳动者每月支付2倍的工资。用人单位违反本法规定不与劳动者订立无固定期限劳动合同的,自应当订立无固定期限劳动合同之日起向劳动者每月支付2倍的工资。《劳动合同法实施条例》第5条规定:自用工之日起1个月内,经用人单位书面通知后,劳动者不与用人单位订立书面劳动合同的,用人单位应当书面通知劳动者终止劳动关系,无须向劳动者支付经济补偿,但是应当依法向劳动者支付其实际工作时间的劳动报酬。第6条规定:用人单位自用工之日起超过1个月不满1年未与劳动者订立书面劳动合同的,应当依照劳动合同法第82条的规定向劳动者每月支付2倍的工资,并与劳动者补订书面劳动合同;劳动者不与用人单位订立书面劳动合同的,用人单位应当书面通知劳动者终止劳动关系,并依照劳动合同法第47条的规定支付经济补偿。此外,原劳动部(现为人力资源和社会保障部)关于《关于贯彻执行〈中华人民共和国劳动法〉若干问题的意见》第11条明确：根据原劳动部《实施〈劳动法〉中有关劳动合同问题的解答》的规定，经理由其上级部门聘任（委任）的，应与聘任（委任）部门签订劳动合同。实行公司制的经理和有关经营管理人员，应根据《公司法》中有关经理和经营管理人员的规定与董事会签订劳动合同。而《公司法》第46条第9项明确，董事会对股东会负责，并有权决定聘任或者解聘公司经理及其报酬事项，并根据经理的提名决定聘任或者解聘公司副经理、财务负责人及其报酬事项。

根据上述规定可知，用人单位自与劳动者建立劳动关系之日起就应与劳动者订立书面劳动合同，超过法定期限未与劳动者签订书面劳动合同就需要支付双倍工资，这是法律对用人单位未尽法定义务的惩罚性措施。

二、用工管理人员未签订书面劳动合同诉请双倍工资相关案例

案例1：公司总经理未签订劳动合同诉请双倍工资获法院支持案，[①]法院认为：原告在被告处工作并被董事会任命为公司总经理，但被告违反了《劳动合同法》第10条和《公司法》第47条的规定以及原劳动部发〔1995〕202号文件—关于《实施〈劳动法〉中有关劳动合同问题的解答》的通知中第1条的规定，未与原告签订书面劳动合同。虽然被告认为这是原告没有依职权敦促公司行政人事部门按照劳动合同法的规定与其本人签订书面劳动合同及依法办理、缴纳各项社会保险费，也未将此情况向被告董事会汇报，从而通过劳动争议仲裁及诉讼手段来获得利益，但被告并没有提供证据证实原告是故意不履行职责，恶意主张权利，也没有足够的证据证实其董事会与原告未能签订书面劳动合同的原因在于原告，故依据《劳动合同法》第82条的规定应向原告支付2倍的工资。

案例2：公司副总经理未签订劳动合同诉请双倍工资法院不支持案，[②]一审法院认为，邹某某负有人事管理和劳动合同签订的职责，其应当对自己未签订书面劳动合同的行为负责，不能因为自己的失职行为而获利。故对邹某某双倍工资请求不予支持。二审法院认为，双倍工资本身并不是劳动者应获得的工资报酬，而是因用人单位未及时签订书面劳动合同的过错行为所获得的额外利益。邹某某其本身负责公司人事管理和签订书面劳动合同工作事项。其在公司管理过程中强调应与员工

---

① 湖南省株洲市中级人民法院(2013)株中法民四终字第248号。

② 四川省成都市中级人民法院(2014)成民终字第2119号。

签订书面劳动合同,却又因自身工作失职,未与自己订立书面劳动合同。该失职行为,属违背诚实信用原则,邹某某不应因自身失职行为反而获得利益,故判决维持原判。

案例3:公司人事经理未订立书面合同诉请双倍工资获支持案。[①] 终审法院认为:《劳动合同法》第82条第1款规定"用人单位自用工之日起超过一个月不满一年未与劳动者订立书面劳动合同的,应当向劳动者每月支付二倍的工资",根据上述规定,劳资双方建立了劳动关系就应当签订书面劳动合同。在实践中,用人单位的管理人员,包括负责签订劳动合同的管理人员,无权代表用人单位与自己签订劳动合同,在劳动者为用人单位负责签订书面劳动合同的相关人员时,用人单位必须另行指派其他人员作为代表与该劳动者签订劳动合同。因此,原审判决认定公司不应承担2倍工资差额不当。遂改判公司支付2倍工资差额。

从上述几个案例可见,有用工管理职责人员未订立书面劳动合同是否给付双倍工资存在争议。第一种观点认为:根据《劳动合同法》第82条规定,该条为2倍工资罚则,但其中并未规定归责条件,也没有规定除外情形。因此只要属于劳动者且未签订书面劳动合同,用人单位就需支付双倍工资。而且,具有用工管理职责人员无权代表用人单位与自己签订劳动合同,否则属于自己代理行为(违反了民法上关于合同由2个以上主体签订的基本原则),故用人单位应向具有用工管理职责人员支付双倍工资。第二种观点认为:不能简单地将用工管理人员与其他普通劳动者同等适用"双倍工资罚则"。因用工管理人员负责用工管理工作,其应当对自己未签订书面劳动合同的行为负责,不能因为自己的失职行为而获利。如果用工管理人员无失职行为或并非恶意不订立书面劳动合同的,则用人单位应支付双倍工资。反之,如果用人单位对未订立书面劳动合同无过错的,则不应支付双倍工资。

---

① 海口市中级人民法院(2014)海中法民一终字第171号,载椰城法律网(系海口中院法院网)。此外,同样是人事经理,河南郑州中级人民法院对金瑞君诉郑州云顶服饰有限公司双倍工资案则不支持。该案法院生效裁判认为:金瑞君担任云顶公司人力资源总监长达10个月,其间云顶公司明确要求人力资源部对所有员工的劳动合同、档案等相关手续必须规范。作为云顶公司的人力资源总监,金某某应该非常清楚与职工签订劳动合同是本部门应当履行的岗位职责,对与职工不签订书面劳动合同的法律后果,其自当明白。原告和被告之间建立劳动关系应当签订而未签订劳动合同,不是人力资源总监故意不履行职责,就是人力资源总监过失而未履行职责。无论是故意还是过失不履行职责,根据权利义务相一致的原则,自己未履行义务造成的后果应自行承担,不能把未履行义务之责任转嫁给用人单位承担,即原告不应承担支付双倍工资的义务。参见赵洪印、赵军胜:《未签订劳动合同的人事经理不得主张双倍工资补偿》,载《人民司法》2012年第24期。

三、用工管理人员未订立书面劳动合同双倍工资的适用

未签订劳动合同的“双倍工资罚则”旨在惩罚用人单位的违法行为,同时也是督促用人单位尽快依法与劳动者签订劳动合同,从而保护作为弱者一方的劳动者的合法权益,维护劳动关系的和谐稳定。但用工管理人员身份特殊,其未订立书面劳动合同适用“双倍工资罚则”时应有别于普通劳动者。

1. 用工管理人员兼具“雇主”与“雇员”双重属性

与一般概念上的劳动者相比,用工管理人员在企业日常人事管理、内部事务决策等方面比普通劳动者具有明显的优势。而且,用工管理人员管理对象就是劳动者,其在特定的情形下具有代表企业的对外代理权,而普通劳动者一般情况下是没有对外代理权的。因此,用工管理人员具有用人单位代表和劳动者的双重属性,是介于劳动者和用人单位之间的特殊角色。

2. 用工管理人员是否存在过错和恶意直接影响着其是否适用“双倍工资罚则”

由于企业用工管理人员专门代表用人单位与员工签订劳动合同、进行劳动人事管理,其对劳动法律、法规的知悉程度通常远远强于普通劳动者,深知“用人单位自用工之日起超过一个月不满一年未与劳动者订立书面劳动合同的,应当向劳动者每月支付二倍的工资”的法律后果。如其岗位职责或用人单位明确用工管理人员应订立劳动合同的人员范围包括其自身,那么在用人单位未拒绝与其签订或续签劳动合同的前提下,理所应当地有义务主动向用人单位提出签订书面劳动合同要求。如其未提出签订书面劳动合同或故意不予签订书面劳动合同、拖延签订书面劳动合同,则其工作严重失职且有违诚实信用与公平原则,企业都不应该承担未签劳动合同的双倍工资责任,否则让劳动者从严重失职和重大过错中获利,有失公平正义原则;同时亦将引发道德风险,即鼓励更多的用工管理人员利用自身职权,故意不签订劳动合同。但是,如果用工管理人员有充分证据证明,其曾向用人单位提出或提示用人单位与其订立劳动合同,而用人单位拒绝或不作为的,则其既不存在工作失职,亦不存在恶意,用人单位应向其支付双倍工资。

3. 用人单位非自身原因未签订书面劳动合同的可免责

在用工管理人员未订立书面劳动合同诉请双倍工资案件中,如果用工管理人员岗位职责并不包括与其自身订立书面劳动合同,则应审查用人单位是否履行诚实磋商的义务以及是否存在劳动者拒绝签订等情况。如果用人单位提供充分的证据证实其履行了签订合同的必要程序与行为、明确授权用工管理人员拟定自身劳动合同

或通过其他方式让用工管理人员得到了签订合同机会的，或有充分证据证明用工管理人员拒绝签订或者利用人事管理等职权故意不签订劳动合同的，就足以证明双方未订立书面劳动合同责任不在用人单位，用人单位可以不承担“双倍工资支付”责任。

4.用工管理人员诉请双倍工资中的举证责任

如果用工管理人员职责包括与其自身在内的所有人员订劳动合同的，如果这些用工管理人员没有主动提示企业与包括自己在内的劳动者签订劳动合同，可视为严重失职。但用工管理人员的职责是否包括拟定其自身的劳动合同的举证责任应由用人单位举证。如果用工管理人员职责不包括与其自身，仅系与其自身之外的其他人员签订劳动合同，那么用人单位需要举证证明用工管理人员存在恶意未签劳动合同或证明双方未订立书面劳动合同的责任在用工管理人员，证明不了则应承担双倍工资责任。

5.用工管理人员的范围认定

用工管理人员首先是企业的管理者，他们在公司劳动合同拟定、员工招聘、劳动合同订立以及培训考核等方面代表公司行使管理职责和人事决策。既有企业对包括人事在内的总体工作全部负责的高级管理人员，也可能是专门负责企业人事管理方面的人员。但是，并非管理人员都是用工管理人员，比如，企业的专业技术研发岗位经理、市场营销岗位经理、财务负责人等，并不属于用工管理人员。企业人事管理部门的普通员工仅是企业用工人员，并非企业的管理人员，亦不属于用工管理人员。判断1名员工是否属于企业用工管理人员，要结合企业管理人员所在的岗位职责及职权范围来认定。

李某琼诉李某燕房屋买卖合同购房差价损失赔偿纠纷案

关键词

民事　房屋买卖　根本违约　解除合同　可得利益损失

裁判要点

房屋买卖合同纠纷中，因出卖人恶意违约导致合同目的不能实现，守约方请求解除合同并赔偿房屋市场价值与购买价格之间差额损失的，人民法院应予支持。但双方另有约定的除外。

相关法条

《合同法》第113条第1款

基本案情

2006年5月7日，被告李某燕与原富亿实业（集团）有限公司（以下简称富亿公司）签订《某商城内部认购合同》，约定李某燕购买“某商城”房屋1套，并于当日支付了35,000元首付款。后富亿公司未修建房屋且进入破产程序。2009年2月20日，原告李某琼（乙方）与李某燕（甲方）签订《预购房转让协议》，约定甲方以42,000元人民币的价格将上述预购的“某商城”商品房所有权转让给乙方，甲方不参与该房的处置，今后更改户主名字时甲方有义务协助乙方更名。协议签订后，李某琼按约定支付了转让款，李某燕将《某商城内部认购合同》原件和收款收据交给李某琼。

2009年7月5日，重庆建雍房地产开发有限公司（以下简称建雍公司）参与富亿公司破产重整，接下富亿公司上述拟建而未建的楼盘。李某燕于2010年8月31日出具委托书，委托李某琼全权处理上述“某商城”房屋。2010年9月17日，李某琼代李某燕与建雍公司签订了《购房预约协议》，约定：李某燕向建雍公司购买原富亿公司拟修建的“西城旺角”项目房屋一套。2011年10月25日，李某燕与建雍公司就上述《购房预约协议》所确定的房屋签订了正式的商品房买卖合同，约定商品房买卖合同总价款为127,840元（包括李某燕向原富亿公司交纳的35,000元，未付房款为92,840元）。李某燕一直未按《预购房转让协议》履行义务，并于2013年1月11日与建雍公司办理接房手续，将房屋进行装修。李某琼得知后，遂起诉至法院，请求解除预购房转让协议，要求退还合同转让费并赔偿房屋购房差价损失。

在审理过程中，经法院委托评估，涉诉房屋总价为357,800元，建筑面积单价为3160元/平方米，李某琼交纳了鉴定费3580元。

裁判结果

重庆市荣昌县人民法院于2013年9月17日作出（2013）荣法民初字第00898号判决：（1）解除原告李某琼与被告李某燕于2009年2月20日签订的《预购房转让协议》；（2）由被告李某燕退还原告李某琼合同转让费42,000元，赔偿原告李某琼房屋差价损失222,960元；（3）驳回原告李某琼的其他诉讼请求。一审宣判后，李某燕不服，提起上诉。重庆市第五中级人民法院于2013年11月15日作出（2013）渝五中法民终字第04220号判决：驳回上诉，维持原判。

裁判理由

法院生效裁判认为，李某琼、李某燕签订的《预购房转让协议》合法有效。因建雍公司系富亿公司破产后对“某商城”项目进行开发的承继者，建雍公司通过《购房预约协议》对李某燕与富亿公司签订的《某商城内部认购合同》予以了认可，故《某商城内部认购合同》已被李某琼代李某燕与建雍公司签订的《购房预约协议》替代，李某燕应按照转让协议的约定，不再参与《购房预约协议》确定的“西城旺角”项目

D4 栋 1－1 号房屋的处置，并有义务协助李某琼更名。在李某琼付清 42,000 元转让费并代李某燕与建雍公司签订《购房预约协议》后，李某燕却违反转让协议约定，自行与建雍公司签订了正式的商品房买卖合同，并在接房后进行了房屋装修，其行为已构成根本违约。李某琼请求解除与李某燕之间的《预购房转让协议》符合法律规定，应予支持。根据《合同法》第 97 条规定：合同解除后，尚未履行的，终止履行；已经履行的，根据履行情况和合同性质，当事人可以要求恢复原状、采取其他补救措施，并有权要求赔偿损失。在合同签订后，李某琼向李某燕支付了 42,000 元，李某燕应当予以返还。李某琼要求李某燕赔偿损失的诉讼请求，按照法律规定，损失赔偿额应当相当于因违约所造成的损失，包括合同履行后可以获得的利益。根据该房屋现有市场价值 357,800 元与合同实际履行原告应支出 134,840 元（92,840 元房价＋42,000 元转让费）的差额，李某琼的损失应当是 222,960 元，应由李某燕赔偿给李某琼。

理解与参照

本案例涉及商品房买卖合同中，因出卖人不履行合同，购房人请求赔偿因房价上涨产生的购房差价损失应否支持问题。对此，本案例明确：房屋买卖合同纠纷中，因出卖人恶意违约导致合同目的不能实现，守约方请求解除合同并赔偿房屋市场价值与购买价格之间差额损失的，人民法院应予支持。但双方另有约定的除外。本案例所确立的裁判要点，有利于正确理解《合同法》第 113 条第 1 款所规定的可得利益赔偿范围，对保障购房人的合法利益，维护正常的房屋市场交易秩序具有重要意义。理解和参照使用本案例的裁判要点，需要注意把握以下问题。

一、关于解除合同的损害赔偿责任范围

合同损害赔偿有两种赔偿模式：一是违约责任下的可得利益①的损害赔偿；二是缔约过失责任下的信赖利益②的损害赔偿。从合同解除制度的目的来看，合同解除

---

① 可得利益源于合同法表述，是指合同在适当履行以后债权人可以实现和取得的财产利益。在合同法领域，还有一种利益称为期待利益，它是指在合同的履行过程中，当事人期待获得的利益。由于可得利益是现实可能的、有可能实现的预期利益。因此预期利益的外延大于可得利益。参见韩世远：《违约损害赔偿研究》，北京法律出版社 1999 年版，第 132 页。

② 信赖利益，是指当事人相信法律行为有效成立而因某种事实之发生，该法律行为不成立或无效而产生的损失，又称消极利益之损失。参见王泽鉴：《民法学说与判例研究》（第 5 册），中国政法大学出版社 1998 年版，第 212 页。

制度是要解决有效成立的合同提前消灭的问题，这是它同无效、撤销、履行、撤回制度的不同之处。[①] 因此，因违约及缔约过失所产生的可得利益及信赖利益损害赔偿在理论基础以及责任承担、价值构成等方面都存在差异。关于违约责任下的损害赔偿，我国《民法通则》《合同法》及最高人民法院相关意见中作了相关规定。其中《合同法》第113条规定："当事人一方不履行合同义务或者履行合同义务不符合约定，给对方造成损失的，损失赔偿额应当相当于因违约所造成的损失，包括合同履行后可以获得的利益，但不得超过违反合同一方订立合同时预见到或者应当预见到的因违反合同可能造成的损失。"最高人民法院于2009年发布的《关于当前形势下审理民商事合同纠纷案件若干问题的指导意见》第9条明确：根据交易的性质、合同的目的等因素，可得利益损失主要分为生产利润损失、经营利润损失和转售利润损失等类型。《合同法》第113条规定中的"合同履行后可以获得的利益"即可得利益。一般而言，可得利益具有如下特点：第一，未来性。可得利益不是现实的利益，而是一种未来的利益，可得利益必须是经过合同违约方履行后才能获得的利益。第二，期待性。可得利益是当事人订立合同时可以预见到的利益，可得利益的损失也是合同当事人能够预见到的损失。第三，可得利益具有一定的现实性。尽管可得利益并非订立合同时就可实际享有的利益，但这种利益并不是臆想的，如果合同违约方不违约，是非违约方可以得到的利益。[②]

通过上述规定可以看出，合同因违约解除时应适用违约责任的规定，违约方应当赔偿守约方的可得利益损失。

二、关于赔偿购房差价损失的计算方式问题

近年来，因房价上涨较快，在二手房交易价格攀升过快的情况下，出卖人对原来的出卖价格不满意而拒绝履行合同的较为多发。在房屋买卖合同解除后，对购房差价损失是否赔偿问题社会较为关注，对于可得利益范围内的购房差价损失计算方式，司法实践存在不同认识。

案例1：在刘某起诉杨某房屋买卖合同赔偿差价损失案中，[③]北京市通州区法院对27万元购房差价损失予以支持。一审宣判后，杨某不服，提起上诉。北京市第二

---

① 参见崔建远：《合同法》，法律出版社2000年版，第189页。

② 参见杨立新：《侵权损害赔偿》，吉林人民出版社1991年版，第57页。

③ 参见李俊晔：《二手房交易中违约方应当赔偿房屋差价损失》，载《人民法院报》2011年11月3日，第7版。

中级人民法院判决驳回上诉，维持原判。

案例2：在吴某某诉王某某购房差价损失案中，[①]王某某在其将房屋以100万元价格出售给吴某某后，又违约以170万元卖给腾高公司并办理过户手续。深圳市南山区人民法院经审理，根据王某某转卖腾高公司价格170万元，并结合本案的实际情况，酌情判令王某某向吴某某赔偿损失30万元。一审宣判后，王某某不服，提起上诉。深圳市中级人民法院认为，王某某将涉案房产转让给腾高公司，已构成根本违约，应向合同相对方吴某某承担违约责任。因合同并未约定违约赔偿标准，吴某某应举证证明其因王某某违约造成其损失的数额，但吴某某未能举证证明。而在本案中王某某已自认签订《二手房买卖合同》时涉案房产的市场价格在150万元至160万元，吴某某的损失即为其按涉案房产市场价另购住房与王某某出卖涉案房产给腾高公司的价格之间的差价，改判由王某某向吴某某赔偿10万元损失。

关于解除购房合同所赔偿的购房差价损失的计算方式问题，案例1与案例2中的一审、二审法院均有不同认识。案例1以房屋的市场价值与购买价格之差额认定赔偿可得利益损失，案例2一审法院以房屋再次转卖价格与原告自认购房时房屋市场价值之差额认定可得利益损失，案例2二审法院则以房屋再次转让价格与被告自认房屋前次出售市场价值之差额认定可得利益损失。不同的购房差价计算方法，导致不同的赔偿数额。由于可得利益是合同履行后当事人可以获得的利益，因此可得利益损失对合同当事人而言是相对特定的，应以当事人的购买价格为基数来计算。此外，房屋的再次市场交易价格受房屋交易相对人对房屋市场价值的认知、交易相对人的议价能力、支付能力等影响，再次交易价格因买受人的变化而变化，不宜作为计算特定购房人可得利益损失的依据。而房屋的市场价值是在合同履行后，当事人可以获得的相对确定的利益。因此，以房屋的市场价值与原购买价格之间的差额认定购房差价损失，是较为科学和合理的。

三、关于购房差价损失是否在可预见损失范围内问题

违约损害赔偿制度的根本目的在于维护债权人的合法利益，因此合同解除后守约方所遭受的损失原则上应予以完全赔偿。但违约损害赔偿制度也关注鼓励交易、提高效率等市场交易需求，故对这种赔偿应给予一定的限制。我国《合同法》第113条明确，守约方可以请求违约方赔偿因违约造成的损失，但不得超过违反合同一方

---

① 参见(2014)深中法房终字第1146号。

订立合同时预见到或应当预见到的因违反合同可能造成的损失。因此,在违约损害赔偿中,违约方仅对其在订约时能够预见到的损失承担赔偿责任,而对不可预见的损失不承担赔偿责任。根据《合同法》的上述规定,可预见损失预见的主体应当是违约方,预见的时间是订约时,在预见的内容方面,一种观点认为,违约方在订约时只需预见到损失的类型即可;另一种观点则认为,违约方在订约时不仅要预见到损失的类型,而且还要预见到损失的数额。《合同法》对预见的内容未作明确规定,笔者认为宜将预见的内容确定为预见损失类型即可,要求违约人预见到损失数额才承担赔偿责任,对受害人不公平。就房屋买卖而言,购房差价损失是房屋出卖人在订立合同时可以得到的。因此购房差价可以作为合理预见范围内的可得利益损失予以赔偿。

四、其他需要注意的问题

1. 关于合同当事人另有约定的处理。在市场交易活动中,只要合同各方的约定不违反法律禁止性规定,不损害国家、集体利益或第三人合法权益,应当尊重当事人对违约责任承担方式的约定,这是对当事人意思自治的体现。裁判要点中明确的当事人另有约定的除外,即包括当事人对购房差价计算方式方法的约定,也包括当事人对违约金计算方法或违约责任承担方式的约定。当事人约定了违约金的,依据《合同法》第 114 条,当违约金与实际损失不一致时,当事人可以请求法院或者仲裁机构予以调整。

2. 关于房屋市场价值确定方式和房屋价值时点选择问题。关于房屋市场价值如何确定问题,一般情况下应比照最相类似房屋,比如,同幢相同楼层及户型、相邻幢同楼层及户型、相同区域内房屋的市场成交价来确定,也可通过委托专业机构进行评估或向专业机构进行询价予以确定。在计算和认定可得利益损失时,由于要适用减损规则、损益相抵规则以及过失相抵规则等,因此在房屋市场行情随时均在变化情况下,确定房屋市场价值应以守约方享有合同解除请求权时的房屋市场价值确定,进而与购买价格之间的差额来计算损失。

万某某诉黄某某等相邻构筑物影响商业经营请求排除妨碍纠纷案

关键词

民事　相邻商铺　修建构筑物　影响商业经营　排除妨碍

裁判要点

一方修建构筑物足以影响相邻方的商业经营活动正常开展，相邻方请求排除妨碍的，人民法院应予支持。

相关法条

《民法通则》第83条

《物权法》第84条、第85条

基本案情

2012年9月13日，璧山县工农宾馆将其所有的位于重庆市璧山县璧城街道渝西商场内的摊位(39.55平方米)卖给被告黄某某、王某某。原告万某某的摊位与黄某某、王某某的摊位相邻且相邻边不是通道，双方摊位左侧有一人行通道，宽度为2米。2013年4月1日，黄某某、王某某在毗邻万某某所有的摊位经营前，将己方摊位内邻近万某某摊位的一边修建了一面高达2米的隔断。渝西商场内每个摊位之间留有2米宽的顾客通道可以自由通达至每一个摊位,《渝西商场管理公约(征求意见稿)》第14条规定摊位"隔断高度不得高于1.5米"。万某某认为黄某某、王某某修建的隔断挡住了其摊位,遮挡了顾客的视线、影响了商机、无法正常经营,遂诉至法院,请求判决被告停止侵害、排除妨碍、恢复原状,并赔偿损失。

裁判结果

重庆市璧山县人民法院于2013年7月24日作出(2013)璧法民初字第01930号民事判决:(1)黄某某、王某某在判决生效后10日内自行将与万某某相邻摊位边所建的隔断高于1.5米以上部分予以拆除。(2)驳回万某某的其他诉讼请求。一审宣判后,黄某某、王某某不服,提起上诉。重庆市第一中级人民法院于2013年11月5日作出(2013)渝一中法民终字第03967号民事判决:驳回上诉,维持原判。

裁判理由

法院生效裁判认为:本案争议的焦点在于黄某某、王某某在己方摊位修建高达2米的隔断是否对毗邻的万某某摊位的商业经营造成妨碍。《物权法》第84条、第85条规定"不动产的相邻权利人应当按照有利生产、方便生活、团结互助、公平合理的原则,正确处理相邻关系""法律、法规对处理相邻关系有规定的,依照其规定;法律、法规没有规定的,可以按照当地习惯"。本案中,双方的经营摊位位于商场一隅,本身位置较为偏僻,视线开阔对于摊位经营相当重要。《渝西商场管理公约(征求意见稿)》中第14条明确要求"隔断高度不得高于1.5米"。虽然该公约是征求意见稿,但该公约是商场管理者经过调查研究,综合考虑多方面因素后制定的,基本反映了当地的生产经营习惯,公约规定隔断不得高于1.5米的条款,可予以参考。虽然黄某某、王某某在万某某的摊位商业经营前即修建隔断,且该隔断也未影响另一方的通行、采光、通风、排水等,但其修建高达2米的隔断,对顾客的视线有遮挡,足以对相邻的万某某摊位商业经营产生一定影响,减少了其商机,应当认定该隔断妨碍了万某某摊位商业经营。从本案实际情况来看,黄某某、王某某修建的高达2米的隔断违反了相邻关系有利生产的原则,妨碍了毗邻商铺摊位的商业经营,隔断修建方应当将高于1.5米的隔断部分予以拆除。

理解与参照

本参考性案例涉及相邻一方修建构筑物影响相邻方商业经营是否构成相邻妨

碍问题。对此,本案例明确商铺一方修建构筑物虽然不影响相邻方采光通风,但如果影响了相邻方的商业经营正常开展的,一样构成相邻妨碍。本案例有利于正确理解《民法通则》第 83 条,《物权法》第 84 条、第 85 条所规定的相邻权保护的范围,对维护相邻关系、处理相邻纠纷具有重要指导意义。理解和参照使用该参考性案例的裁判要点,需要注意把握以下问题。

一、关于相邻关系中"相邻"的范围

从相邻关系的发展来看,相邻关系最先是从土地相邻发展起来的,后来发展到建筑物之间的相邻关系再延伸到如今建筑物内各专有部分和共有部分之间的相邻关系。相应地,"相邻"的含义在不断丰富。在农业社会形态下,相邻关系是为了解决土地相互毗邻而产生通行、流水等一系列问题。因此,相邻关系主要局限于相邻土地之间的通行、流水、林木、果实等方面。在当时"相邻关系"就是指相互毗连或毗邻。如有学者认为"相邻关系"就是相互毗邻的不动产权利人之间在行使所有权或者使用权时,因相互间给予便利或者接受限制所发生的权利义务关系。① 但是,随着经济社会的快速发展,在人口激增与土地的立体化高效利用背景下,人们居住形态不断改变。一栋建筑物内产生了多个住户,不动产的所有权的性质与形式发生了巨大变化。这一方面丰富了不动产的范围,从传统的土地扩展到附着于土地上的建筑物、构筑物等;另一方面,由于人们对不动产利用的立体化也使不动产相互之间的影响范围不断扩大,不动产相邻关系也越来越复杂。传统的"相邻"含义已经无法概括现代社会的不动产关系,特别是不动产之间因采光、通风、噪声等产生的影响在一定程度上已经超越了相互毗连的事实状态。远距离的不动产也可能因相互影响而产生相邻关系。这就意味着"相邻"的范围已经由客观物理上的直接毗连发展为无形间接的相互影响。

因此,现代社会已经把相邻的含义大大地扩展了,相邻不再仅仅指相互毗邻,而应包含毗邻和邻近以及通过流水、空气、噪声等媒介而产生相邻这 3 个含义。② 相应的,相邻的判断标准也已经由物理意义上的直接毗连转化为无形间接的相互影响。

---

① 参见王利明主编:《中国物权法草案建议稿及说明》,中国法制出版社 2001 年版,第 55 页。

② 如我国《物权法》第 90 条规定:不动产权利人不得违反国家规定弃置固体废物,排放大气污染物、水污染物、噪声、光、电磁波辐射等有害物质。该规定改变了以不动产的相互毗邻为前提的传统"相邻"含义,扩大了噪声、光等不可量物侵扰的适用范围。即凡是在不动产权利人周围或附近,足以影响到其对不动产权利的行使的都应当纳入不可量物侵扰的相邻范畴之内。

在界定两个不动产是否“相邻”上，可以从两个方面着手：一是看不动产之间在物理意义上是否直接毗连或邻近；二是看不动产间是否因媒介而相互影响。即在没有直接毗邻的不动产之间，如果因为不动产使用而妨碍了他方不动产权利人享有的不动产利益，也应认为符合相邻关系中的相邻要件。当然，对“相邻”的解释也不宜无限制地扩张，应限定在地理上较为接近、社会生活中具有较密切联系的不动产之间。在万某某诉黄某某、王某某相邻关系纠纷案中，万某某与黄某某双方所有的经营摊位位于渝西商场且相互毗邻，属于建筑物区分所有下的相邻。

二、关于相邻妨碍的认定

相邻关系是相邻不动产所有人或使用人由于对物的支配力和排他力而产生冲突时，为调和其冲突以谋共同利益，而由法律直接规定的权利义务关系。不动产相邻各方通过相邻关系合理扩张或延伸一方的所有权或使用权，同时相邻方对其不动产的自由支配和妨碍排除请求权受到了限制。相邻各方在实现自己合法权益的同时，必须为邻人提供必要便利，从而接受必要限制，以实现相邻各方当事人利益关系的平衡。相邻不动产权利人在使用自有不动产时其权利是否应受限制、是否构成相邻妨碍，应从相邻方不动产利益是否受影响以及使用不动产方是否违反法律、法规及管理公约两方面进行判断。

1. 相邻方不动产利益是否受影响

相邻关系中的不动产利益，必须是因不动产而客观存在的利益，即该利益是固在于或产生于该不动产的，可以分为固有利益和延伸利益两个方面。不动产固有利益，是指属于不动产物理实体构成部分的利益，如果缺少这些利益就会影响该不动产的客观存在和基本功能。① 如在不动产权利人对因通行等必须利用相邻权利人土地关系中，如果不动产权利人没有相应的通行权利，那么该不动产的基本用途就无法发挥。不动产的延伸利益则主要是指为满足不动产的特殊功用而产生或存在的利益。相邻关系中的不动产利益并非一成不变，而是随着社会发展变化以及人们对不动产价值的认识和需求变化而不断变化的。比如，传统相邻关系所涉及的不动产利益主要包括取水、排水、通行、放牧、采掘等。但随着社会的发展，人们已经普遍认为，不动产的利益不能仅仅满足于能够耕种或居住，而要实现相应的不动产功能。比如，住宅在居住使用中需要不受噪声、废气等的干扰，住宅居住时居住人应享有的

① 参见韩光明：《民法上相邻关系的界定》，载《北方法学》2008 年第 5 期。

采光、眺望等利益需求。相应地,在市场经济社会中,就商业铺位等商用不动产而言,其功能主要是商业经营。因此,其权利人的商业经营利益亦应属于不动产利益。如果一方行使不动产权利时,对相邻方的商业经营造成影响的,应构成相邻妨碍。

2. 不动产权利人是否违反法律法规及管理公约等相关规定

我国《民法通则》、《物权法》以及最高人民法院《关于审理建筑物区分的所有权纠纷案件具体应用法律若干问题的解释》等共有10余个条文对不动产权利人使用不动产作了规定。此外,在建筑物区分所有的范围内,法律允许通过管理规约的方式对部分相邻关系的内容及违反规约的责任后果进行约定。建筑物区分所有权人为增进共同利益,确保良好的生活环境,经区分所有权人会议决议的管理规约本质为法律行为,也是共同行为。根据私法自治原则,规约内容只要不违反法律强制性规定或有悖于公序良俗,得自由决定,且具有法律效力。因此,在建筑物区分所有的情形下,不动产所有人还应遵守区分所有权下业主的义务。比如,业主应遵守法律、法规、管理规约以及业主大会、业主委员会依法作出的决定。根据最高人民法院《关于审理建筑物区分的所有权纠纷案件具体应用法律若干问题的解释》第15条的规定,业主或者其他行为人违反法律、法规、国家相关强制性标准、管理规约,或者违反业主大会、业主委员会依法作出的决定,有损害房屋承重结构、损害建筑物外观、违规装修、违章加建、改建等行为的,可以认定为《物权法》第83条第2款所称的其他损害他人合法权益的行为。因此,如果不动产权利人在使用其不动产时违反了相关法律法规管理公约或业主委员会的决定所规定的相邻义务或者业主义务,影响了相邻方的不动产使用的,可以认定构成相邻妨碍。

在万某某诉黄某某、王某某相邻关系纠纷案中,万某某与黄某某双方所有是经营摊位,该不动产的主要功能不是满足居住使用,而是用于商业经营。因此,商业经营权益属于万某某对其商业铺位所应享有的不动产利益。而黄某某、王某某的铺位与万某某相邻。根据《渝西商场管理公约(征求意见稿)》第14条“隔断高度不得高于1.5米”的规定,黄某某虽然是在其自有铺位上修建隔断,但由于隔断高达2米,明显影响了与其相邻的万某某铺位商业经营,因此构成了相邻妨碍,应予排除。

三、其他需要注意的问题

1. 关于不动产相邻权利人范围

相邻关系规则所针对的特定群体,即其接受对象,就是不动产的权利人。但是,不动产权利人是一个非常广泛的用语,可以包括不动产所有权人、他物权人以及债权人。我国《民法通则》第83条中使用了“不动产的相邻各方”,物权法使用的是“不动产的相邻权利人”这样的词语。由于相邻关系的立法目的在于使邻人间尽可能和睦相处,因此其调整对象不仅限于数个土地所有权人之间的相邻关系,还包括土地所有权人与土地占有人以及土地占有人彼此之间的相邻关系。① 因此,相邻关系的主体,不仅包括不动产的所有人,而且包括不动产的用益物权人和占有人。② 不动产权利人包括不动产所有人、占有人及用益物权人。

2. 关于习惯在处理相邻纠纷中的适用

《物权法》第85条规定:法律、法规对处理相邻关系有规定的,依照其规定;法律、法规没有规定的,可以按照当地习惯。该条明确了在相邻关系中有法依法、无法依当地习惯的法律适用原则。随着社会的发展,相邻关系日益错综复杂,物权法不可能就此作出明确、完整、具有可操作性的规范,这就需要植根于当地生产生活中的习惯填补法律调整的空白。这里的习惯包括了习俗和惯例。习惯主要指的是生活习惯,它是人们在长期生活的过程中所形成,并被人们遵守的生活准则,它的主要功能在于调解人们的生活纠纷。就相邻关系纠纷而言,一方面,对于没有明确法律规范的相邻关系争议,可以参照物权法,同时结合当地习惯来处理;另一方面,对于不存在法律规范的相邻关系类型,则可直接适用习惯予以解决。

---

① 参见刘保玉主编:《物权法学》,中国法制出版社2007年版,第183页。

② 参见胡康生主编:《中华人民共和国物权法释义》,法律出版社2007年版,第179~180页。

唐某某诉北京洁丽雅保洁有限公司劳动争议约定管辖纠纷案

关键词

民事诉讼　劳动争议　协议管辖　管辖权异议

裁判要点

劳动者与用人单位发生劳动争议，在劳动仲裁裁决之后向有管辖权的人民法院起诉的，用人单位以劳动合同中有仲裁和诉讼管辖约定为由提出管辖权异议，人民法院不予支持。

相关法条

《民事诉讼法》第34条

《劳动争议调解仲裁法》第21条

最高人民法院《关于审理劳动争议案件适用法律若干问题的解释》第8条。

基本案情

2011年12月3日，原告唐某某与被告北京洁丽雅保洁有限公司（以下简称洁丽雅公司）签订为期5年的劳动合同，约定唐某某从事列车保洁工作，工作地点在重庆。劳动合同第12条约定劳动争议处理方式为："发生劳动争议，双方不能协商解决的，双方只能向丰台劳动争议仲裁委员会申请仲裁、复议,对仲裁、复议裁决不服的,双方只能向丰台区人民法院起诉。"

2013 年 8 月 22 日凌晨 3 时许,唐某某在重庆火车北站动车车库清洁动车时不慎受伤,经诊断为右侧第 9 肋骨骨折。北部新区管委会经调查核实,作出渝新委伤险认决字(2013)1173 号《认定工伤决定书》,认定唐某某所受事故伤害属于工伤。由于洁丽雅公司没有给唐某某办理养老、工伤、失业等社会保险,2014 年 4 月 10 日,唐某某向重庆市北部新区劳动争议仲裁委员会申请仲裁未受理,后起诉至重庆市渝北区人民法院,要求与洁丽雅公司解除劳动关系,并支付医疗费、护理费、伤残补助金、鉴定费等费用。一审提交答辩状期间,洁丽雅公司以双方劳动合同中有约定管辖为由提出管辖权异议。另查明,洁丽雅公司住所地为北京市丰台区马家堡东路×号×××室,劳动合同第 12 条系格式条款。

裁判结果

重庆市渝北区人民法院于 2015 年 4 月 16 日作出(2015)渝北法民管异初字第 0080 号民事裁定:驳回被告北京洁丽雅保洁有限公司管辖异议申请。一审裁定作出后,洁丽雅公司不服,提起上诉。重庆市第一中级人民法院于 2015 年 9 月 16 日作出(2015)渝一中法民管异终字第 01295 号民事裁定:驳回上诉,维持原裁定。

裁判理由

法院生效裁判认为,《民事诉讼法》第 34 条规定:"合同或者其他财产权益纠纷的当事人可以书面协议选择被告住所地、合同履行地、合同签订地、原告住所地、标的物所在地等与争议有实际联系的地点的人民法院管辖,但不得违反本法对级别管辖和专属管辖的规定。"因此,协议管辖只适用于平等民事主体之间的合同或者其他财产权益纠纷。而劳动合同体现的不仅仅是双方的财产关系,双方地位的实质不平等特征表现比较突出,管理与被管理、依附与被依附的人身关系特征比较明显。《劳动合同法》对劳动者与用人单位签订的劳动合同在劳动基准、合同内容、违约责任等方面作出了大量的强制性和限制性规定。《劳动争议调解仲裁法》第 21 条第 2 款规定:"劳动争议由劳动合同履行地或者用人单位所在地的劳动争议仲裁委员会管辖。"《关于审理劳动争议案件适用法律若干问题的解释》第 8 条第 1 款规定:"劳动争议案件由用人单位所在地或者劳动合同履行地的基层人民法院管辖。"可见,《劳动争议调解仲裁法》和最高人民法院的相关司法解释均没有按照民事诉讼法有关约定管辖的规定来规定劳动争议案件的管辖,故劳动争议案件不属于《民事诉讼法》第34条可以协议管辖的范围。本案中,双方当事人约定“……只能向丰台劳动争议仲裁委员会申请仲裁、复议,对仲裁、复议裁决不服的,双方只能向丰台区人民法院起诉”等内容,排除了唐某某在法律规定范围内选择管辖劳动争议仲裁委员会、管辖法院的权利,与《劳动争议调解仲裁法》《最高人民法院关于审理劳动争议案件适用法律若干问题的解释》关于劳动争议仲裁和诉讼管辖的规定不符。唐某某在重庆火车北站做清洁时受伤,重庆市渝北区作为劳动合同履行地,重庆市渝北区人民法院依法享有管辖权,故对洁丽雅公司的管辖权异议请求不予支持。

理解与参照

本案例旨在明确用人单位与劳动者在劳动合同中约定了仲裁和诉讼的管辖法院,但发生劳动争议后,劳动者在法律规定的劳动争议仲裁机构和管辖法院仲裁后起诉的,用人单位以约定管辖为由提出管辖权异议应否支持的问题。劳动合同不同于一般民事合同,用人单位与劳动者在劳动合同中约定了仲裁和诉讼的管辖法院,限制了劳动者在法定范围内选择仲裁和管辖法院的权利,与《劳动争议调解仲裁法》、最高人民法院《关于审理劳动争议案件适用法律若干问题的解释》关于劳动争议案件仲裁和法院管辖规定不符,故对以约定管辖为由提出管辖异议的不予支持。本案例对于厘清劳动争议案件诉讼管辖问题,进而保护劳动者合法权益、促进社会和谐稳定具有重要的现实意义。理解和参照使用该参考性案例的裁判要点,需要注意把握以下问题。

一、关于劳动合同与普通民事合同之差异

劳动合同是一种特殊性质的合同,与一般民事合同在合同主体、合同双方人身关系以及国家对合同的干预强度等方面存在重要差别。

一是在合同的主体上,劳动合同双方当事人是特定的,一方是企业、事业单位、国家机关、社会团体和个体经济组织等用人单位,另一方则是具有劳动权利能力和劳动行为能力的自然人。而民事合同的主体可以同时是或分别是法人、非法人团体和公民。

二是在合同双方地位上,劳动者为用人单位员工,有义务遵守用人单位制定的劳动纪律等各项规章制度,并要接受用人单位对劳动过程的领导、管理和指挥。用人单位对劳动者的劳动力使用具有支配权,有权指派劳动者完成劳动合同规定的属于劳动者劳动职能范围内的各项工作任务。从这一点上讲，劳动者对用人单位具有从属性。

三是在合同条款国家干预上，由于劳动关系涉及人权保护与劳动者生存等问题，国家法律对劳动合同的干预程度明显要高于普通民事合同，劳动合同约定条款应当符合相关劳动法律、法规的规定。

四是在合同效力类型上，劳动合同没有效力待定的情形。在合同无效的法定情形上，根据《劳动法》第18条的规定，违反法律、行政法规的劳动合同以及采取欺诈、胁迫等手段订立的劳动合同为无效合同。与一般民事合同的无效情形不同。

五是纠纷解决方式上，劳动合同纠纷采用劳动仲裁前置程序，而普通民事纠纷当事人无须经过仲裁，有权直接向人民法院起诉。

二、关于劳动争议案件的仲裁及管辖规定

在劳动争议管辖上，我国《劳动争议调解仲裁法》第21条规定：劳动争议仲裁委员会负责管辖本区域内发生的劳动争议。劳动争议由劳动合同履行地或者用人单位所在地的劳动争议仲裁委员会管辖。双方当事人分别向劳动合同履行地和用人单位所在地的劳动争议仲裁委员会申请仲裁的，由劳动合同履行地的劳动争议仲裁委员会管辖。最高人民法院《关于审理劳动争议案件适用法律若干问题的解释》第8条第1款规定：劳动争议案件由用人单位所在地或者劳动合同履行地的基层人民法院管辖。劳动合同履行地不明确的，由用人单位所在地的基层人民法院管辖。根据上述规定，我国劳动争议案件实行仲裁前置程序，而且对于劳动争议案件的管辖明确由用人单位所在地或由劳动合同履行地法院管辖。

三、关于劳动争议约定管辖效力认定的实践做法

对劳动合同中的约定管辖效力如何认定，司法实践中存有不同做法：

1. 劳动合同约定由合同履行地或用人单位所在地之外的其他地区法院管辖的，与法不符合，不予支持

如原告某天然气股份有限公司抚顺石化分公司诉被告付某某劳动争议纠纷管辖权异议案，①法院经审理认为，劳动合同是一种形式上平等、实质上隶属性极强的继续性合同，劳动者处于相对弱势地位，如果允许双方在劳动合同中约定诉讼管辖

① 本案由辽宁省抚顺市东洲区人民法院审理，案号(2014)抚东民一初字第01035号。与本案判法类似的还有江苏省南通市中级人民法院(2014)通中民诉终字第00020号刘兴福诉安徽天洋药业有限公司劳动争议案。

或协商选择受诉法院，难免会有用人单位利用自己的优势地位将自己的意思强加于劳动者的情况，使约定管辖或协商选择等最终演变成用人单位的单方指定管辖。故在劳动争议案件的诉讼管辖上，有国家公权力干预的必要，由法律和司法解释直接规定了受诉管辖法院，排除当事人约定管辖或协商选择。本案最终裁定被告付某某对管辖权提出的异议成立，本案移送抚顺市新抚区人民法院处理。

2. 劳动合同约定由合同履行地或用人单位所在地法院管辖的，因法律未明确赋予劳动合同当事人在劳动合同中书面约定管辖的权利，故该约定不具有法律效力

如陈某某诉江苏宏安集团有限公司瓦庄煤矿、江苏宏安集团有限公司劳动合同纠纷案，①一审法院认为劳动合同不同于一般民事合同，劳动争议调解仲裁法和最高人民法院司法解释均未规定劳动争议案件的约定管辖。可见，立法机关是不赞成劳动争议案件实行约定管辖的。另外，双方签订的劳动合同是格式合同，其中的约定仲裁条款为格式条款，作为劳动者没有参与协商的余地，这实质上单方约定剥夺了劳动者的法定权利。此外约定的管辖地点既不方便当事人仲裁和诉讼，亦不方便有权机关进行审理。综上，双方关于协议仲裁管辖的约定属于《劳动合同法》第 26 条第 3 款关于无效条款规定的情形，应自始不发生法律效力。二审法院同样认为法律未明确赋予劳动合同当事人约定管辖的权利，因此，此种约定不具有法律效力。

3. 为了保证协议管辖的公平性以及劳动者的合法利益，劳动合同约定劳动争议由用人单位所在地法院管辖的无效

如哈某诉上海市对外服务有限公司、索尼（中国）有限公司上海分公司因劳动争议纠纷管辖权异议案［湖南省长沙市中级人民法院（2015）长中立民终字第 02241 号］，终审法院认为，虽然上诉人上海对外服务有限公司与被上诉人哈某约定了地域管辖，但为了保证协议管辖的公平性，以及劳动者的合法利益，应认定约定用人单位所在法院管辖的协议无效。

① 江苏省徐州市中级人民法院（2012）徐民终字第 687 号。与本案判法类似的还有北京市朝阳区人民法院（2010）朝民初字第 15268 号顾某某诉礼来国际贸易（上海）有限公司、上海市对外服务有限公司劳动争议案。

4. 劳动合同中约定发生争议由用人单位所在地或劳动合同履行地法院管辖，并未超过劳动争议案件的管辖范围，该约定管辖有效

如李某诉重庆泓山物业管理有限公司劳动争议管辖权异议案，[①]终审法院认为，本案系劳动争议，根据最高人民法院《关于审理劳动争议案件适用法律若干问题的解释》第8条第1款、《民事诉讼法》第34条的规定，双方约定管辖并不违反法律规定，故重庆市涪陵区人民法院对本案没有管辖权，本案应移送重庆市渝北区人民法院处理。

四、关于劳动争议案件约定管辖的效力认定

从上述涉及劳动争议案件管辖的司法裁判实践来看，劳动合同约定在合同履行地或用人单位所在地之外的其他地区法院管辖的，因与劳动争议调解仲裁法及最高人民法院相关司法解释相矛盾，该约定管辖无效。而在合同履行地或用人单位所在地法院范围内约定管辖的，不同法院对劳动争议案件约定管辖效力持不同看法。第一种观点认为，该约定并未违反法律规定，应为有效。第二种观点认为，因劳动合同系用人单位提供的，为保证协议管辖的公平性以及劳动者的合法利益，约定由用人单位所在地法院管辖的无效；约定由劳动合同履行地法院管辖的，可以有效。第三种观点认为，劳动合同约定劳动争议由用人单位所在地或劳动合同履行地法院管辖的，均为无效。劳动合同体现的不仅仅是双方的财产关系，劳动合同双方地位的实质不平等特征表现比较突出，管理与被管理、依附与被依附的人身关系特征彰显，劳动者相对用人单位始终处于弱势地位，为了保护劳动者的利益，衡平双方的不平等地位，法律对劳动者与用人单位签订的劳动合同在劳动基准、合同内容、违约责任等方面作出了大量的强制性规定和限制性规定，从内容和形式上对劳动者进行倾斜保护，期望达到对劳动者弱势地位的不平等进行实质上的矫正。因此，劳动争议案件不适用约定管辖。劳动合同当事人无论是约定由用人单位所在地还是劳动合同履行地仲裁或法院管辖，均因与法律规定不符合，而不具有法律效力。

---

① 重庆市第三中级人民法院审理，案号为(2016)渝03民辖终13号。持劳动合同约定管辖有效的判法还有上海市第一中级人民法院(2012)沪一中民三(民)终字第685号追索劳动报酬纠纷案、北京市第三中级人民法院(2014)三中民终字第03319号劳动争议案。

重庆鼎鸿物流有限公司诉王某某等护理费不当得利纠纷案

关键词

民事　侵权　损害赔偿　护理费　不当得利

裁判要点

1. 在交通事故损害赔偿纠纷案件中，受害人因残疾不能恢复生活自理能力，生效裁判法院根据受害人年龄、健康状况、护理依赖程度等因素依法酌定了一定护理期限的护理费，具有既判力、确定力和执行力。

2. 受害人依据该生效裁判获得护理费后于护理期限内死亡，赔偿义务人以受害人死亡后护理费未实际发生系不当得利为由，请求受害人的法定继承人返还护理费的，人民法院不予支持。

相关法条

《民法通则》第92条

《道路交通安全法》第76条

最高人民法院《关于审理人身损害赔偿案件适用法律若干问题的解释》第21条

基本案情

2014年12月17日22时，刘某驾驶原告重庆鼎鸿物流有限公司所有的渝 C×××××号重型厢式货车从璧山区福顺大道方向经剑山路往铁山路方向行驶，当行至璧山区剑山路与银山路路段时，与在公路上作业的环卫工人杨某云相撞，造成杨某云受伤、车辆受损的道路交通事故。杨某云经送璧山县人民医院重症监护室住院治疗至2016 年1 月13 日出院。璧山县公安局交通警察大队于2015 年3 月8 日作出《道路交通事故认定书》认定：刘某承担此事故全部责任，杨某云在此事故中无责任。2015 年7 月14 日，重庆市科证司法鉴定所鉴定：杨某云目前植物状态的伤残等级评定为Ⅰ(一)级、护理依赖程度为完全护理依赖。

另查明，刘某系原告重庆鼎鸿物流有限公司聘请的驾驶员。重庆鼎鸿物流有限公司所有的渝 C×××××号重型厢式货车在中国人民财产保险股份有限公司璧山支公司投保了交强险和商业险，商业险限额为50 万元，发生该事故时在保险期内。2015 年4 月17 日，杨某云起诉刘某、重庆鼎鸿物流有限公司、中国人民财产保险股份有限公司璧山支公司，要求给付医疗费、护理费等费用。2015 年8 月4 日，璧山区人民法院作出(2015)璧法民初字第01938 号生效民事判决书，对杨某云的后续护理费酌情支持了5 年共计146, 000 元，该判决书判决中国人民财产保险股份有限公司璧山支公司在交强险和商业险赔偿范围内支付杨某云620, 000 元、重庆鼎鸿物流有限公司支付杨某云其余费用160, 829. 52 元，后重庆鼎鸿物流有限公司履行了该判决确定的全部支付义务。

2016 年1 月18 日杨某云死亡，杨某云生前与被告王某某系夫妻关系，被告杨某为杨某云的女儿。重庆鼎鸿物流有限公司认为杨某云死亡之后护理费未能使用，遂诉至法院，请求判令被告立即返还原告不当得利146, 000 元及其资金占用损失。

裁判结果

重庆市璧山区人民法院于2016 年8 月8 日作出(2016)渝0120 民初3378 号民事判决：驳回原告重庆鼎鸿物流有限公司的诉讼请求。

一审宣判后，双方当事人均未上诉，裁判现已发生法律效力。

裁判理由

法院生效裁判认为，不当得利，是指没有合法根据，取得不当利益，造成他人损失的情况。护理费用是法院根据受害人的伤残程度来确定，是对未来损失的一种估算，可能多于或少于实际发生的护理费用，但这是基于法律的规定。璧山区人民法院根据最高人民法院《关于审理人身损害赔偿案件适用法律若干问题的解释》等相关规定对杨某云后续护理费作出判决时,隐含了对受害人病情治愈、病情恶化及死亡等可能结果的认识,无论受害人经治疗后的结果怎样,无论因此而发生的实际费用是多少,赔偿义务人都应当以原判决确定的数额赔付。因此,(2015)璧法民初字第01938号民事判决书确定赔偿义务人给付后续护理费等费用是有法律依据的,杨某云根据该判决合法取得后续护理费并不属于不当得利。而且,(2015)璧法民初字第01938号民事判决书已经生效,具有确定力、既判力,原告也已经履行该判决所确定的全部给付义务,虽然杨某云已经死亡,但并不影响原判决的效力。综上,原告要求被告返还后续护理费的理由不成立,对原告的诉讼请求不予支持。

理解与参照

本案例涉及在交通事故损害赔偿纠纷案件中,人民法院根据受害人年龄、健康状况、护理依赖程度等因素依法酌定了一定护理期限的护理费,受害人获得护理费后于护理期限内死亡,因受害人死亡而未产生的护理费是否应当以不当得利予以返还问题。对此,本案例认为人民法院对受害人在未来一定期限内可能产生的护理费等费用是予以支持的,系人民法院根据受害人的伤残程度对未来可能产生损失的一种估算,隐含了对受害人病情治愈、病情恶化及死亡等可能出现结果的主观评价,具有确定性和既判力。故受害人依据人民法院生效裁判所取得的护理费具有合法根据,并非属于不当得利。因此,受害人获得护理费后在法院酌定的护理期限内死亡的,赔偿义务人以不当得利要求返还支付的护理费等费用的,不应予以支持。本案裁判对法院审理类似案件具有指导价值,对妥善解决交通事故护理费纠纷,依法保护受害人合法权益有重要意义。理解和参照使用该参考性案例的裁判要点,需要注意把握以下问题。

一、关于人身损害赔偿中护理费的相关规定

我国最高人民法院《关于审理人身损害赔偿案件适用法律若干问题的解释》第17条第1款、第2款规定:受害人遭受人身损害,因就医治疗支出的各项费用以及因误工减少的收入,包括医疗费、误工费、护理费、交通费、住宿费、住院伙食补助费、必要的营养费,赔偿义务人应当予以赔偿。受害人因伤致残的,其因增加生活上需要所支出的必要费用以及因丧失劳动能力导致的收入损失,包括残疾赔偿金、残疾辅助器具费、被扶养人生活费,以及因康复护理、继续治疗实际发生的必要的康复费、护理费、后续治疗费,赔偿义务人也应当予以赔偿。该解释第21条规定:护理费根据护理人员的收入状况和护理人数、护理期限确定。护理人员有收入的,参照误工费的规定计算;护理人员没有收入或者雇用护工的,参照当地护工从事同等级别护理的劳务报酬标准计算。护理人员原则上为1人,但医疗机构或者鉴定机构有明确意见的,可以参照确定护理人员人数。护理期限应计算至受害人恢复生活自理能力时止。受害人因残疾不能恢复生活自理能力的,可以根据其年龄、健康状况等因素确定合理的护理期限,但最长不超过20年。受害人定残后的护理,应当根据其护理依赖程度并结合配制残疾辅助器具的情况确定护理级别。第32条规定:超过确定的护理期限、辅助器具费给付年限或者残疾赔偿金给付年限,赔偿权利人向人民法院起诉请求继续给付护理费、辅助器具费或者残疾赔偿金的,人民法院应予受理。赔偿权利人确需继续护理、配制辅助器具,或者没有劳动能力和生活来源的,人民法院应当判令赔偿义务人继续给付相关费用5年至10年。根据上述规定,护理费是受害人遭受人身损害或因伤致残的人身损害赔偿项目,它是根据护理人员的收入状况和护理人数、护理期限确定的。受害人因残疾不能恢复生活自理能力的,人民法院可以根据受害人年龄、健康状况等因素确定合理的护理期限,但最长不超过20年。超过人民法院判决确定的护理期限后赔偿权利人确需继续护理的,人民法院应当判令赔偿义务人继续给付相关费用5年至10年。因此,在人身损害赔偿案件中,人民法院可以依法酌定一定期限的护理费,酌定期间过后赔偿权利人确需继续护理的,人民法院应当判令赔偿义务人继续给付护理费5年至10年。

二、关于不当得利的法律规定及特征

我国《民法通则》第92条对不当得利进行了明确。依据不当得利是否基于给付行为而发生,将其分为给付不当得利与非给付不当得利。不当得利的构成要件有以下四个。

一是一方取得财产利益,它是指因一定的事实结果而获得了或增加了财产或利益上的积累。受益人获得的利益限于财产利益,即可以用金钱价值衡量的利益,并不包括精神利益。判断受益人是否获得财产利益,一般以其拥有的财产或利益如无与他人之间发生利益变动所应有的财产或利益总额相比较而决定。凡是财产状况或利益较以前增加,或者应减少而未减少,为获得利益;既有得利又有损失的,损益抵消后剩余有利益的,也为获得利益。

二是一方受有损失,既包括现有财产或利益的积极减少,也包括应增加而未增加(可得利益)利益的丧失。对于后一种情形,受损人无须证明该项事实如未发生即确实可以增加财产,只需证明若无该项事实,依通常情形,财产应当可增加,即为受有损失。也就是说,"应增加"的判定不必以其"必然增加"为必要,只要在通常情况下受损人的利益能增加即为"应增加"。

三是利益与损失的因果关系,即受损人的损失是由于受益人受益所造成的。但受损人的损失与受益人的受益,范围不必相同,受益大于损失,或损失大于受益,均无不可,它只影响受益人返还义务的范围。并且,受损人所受的损失与受益人所得的利益,其形态也不必相同。如无权处分他人之物,受益的无权处分人获得的是物的价金,而物的原所有人丧失的是该物所有权,但仍不影响不当得利的成立。

四是利益取得没有法律上的根据。取得利益成立不当得利,原因在于利益的取得无法律上的根据,我国《民法通则》称为"没有合法根据"。无法律上的根据是指缺乏受利益的法律上的原因,而非指权利或者财产的取得没有法律上的直接原因。对于给付型不当得利,无法律上的原因是指欠缺给付目的(原因),而非给付型不当得利,无法律上的原因,是指无法律上的权利。

综上所述,不当利益双方当事人必须一方为受益人,他方为受害人;受益人取得利益与受害人遭受损失之间必须有因果关系;受益人取得利益没有合法根据,既没有法律上也没有合同上的根据,或曾有合法根据但后来丧失了这一合法根据,受益人在得知自己的受益没有合法根据或得知合法根据已经丧失后,有义务将已得的不当利益返还受害人。根据最高人民法院《关于贯彻执行〈中华人民共和国民法通则〉若干问题的意见(试行)》第131条规定,返还的不当利益,应当包括原物和原物所生的孳息。利用不当得利所取得的其他利益扣除劳务管理费用后,应当予以收缴。

三、关于受害人死亡后护理费是否属于不当得利问题

根据我国最高人民法院《关于审理人身损害赔偿案件适用法律若干问题的解释》第21条、第32条规定,人民法院可以根据受害人年龄、健康状况等因素依法确定一定期限的护理费用。由于受害人的护理期限是人民法院依法根据受害人的年龄、健康状况等因素综合确定的,因此法院酌定的护理费可能多于或少于实际发生的护理费用。在司法实践中,有观点认为受害人在法院判决获得赔偿后死亡的,其实际护理期限少于法院确定的护理期限,因受害人死亡而未产生的护理费应当以不当得利予以返还。理由为:法律上的赔偿都是一种定型化的、替代性的以金钱的方式折价赔偿,各赔偿项目分别有不同的赔偿含义、赔偿原则及折算方法。护理费仅针对受害人丧失或部分丧失自理能力而需要他人护理所产生的费用。该护理费是对将来发生损失的一次性支付赔偿金，只是一种参照正常情况下的预先估算金额，因此会出现特殊情况使预先估算的金额与实际不相符，而且相差悬殊。故该赔偿项目及护理费应当以产生的损失为准。

对此，笔者认为，人民法院根据法律规定在判决时依法酌定了一定期限的护理费，该护理期限是法官依据法律授权在自由裁量范围内确定的，其是对受害人未来损失的一种估算，隐含了对受害人病情治愈、病情恶化及死亡等可能结果的认识。法院酌定护理费的重心在于保护受害人的权利，当人民法院依法酌定一定期限护理费并要求赔偿义务人一次性给付的裁判生效后，该生效裁判具有既判力、确定力和执行力，赔偿义务人必须履行裁判确定的护理费给付义务；不履行的，权利人可以向人民法院申请强制执行。因此，无论受害人经治疗后的结果怎样，无论因此而发生的实际费用是多少，赔偿义务人都应当以原判决确定的数额赔付。

而且，根据最高人民法院《关于民事诉讼证据的若干规定》第 41 条第 1 款之规定，一审程序中的新的证据包括：当事人在一审举证期限届满后新发现的证据；当事人确因客观原因无法在举证期限内提供，经人民法院准许，在延长的期限内仍无法提供的证据。据此，新发现的证据应当是当时已存在的尚未被发现的，而不是已发生的。显然，在人民法院酌定护理费后受害人死亡不属于当时已存在尚未被发现的事实，不属于新证据。因此，法院判决赔偿义务人给付护理费后，受害人死亡的不属于“新证据”，赔偿义务人不能根据《民事诉讼法》第 179 条“有新的证据，足以推翻原判决、裁定的”申请再审。另外，人民法院依法酌定护理费的判决也不存在“原判决、裁定认定事实的主要证据不足”的情况。故，赔偿义务人不可能通过再审撤销判决，受害人根据人民法院生效裁判获得护理费有合法根据，并非没有法律依据，并不符合不当得利构成要件。

在本案中，杨某云根据生效裁判获得护理费用款项后，该款的所有权即发生转移。虽然人民法院酌定了 5 年的护理费，但并不等于赔偿权利人获得护理费后必须按每年平均进行使用，无论此后杨某云如何使用、几年内使用，均是受害人杨某云自身的权利。因此，虽然此后杨某云在法院判决确定的护理期限内死亡，但并不影响原判决的效力；鼎鸿公司依生效判决赔偿后以后续护理费未实际产生系不当利益为由主张返还的，不符合法律关于不当得利规定，人民法院不予支持。

陈某某诉重庆商社新世纪百货连锁经营有限公司等产品标识不规范产品销售者责任纠纷案

关键词

民事　产品责任　产品标识不规范　退货

裁判要点

产品标识不符合规范性要求，但消费者未因此导致错误购买的，不构成欺诈；但消费者可依据《产品质量法》第 40 条的规定请求产品销售者退货。

相关法条

《消费者权益保护法》第 55 条

《产品质量法》第 40 条

《重庆市产品质量条例》第 16 条

基本案情

原告陈某某诉称：其在被告重庆商社新世纪百货连锁经营有限公司世纪新都分公司（以下简称世纪新都分公司）购买了重庆慧远药业有限公司（以下简称慧远药业公司）生产的价值 50, 046 元的天宝牌纯冬虫夏草胶囊。该产品无批准文号和产品执行标准，却标注药品生产许可证号和产品质量合格标志,且该产品生产许可证中经许可的产品只有中药饮片而没有纯冬虫夏草胶囊。重庆商社新世纪百货连锁经营有限公司(以下简称新世纪百货公司)、世纪新都分公司销售冒用药品生产许可证号的产品构成欺诈,故诉请判令新世纪百货公司、世纪新都分公司退还货款50,046元并3倍赔偿150,138元。

被告新世纪百货公司、世纪新都分公司辩称:涉案产品属于滋补保健类中药材,加工不需要批准文号;涉案产品没有国家质量检验标准,对其成分国家也没有要求,所以不需要标注产品成分;涉案产品的生产许可证号是真实的,不属于冒用;涉案产品包装上标注的生产许可证是针对企业而不是针对产品,国家对生产药品的企业在其生产的产品上标注药品生产许可证没有禁止性规定,所以涉案产品标注生产许可证不违法,其没有欺诈误导消费者的行为。

法院经审理查明:2014年3月17日,陈某某在世纪新都分公司购买慧远公司生产的天宝纯冬虫夏草胶囊4盒,共计货款50,046元。前述产品外包装上标注了药品生产许可证号、成分、规格、生产日期等信息,其中药品生产许可证号20100061,成分为纯冬虫夏草粉。前述产品外包装另标注"产品质量合格"。2014年5月26日,重庆市食药监局沙坪坝分局出具的《关于纯冬虫夏草胶囊合法性认定的答复》载明,冬虫夏草属于滋补保健类中药材范畴,慧远公司生产的纯冬虫夏草胶囊属于滋补保健类中药材;慧远公司销售滋补保健类中药材属于工商登记的一般经营项目,而非药品许可经营项目。

另查明,世纪新都分公司系新世纪百货公司设立的分支机构,不具有独立法人资格。慧远公司于2010年12月22日取得重庆市食药监局颁发的药品生产许可证,编号:渝20100061;生产范围为:中药饮片(含直接服用饮片)、毒性中药饮片;生产许可证有效期至2015年12月21日。

裁判结果

重庆市江北区人民法院于2016年6月6日作出(2015)江法民初字第07133号民事判决:驳回陈某某的全部诉讼请求。一审宣判后,陈某某不服,提起上诉。重庆市第一中级人民法院于2016年12月16日作出(2016)渝01民终7017号判决:(1)撤销重庆市江北区人民法院(2015)江法民初字第07133号民事判决;(2)新世纪百货公司世纪新都分公司于本判决生效之日起10日内退还陈某某购物款50,046元,新世纪百货公司对世纪新都分公司财产不足以清偿的部分承担补充清偿责任;

(3)驳回陈某某的其他诉讼请求。

裁判理由

法院生效裁判认为,本案争议焦点为:在涉案产品上标注药品生产许可证号的行为是否合法、商家是否构成欺诈以及责任如何承担问题。

一、关于在涉案产品上标注药品生产许可证号的行为是否合法问题

药品生产许可证是药品监督管理部门发给药品生产企业的,但均有特定的编号和对应的生产范围。涉案产品标注的渝20100061药品生产许可证号系颁发给慧远公司,其证号注明的生产范围为"生产中药饮片(含直接服用中药饮片)、毒性中药饮片"。根据《中华人民共和国药典》定义,"中药饮片是指经过加工炮制的中药材,可直接用于调配或制剂"。我国《药品管理法》第10条第2款规定:"中药饮片必须按照国家药品标准炮制;国家药品标准没有规定的,必须按照省、自治区、直辖市人民政府药品监督管理部门制定的炮制规范炮制。省、自治区、直辖市人民政府药品监督管理部门制定的炮制规范应当报国务院药品监督管理部门备案。"据此,中药饮片系由中药材加工而成,但其必须按照规定方式炮制,并被收录《中华人民共和国药典》的"中药饮片"目录,而冬虫夏草胶囊不符合此要求,故不能认定为中药饮片,亦不能标注中药饮片的生产许可证号。

《中华人民共和国药典》收录了冬虫夏草,冬虫夏草属于中药材,双方当事人对此均无异议。涉案产品系将冬虫夏草打成粉末并装入胶囊,该行为应当认定为对中药材的生产、加工行为。根据《药品管理法》第7条、第14条、第31条第1款的规定,药品生产和经营实行药品生产许可证制度和药品经营许可证制度,生产新药或者已有国家标准的药品的,须经国务院药品监督管理部门批准,并发给药品批准文号;但是,生产没有实施批准文号管理的中药材和中药饮片除外。实施批准文号管理的中药材、中药饮片品种目录由国务院药品监督管理部门会同国务院中医药管理部门制定。因此,中药材属于药品,药品的生产和经营通常实行许可证制度,但是,除了实施批准文号管理的中药材以外,中药材的生产和经营并不实行许可证制度。经查询国务院药品监督管理部门会同国务院中医药管理部门制定的"实施批准文号管理的中药材、中药饮片品种目录",冬虫夏草不属于实施批准文号管理的中药材,因此其生产和经营无须办理许可证。《重庆市产品质量条例》第16条规定,"生产者、销售者、服务业经营者不得有下列行为:(一)对不实行生产许可证制度的产品,使用生产许可证标志和编号……”涉案产品作为不实行生产许可证制度的产品，却使用了生产许可证编号，违反了该条规定。

二、关于商家是否构成欺诈的问题

首先，涉案产品标注的药品生产许可证号是国家有关主管部门颁发给慧远公司的，因该证号有对应的产品范围，故不应标注于涉案产品之上，但由于其本身就属于该企业合法取得的证号，因而不属冒用。其次，根据普通消费者的通常认知水平，可以认定在涉案产品上标注药品生产许可证号，足以对陈某某将涉案产品作为药品购买产生重大影响，而依据《药品管理法》第100条的规定，中药材、中药饮片等均属药品，故即便不当标示使陈某某产生了涉案产品系药品的认识，该认识也并非错误认识，故不存在基于对方的欺诈行为陷入错误认识的事实。再次，陈某某的代理人在法庭中也陈述，没有明确的购买目的，觉得好就买了，因此，此种不当标注行为，固然会强化消费者的购买信心，但并不是导致其产生购买意愿的主要原因。最后，涉案产品在没有国家标准、行业标准、地方标准的情况下，制定并执行企业标准并无不当，但应当向本地政府标准化行政主管部门和有关行政主管部门备案。现无证据证明涉案产品执行的企业标准已经备案，但虽未依法备案，却不等于产品质量不合格，亦不因企业自行标注质量合格而构成欺诈。综上，不能因涉案产品标注药品生产许可证号而认定世纪新都分公司构成欺诈。

三、关于责任承担的问题

商家不构成欺诈，并不意味着不承担任何民事责任。产品标识是消费者识别商品性能、特征和价值的重要依据，是消费者选择消费行为的重要信息来源，生产者、销售者应当确保产品标识内容的真实性、准确性。尤其是像涉案产品这类商品，普通消费者对于其原材料冬虫夏草的性质并不具备相应识别能力，在将冬虫夏草打成粉末并装入胶囊之后，外观发生显著变化，消费者对产品性质更加难以判断，在这种情况下，产品标识对于消费者了解产品进而作出符合其真实意思的购买行为具有更加重要的意义。世纪新都分公司作为销售商，负有对商品标识的真实性、准确性进行查验的义务，涉案产品为不实行许可证制度的产品，因而世纪新都分公司无须办理药品经营许可证即可对涉案产品进行销售，而涉案产品外包装上却标注了药品生产许可证号，且所标注的药品生产许可证号对应的产品并不包括涉案产品，世纪新都分公司对涉案产品系违规标注应为“明知”，其明知违规标注而仍然予以销售，应当承担相应责任。

《产品质量法》第40条规定,不符合在产品或者其包装上注明采用的产品标准的,销售者应当负责修理、更换、退货;给购买产品的消费者造成损失的,销售者应当赔偿损失。涉案产品属于不实行许可证制度的产品,却违规标注了药品生产许可证号,使消费者容易将其与实行许可证制度的产品产生混同,而且,涉案产品在所执行的企业标准未经备案的情况下自行标注"产品质量合格",此行为亦属于产品标准标注不规范,世纪新都分公司未尽到相应查验义务,应当负责退货。

理解与参照

本案例裁判要点确认:产品标识不符合规范性要求,消费者未因此导致错误购买的,不构成欺诈;但消费者可依据《产品质量法》第40条的规定请求产品销售者退货。理解和参照使用该参考性案例的裁判要点,需要注意把握以下问题。

一、关于产品标识内涵及标识标注的要求

产品标识是指粘贴、印刷、标记在产品或者其包装上,用以表示产品名称、质量等级、产品数量、产品特征特性、使用方法、生产者或者销售者等相关信息的文字、符号、数字、图案以及其他说明的总称。产品标识由生产者提供,其主要作用是表明产品的有关信息,帮助消费者了解产品的质量状况,说明产品的正确使用、保养方法,指导消费者正确消费。当前,随着市场经济的不断发展,产品标识对于保障消费者的身体健康和人身、财产安全具有重要的作用,其已被视为产品的组成部分,日益为消费者所看重。如果产品标识标注不合法或者存有欺骗性,则易引起消费者的误解,产生产品质量纠纷。根据《产品质量法》《食品安全法》《食品标识管理规定》等法律规章以及各地的一些地方性法规规定,产品标识应当真实准确、全面完整、规范合法。

一是产品标识应当真实准确。即产品或者其包装上的标识应当真实、客观,应与产品事实相符,能反映出产品的真实质量状况,不能有虚假夸大的成分。二是产品标识标注应当全面完整。即产品标识应当应标尽标,凡是法律法规规定的标识应当按要求标注,没有遗漏。三是产品标识标注应当规范合法。即产品标识的相关内容不得违反法律法规的禁止性规定,即生产者不得伪造、变造、冒用或者误用产品标识。

本案中,冬虫夏草不属于实施批准文号管理的中药材,因此其生产和经营无须办理许可证。慧远公司在涉案产品上标注药品生产许可证号违反了《重庆市产品质量条例》第16条规定,该标识标注行为明显不当。此外,在产品或者包装上注明采用的产品标准,是表明产品质量是否符合自身标注的产品标准中规定的质量指标,进而判定产品是否合格的重要依据。本案中,慧远公司生产的冬虫夏草胶囊产品没有国家标准和行业标准,根据我国《标准化法》第6条第2款规定,其应当制定企业标准作为组织生产的依据。同时,其制定的产品企业标准须报当地政府标准化行政主管部门和有关行政主管部门备案,以便政府有关部门开展产品质量监督检查工作。涉案产品执行的企业标准在未经备案情形下,其在产品或包装上标注产品质量检验合格证明亦存在不当。

二、关于产品标识不规范是否必然构成欺诈问题

最高人民法院《关于贯彻执行〈中华人民共和国民法通则〉若干问题的意见(试行)》第68条规定:"一方当事人故意告知对方虚假情况,或者故意隐瞒真实情况,诱使对方当事人作出错误意思表示的,可以认定为欺诈行为。"据此,欺诈是指故意告知对方虚假情况,或者故意隐瞒真实情况,诱使对方作出错误意思表示的行为。要认定某一行为是否构成欺诈,应从以下几个方面进行判断:在主观上具有欺诈的故意,客观上实施了欺诈行为,相对方因此而作出错误意思表示。经营者提供商品或者服务时,常见的欺诈消费者的行为有以下几种:一是商品不符合安全要求;二是商品以次充好;三是冒用或伪造他人商品标识;四是虚假宣传及其他虚假陈述行为。

具体到本案而言,首先,涉案产品标注的药品生产许可证号属于生产厂家合法取得的许可证号,因而不属冒用,生产厂家主观上不具有欺诈的故意。其次,由于药品生产许可证号本身并不显示其对应的生产范围,故不能认定陈某某因信赖药品生产许可证号而将涉案产品作为中药饮片购买,进而认定欺诈。再次,根据普通消费者的通常认知水平,可以认定在涉案产品上标注药品生产许可证号,足以对陈某某将涉案产品作为药品购买产生重大影响,且消费者并未因该标注而陷入错误的意思表示,故不能因涉案产品标注药品生产许可证号便认定商家构成欺诈。最后,涉案产品所执行的企业标准虽未经依法备案,但由于现无证据证明产品质量不合格,故亦不能认定企业自行标注质量合格的行为构成欺诈。

三、关于产品标识不规范责任如何承担问题

产品标识不规范、不合法,如食品生产经营者标注虚假生产日期、保质期对人体健康造成严重危害或者有其他严重情节构成犯罪的,依法追究刑事责任;尚未构成犯罪的,生产者、销售者以及服务业经营者应承担相应的行政、民事责任。在行政责任方面,主要是承担改正标识、缴纳罚款、没收违法所得甚至吊销营业执照的责任。在民事责任方面,产品标识不规范符合欺诈构成要件或者产品的标签、说明书存在影响食品安全且对消费者造成误导瑕疵的,应按照《消费者权益保护法》第55条第1款"经营者提供商品或者服务有欺诈行为的,应当按照消费者的要求增加赔偿其受到的损失,增加赔偿的金额为消费者购买商品的价款或者接受服务的费用的三倍;增加赔偿的金额不足五百元的,为五百元。法律另有规定的,依照其规定"及《食品安全法》第148条第2款"生产不符合食品安全标准的食品或者经营明知是不符合食品安全标准的食品,消费者除要求赔偿损失外,还可以向生产者或者经营者要求支付价款十倍或者损失三倍的赔偿金;增加赔偿的金额不足一千元的,为一千元"的规定予以赔偿。在不符合欺诈构成要件情形下,根据《产品质量法》第40条以及《消费者权益保护法》第24条的规定,销售者应当承担修理、更换、退货、赔偿损失的责任。属于生产者的责任或者属于向销售者提供产品的其他销售者的责任的,销售者有权向生产者、供货者追偿。

重庆市绿色志愿者联合会诉恩施自治州建始磺厂坪矿业有限责任公司水污染环境公益诉讼纠纷案

关键词

民事　公益诉讼　环境污染　停止侵害　生态修复

裁判要点

1. 在环境公益诉讼中，环境侵权人承担停止侵害责任的形式为停止正在发生或即将发生的环境侵害行为。

2. 环境侵权行为造成生态环境侵害，即使环境侵权人已停止生产，但一旦恢复生产仍具有生态环境侵害风险的，人民法院可通过附加恢复生产条件的方式判令环境侵权人承担停止侵害责任。

3. 环境公益诉讼中，在环境损害无专门司法鉴定机构进行鉴定或鉴定能力不能满足鉴定需要时，人民法院可以委托具有鉴定能力的科研或其他机构进行鉴定。

相关法条

《环境影响评价法》第 24 条

最高人民法院《关于审理环境民事公益诉讼案件适用法律若干问题的解释》第 18 条、第 20 条

基本案情

原告重庆市绿色志愿者联合会(以下简称重庆绿联会)诉称:被告恩施自治州建始磺厂坪矿业有限责任公司(以下简称建始磺厂坪矿业公司)的选矿厂违法生产产生的废浆水直接排放到未作防渗处理的洼地,废浆水经洼地底部裂隙渗漏,沿暗河水系进入重庆市巫山县千丈岩水库,造成污染。由于被告选矿厂位置高于水库,地下溶洞裂隙较多,致使水库被再次污染的风险较高。故诉请判令被告停止侵害,不再生产或者生产不能再次造成污染,对今后可能出现的污染地下溶洞水体和污染水库的风险重新作出环境影响评价,并根据环境影响评价结果,作出是否要求被告搬迁的裁判;同时判令被告恢复原状,进行生态环境修复并承担修复费用991,000元,在相关范围内平面媒体上向公众道歉,并承担本案律师费、诉讼费等费用。

支持起诉人重庆市人民检察院第二分院支持起诉称,建始磺厂坪矿业公司选矿厂违反法律规定,擅自进行生产,将废水和尾矿等污染物排放,渗漏流入千丈岩水库,水库饮用水源受到严重污染,约5万人饮水困难,极大地损害了社会公共利益,并造成重大经济损失,重庆绿联会对此提起公益诉讼于法有据,应予以支持。

被告建始磺厂坪矿业公司辩称,选矿项目合法,通过了环评审批;违法排污属实,但主观上不是故意,是管理人员疏忽大意的过失和地质、气象等原因偶然结合导致。污染事件发生后,通过应急措施,对周边环境造成的影响已经消除,不存在继续影响生态的行为,现已停止侵害并接受了行政处罚,无损害社会公共利益重大风险的污染环境、破坏生态的行为,无须后续的生态修复,原告诉请重新作出环境影响评价、恢复原状、修复生态并承担修复费用的诉讼请求不应得到支持。请法院根据案情确定是否需赔礼道歉,在原告的诉讼请求得到支持的前提下,原告为起诉支出的合理费用可以承担,律师代理费只能按单件收取,请法院酌情确定。

法院经审理查明,千丈岩水库位于重庆市巫山县、奉节县和湖北省建始县交界地带。2013年12月6日被重庆市人民政府确认为集中式饮用水源保护区,供应周边5万余人的生活饮用和生产用水。湖北省建始县毗邻重庆市巫山县,被告建始磺厂坪矿业公司选矿厂位于建始县业州镇郭家淌国有高岩子林场,距离巫山县千丈岩水库直线距离约2.6公里,该地区属喀斯特地貌的山区,地下裂缝纵横,暗河较多。建始磺厂坪矿业公司硫铁矿选矿项目于2009年编制可行性研究报告,2010年4月23日取得恩施土家族苗族自治州发展和改革委员会批复。2010年7月开展环境影响评价工作,2011 年 5 月 16 日取得恩施土家族苗族自治州环境保护局环境影响评价批复。2012 年开工建设,2014 年 6 月基本完成,但水污染防治设施等未建成。建始磺厂坪矿业公司选矿厂硫铁矿生产中因有废水和尾矿排放,属于排放污染物的建设项目。其项目建设可行性报告中明确指出尾矿库库区为自然成库的岩溶洼地,库区岩溶表现为岩溶裂隙和溶洞。同时,尾矿库工程安全预评价报告载明:“建议评价报告做下列修改和补充:1. 对库区渗漏分单元进行评价,提出对策措施;2. 对尾矿库运行后可能存在的排洪排水问题进行补充评价。”但建始磺厂坪矿业公司实际并未履行修改和补充措施。

2014 年 8 月 10 日,建始磺厂坪矿业公司选矿厂进行违法生产,产生的废水、尾矿未经处理就排入临近有溶洞漏斗发育的自然洼地。2014 年 8 月 12 日,巫山县红椿乡村民反映千丈岩水库饮用水源取水口水质出现异常,巫山县启动重大突发环境事件应急预案。应急监测结果表明,被污染水体无重金属毒性,但具有有机物毒性,COD(化学需氧量)、Fe(铁)分别超标 0. 25 倍、30. 3 倍,悬浮物高达 260mg/L。重庆市相关部门将污染水体封存在水库内,对受污染水体实施药物净化等应急措施。

千丈岩水库水污染事件发生后,环境保护部明确该起事件已构成重大突发环境事件。环境保护部环境规划院环境风险与损害鉴定评估研究中心作出《重庆市巫山县红椿乡千丈岩水库突发环境事件环境损害评估报告》。该报告对本次环境污染的污染物质、突发环境事件造成的直接经济损失、本次污染对水库生态环境影响的评价等进行评估。并判断该次事件对水库的水生生态环境没有造成长期的不良影响,无须后续的生态环境修复,无须进行进一步的中长期损害评估。湖北省环保厅于2014 年 9 月 4 日作出行政处罚决定,认定建始磺厂坪矿业公司硫铁矿选矿项目水污染防治设施未建成,擅自投入生产,非法将生产产生的废水和尾矿排放、倾倒至厂房下方的洼地内,造成废水和废渣经洼地底部裂隙渗漏,导致千丈岩水库水体污染。责令停止生产、直至验收合格,停止违法行为、限期采取治理措施,消除污染,并处罚款 1, 000, 000 元。行政处罚决定作出后,建始磺厂坪矿业公司仅缴纳了罚款1, 000, 000 元,但并未采取有效消除污染的治理措施。

2015 年 4 月 26 日,法院依原告申请,委托北京师范大学对千丈岩环境污染事件的生态修复及其费用予以鉴定,北京师范大学鉴定认为:(1)建始磺厂坪矿业公司系此次千丈岩水库生态环境损害的唯一污染源,责任主体清楚,环境损害因果关系清晰。(2)对《重庆市巫山县红椿乡千丈岩水库突发环境事件环境损害评估报告》评价的对水库生态环境没有造成长期的不良影响，无须后续生态环境修复，无须进行中长期损害评估的结论予以认可。(3)本次污染土壤的生态环境损害评估认定：经过9个月，事发区域土壤中的乙基钠黄药已得到降解，不会对当地生态环境再次带来损害，但洼地土壤中的Fe污染物未发生自然降解，超出当地生态基线，短期内不能自然恢复，将对千丈岩水库及周边生态环境带来潜在污染风险，需采取人工干预方式进行生态修复。根据《突发环境事件应急处置阶段环境损害评估推荐方法》［环办(2014)118号］，采用虚拟治理成本法计算洼地土壤生态修复费用约需991,000元。(4)建议后续进一步制订详细的生态修复方案，开展事故区域生态环境损害的修复，并做好后期监管工作，确保千丈岩水库的饮水安全和周边生态环境安全。在案件审理过程中，重庆绿联会申请通知鉴定人出庭，就生态修复接受质询并提出意见。鉴定人王金生教授认为，土壤元素本身不是控制性指标，就饮用水安全而言，洼地土壤中的Fe高于饮用水安全标准；被告建始磺厂坪矿业公司选矿厂所处位置地下暗河众多，地区降水量大，污染饮用水的风险较高。

另查明，重庆绿联会是从事环境保护的社会组织，公益活动已满5年且无违法记录，为提起本案诉讼，支付律师费100,000元及合理费用50,000元。

裁判结果

重庆市万州区人民法院于2016年1月14日作出(2014)万法环公初字第00001号民事判决：(1)建始磺厂坪矿业公司立即停止对巫山县千丈岩水库饮用水源的侵害，重新进行环境影响评价，未经批复和环境保护设施未经验收，不得生产；(2)建始磺厂坪矿业公司在判决生效后180日内，对位于恩施自治州建始县业州镇郭家淌国有高岩子林场选矿厂洼地土壤制订修复方案进行生态修复，逾期不履行修复义务或修复不合格，由建始磺厂坪矿业公司承担修复费用991,000元并支付至指定账户；(3)建始磺厂坪矿业公司对其污染生态环境，损害公共利益的行为在国家级媒体上赔礼道歉；(4)建始磺厂坪矿业公司支付重庆绿联会为本案诉讼而产生的合理费用及律师费共计150,000元；(5)驳回重庆绿联会的其他诉讼请求。一审宣判后，建始磺厂坪矿业公司不服，提起上诉。重庆市第二中级人民法院于2016年9月13日作出(2016)渝02民终77号民事判决：驳回上诉，维持原判。

裁判理由

法院生效裁判认为，本案的焦点在于是否需判令停止侵害并重新作出环境影响评价、对北京师范大学作出的鉴定评估报告的结论应否采信。

一、关于是否需判令停止侵害并重新作出环境影响评价问题

环境侵权行为对环境的污染、生态资源的破坏往往具有不可逆性，被污染的环境、被破坏的生态资源很长时间难以恢复，单纯事后的经济赔偿不足以弥补对生态环境所造成的损失，故对于环境侵权行为应注重防患于未然，才能真正实现环境保护的目的。本案建始磺厂坪矿业公司只是暂时停止了生产行为，其“三同时”工作严重滞后、环保设施未建成等违法情形并未实际消除，随时可能恢复违法生产。考虑到建始磺厂坪矿业公司的违法情形尚未消除、项目所处区域地质地理条件复杂特殊，在不能确保恢复生产不会再次造成环境污染的前提下，应当禁止其恢复生产，才能有效避免当地生态环境再次遭受污染破坏，亦可避免在今后发现建始磺厂坪矿业公司重新恢复违法生产后需另行诉讼的风险，减轻当事人诉累、节约司法资源。故对建始磺厂坪矿业公司在起诉之前已停止生产，仍应判令其对千丈岩水库饮用水源停止侵害。

项目与水库分处不同省级行政区域，当时的环境影响评价并未涉及千丈岩水库，环境影响评价不全面且有着明显不足。由于新增加了千丈岩水库这一需要重点考量的环境保护目标，导致原有的环境影响评价依据发生变化，在已发生重大突发环境事件的现实情况下，涉案项目在防治污染、防止生态破坏的措施方面显然也需要作出重大变动。出于对重点环境保护目标的保护及公共利益的维护，建始磺厂坪矿业公司应在考虑对千丈岩水库环境影响的基础上重新对项目进行环境影响评价并履行法定审批手续，未经批复和环境保护设施未经验收，不得生产。

二、关于北京师范大学作出的鉴定评估报告的结论应否采信问题

环境侵权审判反映突出的问题之一是缺乏专业化、具有公信力的环境损害鉴定机构。具备相应资质的司法鉴定机构极少，法院常难以找到适格的环境损害司法鉴定机构。在没有专门司法鉴定机构，或司法鉴定机构的鉴定能力不能满足鉴定需要的情况下，可依法委托具备鉴定能力的科研机构实施鉴定。北京师范大学水科学研究院虽不在环境保护部发布的《环境损害鉴定评估推荐机构名录》里，但北京师范大学水科学研究院是专门从事水环境研究的科研机构，主要鉴定人员为国家环境应急专家组专家、教授，有较强的专业技术优势，具有专业方面的权威性及作为第三方鉴定评估机构的中立性，具备对本案进行鉴定评估的相应技术能力及公信力，故委托北京师范大学对生态修复及其费用进行鉴定评估并无不当。根据最高人民法院《关于审理环境侵权责任纠纷案件适用法律若干问题的解释》第9条第2款的规定，具有专门知识的人在法庭上提出的意见，经当事人质证，可以作为认定案件事实的根据。本案中，主要鉴定人员北京师范大学的王金生教授出庭发表了专家意见并当庭接受了质询，根据前述司法解释的规定，该专家意见可以作为认定案件事实的根据。

此外，赔礼道歉是一种人格恢复性责任方式，不仅适用于人格权和具有精神价值的财产遭受损害的情形，同样也适用于生态环境遭受损害的情形。在环境民事公益诉讼中，污染环境、破坏生态的行为导致损害发生后到恢复原状前生态环境服务功能的损害，该损害包含了社会公众享有美好生态环境精神利益的损失。本案中，建始磺厂坪矿业公司明知相关环保设施未建成而擅自投入生产，主观过错明显，应当承担赔礼道歉的民事责任。另外，根据重庆绿联会举示的《法律事务委托合同》和增值税发票，基于案件的复杂疑难程度，重庆绿联会与代理人合同约定的律师费符合重庆市律师收费标准，亦具有合理性，应予以支持。

理解与参照

本案例旨在明确环境公益诉讼中环境侵权人承担停止侵害责任的形式以及在环境损害无专门司法鉴定机构时人民法院如何认定损害的问题。对法院在审理环境公益诉讼中准确适用停止侵害责任、合理确定生态损害赔偿具有指导价值，对保护生态环境、维护公共利益具有重要意义。

一、关于环境侵害民事责任承担的相关法律规定

我国《环境保护法》第64条规定：因污染环境和破坏生态造成损害的，应当依照《侵权责任法》的有关规定承担侵权责任。我国《侵权责任法》第15条、第21条、第65条规定：因污染环境造成损害的，污染者应当承担侵权责任。承担侵权责任的方式主要有：停止侵害；排除妨碍；消除危险；返还财产；恢复原状；赔偿损失；赔礼道歉；消除影响；恢复名誉。以上承担侵权责任的方式，可以单独适用，也可以合并适用。侵权行为危及他人人身、财产安全的，被侵权人可以请求侵权人承担停止侵害、排除妨害、消除危险等侵权责任。最高人民法院《关于审理环境民事公益诉讼案件适用法律若干问题的解释》第18条规定：对污染环境、破坏生态，已经损害社会公共利益或者具有损害社会公共利益重大风险的行为，原告可以请求被告承担停止侵害、排除妨碍、消除危险、恢复原状、赔偿损失、赔礼道歉等民事责任。根据上述法律、司法解释规定，我国立法确立了环境污染、生态破坏侵权责任的无过错原则，无论行为人是合法行为还是违法行为，只要造成环境污染、生态破坏后果，且行为与后果之间具有因果关系，则污染者应当承担停止侵害、赔偿损失等侵权责任。

二、关于环境民事公益诉讼中停止侵害的适用条件

根据传统民法的定义，所谓停止侵害是指侵权人实施的侵害他人财产或人身的行为在继续进行中，受害人有权依法请求法院责令侵权人停止其侵害行为。[①] 在司法实践中，如果被告人的侵权行为已经停止，一般不再判决停止侵害；如果将来侵权行为人重新实施了相同的侵权行为，只能另案再次诉讼。但生态环境利益属于社会公共利益，环境侵权造成的环境污染、生态损害具有潜伏性、滞后性和不可逆性特点，加之生态环境一旦造成损害，其生态功能往往不能恢复或者生态功能恢复需要漫长的时间。因此，单纯地事后经济赔偿并不足以弥补环境侵权人对生态环境所造成的损失。为更好地保护环境，对环境侵权行为更应注重防患于未然。在环境民事公益诉讼案件中，应注重通过预防性责任承担方式来制止侵权行为、保护环境。根据最高人民法院《关于审理环境民事公益诉讼案件适用法律若干问题的解释》第18条规定，停止侵害是环境民事公益诉讼中环境侵权人承担的主要责任方式之一，其功能和目的是避免环境损害后果的发生或扩大，从而使环境利益免受侵害或威胁。因此，在环境公益诉讼中应否适用停止侵害责任应从保护环境公共利益出发，以生态环境要素是否受到侵害或即将受到侵害为判断标准。为了排除正在发生的环境侵害行为或者预防即将发生的环境侵害行为，加害人应当承担停止侵害环境的责任。本案中，虽然环境侵权人暂时停止了生产行为，但是该项目"三同时"工作严重滞后、环保设施未建成等违法情形并未实际消除，其一旦恢复生产必将再次造成环境损害。在不能确保恢复生产不会再次造成环境污染的前提下，应当判令其承担停止侵害的责任，才能有效避免当地生态环境再次遭受污染破坏，亦可避免今后发现行为人重新恢复生产造成环境侵权后需另行诉讼的风险，进而减轻当事人诉累、节约司法资源，亦有利于环境公共利益的保护。

三、关于环境民事公益诉讼中停止侵害责任的具体承担

在环境民事公益诉讼中不能将停止侵害责任作无限度扩大化理解，即停止侵害并不是要求停止一切生产行为，而仅是停止导致或可能导致生态破坏、环境污染的行为。简言之，即停止侵害环境行为。例如，在因生产排污侵害环境案件中，停止侵

---

① 参见王利明：《侵权责任法研究》（上卷），中国人民大学出版社2010年版，第624页。

害并非仅仅为停止生产，通过安装污染防治设备减少排污也是停止侵害责任的具体承担方式之一。在适用停止侵害责任时，法官可以根据具体环境公益诉讼案件的诉讼目的需要确定停止侵害的具体责任内容，可以根据环境保护需要判令侵权人完全停止侵害或通过限制作业方式、作业时间以及附加其他恢复生产条件的方式来承担停止侵害责任。本案中，建始磺厂坪矿业公司项目的环境影响评价工作开展于2010年7月，当时的环境影响评价并未涉及千丈岩水库，且客观上已经造成重大突发环境事件的情况下，原有的环境影响评价依据已经发生变化。根据《环境影响评价法》第24条第1款"建设项目的环境影响评价文件经批准后，建设项目的性质、规模、地点、采用的生产工艺或者防治污染、防止生态破坏的措施发生重大变动的，建设单位应当重新报批建设项目的环境影响评价文件"规定，建始磺厂坪矿业公司应重新对项目进行环境影响评价并履行法定审批手续。法院判决"建始磺厂坪矿业公司重新进行环境影响评价，未经批复和环境保护设施未经验收，不得生产"系对环境侵权人重新恢复生产作出的一种约束，是对停止侵害具体履行方式的明确和细化。

四、关于生态环境损害无专门司法鉴定机构的处理

在环境公益诉讼中，一般由侵权人履行生态修复义务，如果涉案环境修复工作较为专业、复杂，则由侵权人承担环境修复费用。而生态环境修复费用如何确定的问题专业性较强，一般由专门的环境司法鉴定机构确定。在省级环保部门推荐和部直属单位推荐的基础上，环保部于2014年发布了第一批环境损害鉴定评估推荐机构名录，于2016年发布了第二批环境损害鉴定评估推荐机构名录，共29家评估鉴定推荐机构。但与环境损害具有新型、复杂性等特点相比，目前环境损害司法鉴定机构相对较少。法院在审理环境侵权纠纷案件对外委托鉴定时，常常难以找到能够适应需要的环境损害司法鉴定机构。本案中，被告认为北京师范大学不在环保部的环境损害评估推荐机构名录里，因此其无鉴定资格。但环境保护部《关于印发〈环境损害鉴定评估推荐机构名录（第一批）〉的通知》明确指出：推荐机构名录为推荐性质，不属于行政许可，不具备强制力。各级环境保护主管部门也可以推荐没有列入该名录的鉴定评估机构从事环境损害鉴定评估工作。北京师范大学水科学研究院是专门从事水环境研究的科研机构，有较强的专业技术优势，具备对本案进行鉴定评估的相应技术能力及公信力。其根据法院委托对千丈岩环境污染事件的生态修复及其费用予以鉴定的鉴定评估报告得到了专家意见的支持与认可，可以作为认定案件事实的根据。

五、其他需要说明的问题

从赔礼道歉的功能上看，其除了对受害人具有心理补偿功能外，还对侵害人具有自我补偿和道德修复功能，对社会具有道德整合、法律权威再建以及惩罚教育功能。[①] 在环境公益诉讼以预防和补救环境侵害为目的的情形下，在环境公益诉讼中让环境侵害人向社会公众赔礼道歉能够在一定程度上补救环境侵害者的社会评价；另外，赔礼道歉的警示和教育功能可以很好地补强环境民事公益诉讼所期待的环境补救功能。[②] 最高人民法院《关于审理环境公益诉讼案件适用法律若干问题的解释》专门明确在环境公益诉讼中可以适用赔礼道歉这种责任承担方式。因此，赔礼道歉除了可以适用于人格权和具有精神价值的财产损害情形外，在生态环境受损害亦可适用。与前者不同的是，在环境民事公益诉讼中，赔礼道歉的对象应是社会公众而非原告。在本案中，建始磺厂坪矿业公司污染后果严重，社会影响较大，主观过错明显，应该在相应的范围内予以消除，因此其应承担在国家级媒体上向社会公众赔礼道歉责任。

---

① 参见王立峰：《民事赔礼道歉的哲学分析》，载《判解研究》2005 年第 2 期。

② 参见张辉：《论环境民事公益诉讼的责任承担方式》，载《法学论坛》2014 年第 6 期。

商事审判参考

杨某诉孙某某民间借贷管辖权异议纠纷案

关键词

民事诉讼　管辖权异议

裁判要点

对管辖权异议案件，法院依生效裁定移送后，当事人再次提出管辖异议，受移送法院认为本院有管辖权的，可径行审理。

相关法条

《民事诉讼法》第13条、第36条、第127条

基本案情

2011年1月9日，孙某某向杨某借得现金5万元，约定从2011年1月9日开始按季结息，每季利息4500元，未约定借款期限。2011年5月20日，孙某某又向杨某借得现金30万元，约定借款期限为2011年5月21日至11月20日，每季利息27,000元。孙某某支付了2012年2月(含2月)以前的利息后即未再支付利息和到期本金，杨某多次催收未果，向四川省大竹县人民法院提起诉讼。四川省大竹县人民法院于2012年8月6日受理，孙某某在答辩期内提出管辖权异议，认为其住所地在重庆市沙坪坝区，应由重庆市沙坪坝区人民法院管辖本案。四川省大竹县人民法院遂作出

(2012)大竹民初字第5号民事裁定,裁定将本案移送重庆市沙坪坝区人民法院审判。双方当事人均未对该裁定提出上诉。

重庆市沙坪坝区人民法院于2012年12月24日受理本案,孙某某在答辩期内再次提出管辖权异议,认为其经常居住地于2010年4月18日后在四川省成都市高新区,本案应由四川省成都市高新区人民法院管辖。重庆市沙坪坝区人民法院传票传唤孙某某,孙某某无正当理由拒不当庭应诉,重庆市沙坪坝区人民法院进行了缺席判决。

裁判结果

重庆市沙坪坝区人民法院于2013年6月13日作出(2013)沙法民初字第00194号判决:(1)孙某某于判决发生法律效力后立即偿还原告杨某借款50,000元并支付利息,该利息以50,000元本金为基数,从2012年3月1日起,按中国人民银行同期同类贷款利率的4倍计算至本金还清时为止;(2)孙某某于判决发生法律效力后立即偿还原告杨某借款300,000元并支付利息,该利息以300,000元本金为基数,从2012年3月1日起,按中国人民银行同期同类贷款利率的4倍计算至本金还清时为止;(3)驳回杨某的其他诉讼请求。宣判后,孙某某提出上诉。重庆市第一中级人民法院于2013年6月13日作出(2013)渝一中法民终字第01756号判决:驳回上诉,维持原判。

裁判理由

法院生效裁判认为,本案原由四川省大竹县人民法院受理,上诉人孙某某在答辩期内提出管辖权异议,认为其住所地在重庆市沙坪坝区,本案应由重庆市沙坪坝区人民法院管辖。四川省大竹县人民法院裁定本案移送重庆市沙坪坝区人民法院管辖,本案当事人均未对该裁定提出上诉,该裁定已发生法律效力。重庆市沙坪坝区人民法院依法受理本案并享有对本案的管辖权。孙某某在对四川省大竹县人民法院提出的管辖权异议中已经自认本案应由重庆市沙坪坝区人民法院管辖,在法定期限内未对四川省大竹县人民法院的移送管辖裁定提出上诉,却在重庆市沙坪坝区人民法院受理本案后再次提出管辖权异议,认为重庆市沙坪坝区人民法院应报请上级人民法院指定管辖。经查,《民事诉讼法》第36条规定:"人民法院发现受理的案件不属于本院管辖的,应当移送有管辖权的人民法院,受移送的人民法院应当受理。受移送的人民法院认为受移送的案件依照规定不属于本院管辖的,应当报请上级人民法院指定管辖,不得再自行移送。"重庆市沙坪坝区人民法院依法受移送后对本案进行了审理,并未认为本案不属于该院管辖,孙某某援引《民事诉讼法》第 36 条不能支持其上诉理由。孙某某在四川省大竹县人民法院作出移送管辖裁定生效后再次向受移送人民法院提出管辖权异议,亦违反了《民事诉讼法》第 13 条第 1 款“民事诉讼应当遵循诚实信用原则”的规定。故重庆市沙坪坝区人民法院收到移送管辖案件后,认为本院有管辖权的,可径行审理。

理解与参照

本案例明确了在司法实践中,法院根据当事人的管辖权异议作出生效裁定并将案件移送管辖后,当事人再次向受移送法院提出管辖权异议而受移送法院认为本院有管辖权的处理方式,对处理移送管辖后当事人能否再次提出管辖权异议及法院如何处理管辖问题具有借鉴意义。

一、管辖权异议是当事人的重要权利

管辖作为民事诉讼的肇始环节,是审判的前置性问题,是我国民事诉讼程序制度的重要组成部分。管辖制度的功能在于划分各地、各级法院之间的民事审判权限。可以说,管辖制度不仅是迈向实体正义的第一步,也是实现程序正义的第一步。我国《民事诉讼法》第 36 条、第 127 条规定了法院的管辖制度,赋予了当事人提出管辖权异议的诉讼权利。管辖权异议作为管辖制度的程序性救济措施,对保障当事人诉权、保证管辖规则的正常运行和构建程序正义有重要意义,而且异议成功与否也与当事人诉讼成本支出息息相关。对于原告来说,如果案件要到异地起诉,其除了要耗费大量的时间和精力外,还要先期支付差旅费、取证费、律师费等各项费用。如果原告胜诉了,在执行时同理又需要耗费大量的精力和诉讼成本。因此,管辖权异议与当事人利益密切相关,是当事人的一项重要诉讼权利。

二、当事人对管辖权异议裁定不服的救济途径为提起上诉

民事诉讼管辖权异议案件的公正、快速审理,关系到当事人管辖利益的保障和法院管辖秩序的维护,更关系到司法裁判的公信力。我国《民事诉讼法》第 127 条、第 164 条对管辖权异议的处理及当事人不服的救济途径作了规定。其中,《民事诉讼法》第 127 条规定:人民法院受理案件后,当事人对管辖权有异议的,应当在提交答辩状期间提出。人民法院对当事人提出的异议,应当审查。异议成立的,裁定将案件移送有管辖权的人民法院;异议不成立的,裁定驳回。根据《民事诉讼法》第 164 条规定,当事人对管辖权异议裁定不服的,可以在收到裁定书 10 日内向上一级人民法院提出上诉。即无论是原告还是被告,对管辖权异议裁定不服的,均可以在规定期限内提出上诉。因此,我国立法对当事人不服法院管辖权异议裁定的救济途径为上诉。

三、管辖权异议裁定书生效后,当事人应受管辖权异议裁定书约束

在法院管辖权异议裁定书生效并移送案件后,如果当事人再次向受移送法院提出管辖权异议的,法院应如何处理,法律没有明确规定。我国《民事诉讼法》第36条规定:人民法院发现受理的案件不属于本院管辖的,应当移送有管辖权的人民法院,受移送的人民法院应当受理。受移送的人民法院认为受移送的案件依照规定不属于本院管辖的,应当报请上级人民法院指定管辖,不得再自行移送。根据该规定,在管辖权异议裁定书生效并将案件移送其他法院后,受移送法院应当依职权对本院是否有管辖权进行审查,认为本院有管辖权的,立案后予以审理;认为本院无管辖权的,不能自行移送,只能报请上级人民法院指定管辖,即以指定管辖作为移送管辖错误的救济程序。那么,对于当事人向受移送法院再次提出管辖权异议,受移送法院是否应裁定处理呢?我们认为,如果受移送法院对当事人再次提出的管辖权异议可以依照《民事诉讼法》第127条规定自行直接作出裁定(裁定移送),则不仅与《民事诉讼法》第36条受移送法院认为自身无管辖权的是由上级法院指定管辖的规定相违背,而且会出现相互矛盾的两个管辖权异议裁定文书。此外,移送管辖所依据的是生效管辖权异议裁定书,当事人应当受生效裁判文书既判力的约束。从维护法院司法权威的角度来看,在管辖权异议裁定文书生效并移送案件后,受移送法院应当依职权对本院是否有管辖权进行审查,对当事人向受移送法院提出的管辖权异议,受移送法院可不将之视为当事人的诉权对待,当事人的异议意见确有理由,受移送法院确无管辖权的,应依法报请上级法院指定管辖;当事人异议意见不成立,受移送法院有管辖权的,无须裁定驳回,可以径行审理。

综上所述,在管辖权异议裁定未生效时,当事人不服的,可以通过上诉途径予以救济。但在管辖权异议裁定生效后,是通过指定管辖来纠正移送管辖错误的,无须再由当事人提出管辖权异议。对于当事人再次向受移送法院提出管辖权异议的,受移送法院认为本院有管辖权的,无须裁定驳回,可以径行审理。

重庆旌进出租汽车有限责任公司、李某某诉安诚财产保险股份有限公司重庆分公司一人名下多车碰撞保险赔偿纠纷案

关键词

民事　机动车交通事故　同一投保人　保险赔偿责任

裁判要点

同一所有人对其所有的多辆机动车分别投保,形成两个或两个以上相对独立的保险合同关系;这些投保机动车相互碰撞发生保险事故造成人身伤亡、财产损失,被保险人请求保险人承担保险责任的,应予支持。但被保险人故意制造交通事故骗取保险赔偿的除外。

相关法条

《保险法》第65条

《道路交通安全法》第76条

基本案情

重庆旌进出租汽车有限责任公司在安诚保险重庆分公司分别为其车牌号为渝A2T×××、渝A1T×××的出租车投保了机动车交通事故责任强制保险、车辆损失险、商业第三者责任险、车上人员责任险,保险期间均为自2009年11

月 6 日 0 时起至 2010 年 11 月 5 日 24 时止。2010 年 9 月 16 日,重庆旌进出租汽车有限责任公司驾驶员李某某驾驶渝 A2T×××车搭载刘某、罗某某和董某某驶至碚青路北碚区双柏树高架桥下时与同为重庆旌进出租汽车有限责任公司驾驶员吴某某驾驶的渝 A1T×××车尾随相撞,两车受损,吴某某与 3 名乘客刘某、罗某某、董某某受伤,路边护栏损坏。重庆市公安局北碚区分局交通巡逻警察支队作出交通事故事实责任认定书认定:李某某负全部责任,吴某某无责任,刘某、罗某某、董某某无责任。事故发生后,安诚保险重庆分公司到事故现场查勘并出具了查勘意见。重庆旌进出租汽车有限责任公司在先行支付了相关赔偿费用后,要求安诚保险重庆分公司给付保险赔偿金,被后者以两车同属前者、不能相互作为第三者为由拒绝。

裁判结果

重庆市渝中区人民法院于 2012 年 7 月 12 日作出(2012)中区法民初字第 01197 号判决:(1)被告安诚保险重庆分公司在本判决生效之日起 10 日内赔付原告重庆旌进出租汽车有限责任公司保险金 34,244.73 元;(2)驳回原告重庆旌进出租汽车有限责任公司的其他诉讼请求。宣判后,双方均未上诉,判决已发生法律效力。

裁判理由

法院生效裁判认为,重庆旌进出租汽车有限责任公司的多辆出租车都在安诚保险重庆分公司投保,出租车在道路上运营,同一被保险人之间的车辆发生意外事故无法避免。同一投保人的车辆相撞发生保险事故时,投保人是被保险人,也是受害人。若将此情形下的被保险人排除在第三者责任赔偿范围之外,不符合投保的目的,也不符合保险合同分散社会风险、及时填补损失的理念。从合同相对性考虑,机动车第三者责任保险合同有其特殊性,即"一车一保",一辆机动车对应一份保险合同。同一被保险人的车辆发生事故,此时存在两个或两个以上相对独立的保险合同关系,其互相区别的标志就是投保的机动车不同,发生事故的机动车之间构成了相对独立的肇事方和受损方。故渝 A1T×××车及驾驶员吴某某可作为渝 A2T×××车的第三者,由保险公司按照交强险和商业第三者责任险条款赔偿。同理,对渝 A2T×××车的车辆损失及车上人员损失,保险公司应首先依据针对 A1T×××车投保的交强险条款赔偿,然后再依据车辆损失险、车上人员险条款赔偿余下部分。

理解与参照

本案例涉及同一所有人的多辆投保车辆相互碰撞发生交通事故，保险公司是否赔付问题。对此，我们认为，同一所有人对其所有的多辆机动车分别投保的，这些投保机动车相互碰撞发生保险事故造成人身伤亡、财产损失，被保险人请求保险人承担保险责任的，应予支持。本案例有利于正确理解《保险法》第65条和《道路交通安全法》第76条关于“机动车第三者责任强制保险”规定中的被保险人和第三者的身份含义，进而对正确理解适用“责任保险”相关法律规定审判类似案件有指导意义和参照价值。理解和参照本案例裁判要点，要注意以下问题。

一、机动车保险的特点

机动车保险是以机动车辆为保险对象的一种交通运输工具保险。它按性质可以分为交通强制责任险与商业险。其中，交通强制责任险（交强险）是国家强制机动车所有人所必须购买的第三者责任保险，如果没有购买第三者责任强制保险，则车辆不能挂牌和验车。对于交强险，无论被保险人是否在交通事故中负有责任，保险公司均将按照交强险条款的具体要求在责任限额内予以赔偿。而商业险则是自愿选择购买的保险，根据保障的责任范围可以分为基本险和附加险。其中，基本险主要包括商业第三者责任保险、车辆损失险、车上人员责任险等险种，投保人可以选择其中部分险种投保，也可以选择全部险种投保。附加险种主要有玻璃单独破碎险、自燃损失险等车辆损失险的附加险及车上责任险、无过错责任险等第三者责任险的附加险。机动车保险由于其是以机动车辆为保险对象，其保险合同实行的是“一车一保险”，即一辆机动车对应一份保险合同，形成一个独立的保险合同关系。一人名下有多台机动车的，则其应购买相应份数的保险，形成多个独立的保险合同关系，各份保险因投保的机动车不同而互相区别。

二、机动车保险赔偿中各方身份可以发生转化或竞合

在机动车保险中，除了交强险是国家强制投保外，其他商业险是由投保人自愿投保的。投保人投保的险种不同，则保险公司的理赔范围亦各异。在机动车保险的理赔纠纷中，经常涉及被保险人、第三者及车上人员的身份认定，进而决定了保险公司在各险种中是否予以赔偿。因为机动车辆是一种交通工具，在意外事故中被保险人、第三者及车上人员的身份并非一成不变的，各方身份在特定的时空条件下可以发生转化或竞合。如在车上人员与第三者身份的认定中，因为任何人都不可能永久

地置身于交通工具上，相应的机动车辆保险合同中所涉及的第三者和车上人员均不是永久的、固定不变的身份。因保险车辆发生意外事故而受到伤害的人，如果在事故发生之前是保险车辆上的车上人员，但在已正常下车、下车休息、指引倒车等情形下，因本车发生交通事故而受到伤害的，因为事故发生时已经置身于保险车辆之下，其车上人员身份已经发生转化，其已不是车上人员，而是转化为第三者。

在特定条件下，被保险人亦可与意外事故中第三者身份发生竞合。由于一辆机动车对应一份保险合同，形成一个保险合同关系，在机动车辆意外事故中各方的身份认定应根据各车的保险关系及意外事故中的责任来确定。如同一所有人的两辆投保车辆发生意外事故的，此时有两个独立的保险合同关系，被保险人与第三者是相对而言的，应根据两辆车各自的保险关系结合在意外事故中的责任来认定。对责任方车辆而言，车辆所有人的损失是被保险人的损失；对意外事故中受害车辆而言，车辆所有人的损失并非作为责任方被保险人的损失，其是作为意外事故中"第三者"的损失而存在的。此时被保险人与第三者身份产生竞合。

三、被保险人与第三者身份竞合时，作为第三者的损失保险公司应予赔偿

随着生活水平日益提升，一个公司或同一个人拥有多辆车的情况已越来越普遍，而同一所有人特别是同一车辆营运人的不同投保车辆相互相撞的情况也偶有发生。在这种情况下，由于在意外事故中被保险人与第三者身份竞合，被保险人作为第三者的损失保险公司是否应予赔付？我国《机动车交通事故责任强制保险条例》第 3 条规定，本条例所称机动车交通事故责任强制保险，是指由保险公司对被保险机动车发生道路交通事故造成本车人员、被保险人以外的受害人人身伤亡、财产损失，在责任限额内予以赔偿的强制性责任保险。即交强险将被保险人的损失排除在外。一般的商业第三者责任险合同也将第三者责任险的保险范围限定在本车人员及被保险人以外的受害人。因此，有观点认为同一所有人投保的两辆车发生意外事故的，因两车均属于同一被保险人所有的财产，没有第三者，进而不应由交强险或第三者责任保险进行赔偿。

根据最高人民法院《关于审理道路交通事故损害赔偿案件适用法律若干问题的解释》（法释〔2012〕19 号）第 17 条"投保人允许的驾驶人驾驶机动车致使投保人遭受损害，当事人请求承保交强险的保险公司在责任限额范围内予以赔偿的，人民法院应予支持，但投保人为本车上人员的除外"的规定可知，在交强险中投保人在车外因其所投保机动车发生交通事故而受到损害的，其损失可由交强险赔付。因为，投保人也可能是被保险人，因此该司法解释对《机动车交通事故责任强制保险条例》第3条中的赔付范围作了扩张解释，并非被保险人的损失均不赔。实际上，当投保人在车外受到本车伤害时，实际上其被保险人身份与意外事故中第三者身份产生竞合。换言之，根据该司法解释规定，在被保险人与第三者身份竞合时，作为第三者的损失交强险应予赔付。

同理，在商业第三者责任险中，当被保险人与第三者身份产生竞合时，被保险人作为第三者身份的损失，保险公司应予赔偿。因为机动车辆相撞的理赔界定，针对的是保险标的"车辆"，与车辆的所有人是谁没有关系。每一辆车交纳保险费、购买车辆保险的目的就在于向保险公司转移因交通事故所带来的经济损失风险。同一所有人的两辆投保车辆相互碰撞发生意外事故，而此时受害方成为相对于责任方的"第三者"，对投保人以第三者身份主张的损失，在没有证据证明被保险人存在故意制造意外事故的情况下，保险公司应当承担赔偿责任。如仅因两车的所有人、被保险人为同一人，就将受害车辆损失视为是被保险人损失而不予赔偿，这对投保人而言是不公平的，也不符合投保人给两辆车分别投保防范车辆运行风险的保险目的。

在重庆旌进出租汽车有限责任公司、李某某诉安诚财产保险股份有限公司重庆分公司财产保险合同纠纷案中，旌进出租车公司作为一家出租车公司拥有多辆出租车，而且其旗下的多辆出租车都在安诚保险重庆分公司投保，被保险人均为旌进出租车公司，出租车每日在城市道路上运营，同一被保险人车辆之间发生意外事故无法避免。同一投保人的车辆相撞发生意外事故时，投保人是被保险人，也是受害人，其被保险人与第三者身份产生竞合。投保人以第三者身份主张赔偿损失时，若一味地将被保险人排除在第三者责任赔偿的范围之外，不符合旌进出租车公司投保的目的，也不符合保险合同分散社会风险，及时填补损失的理念。因此，当被保险人与第三者身份竞合时，在被保险人没有故意制造意外事故的情况下，被保险人以第三者身份要求保险公司赔偿受害方损失的，法院应予以支持。

成都同德福合川桃片有限公司诉重庆市合川区同德福桃片有限公司等侵害商标权及不正当竞争纠纷案

关键词

民事　注册商标　老字号　虚假宣传　侵害商标权　不正当竞争

裁判要点

1. 与“老字号”无历史渊源的个人或企业将“老字号”或与其近似的字号注册为商标后，以“老字号”的历史进行宣传的，应认定为虚假宣传，构成不正当竞争。

2. 与“老字号”具有历史渊源的个人或企业在未违反诚实信用原则的前提下将“老字号”注册为个体工商户字号或企业名称，未引人误认且未突出使用该字号的，不构成不正当竞争或侵犯注册商标专用权。

相关法条

《商标法》第57条第7项

《反不正当竞争法》第2条、第9条

基本案情

原告（反诉被告）成都同德福合川桃片食品有限公司

(以下简称成都同德福公司)诉称,成都同德福公司为"同德福 TONGDEFU 及图"商标权人,余某华先后成立的个体工商户和重庆市合川区同德福桃片有限公司(以下简称重庆同德福公司),在其字号及生产的桃片外包装上突出使用了"同德福",侵害了原告享有的"同德福 TONGDEFU 及图"注册商标专用权并构成不正当竞争。请求法院判令重庆同德福公司、余某华停止使用并注销含有"同德福"字号的企业名称;停止侵犯原告商标专用权的行为,登报赔礼道歉、消除影响,赔偿原告经济、商誉损失 50 万元及合理开支 5066.4 元。

被告(反诉原告)重庆同德福公司、余某华共同答辩并反诉称,重庆同德福公司的前身为始创于 1898 年的同德福斋铺,虽然同德福斋铺因公私合营而停止生产,但未中断独特技艺的代代相传。"同德福"第四代传人余某华继承祖业先后注册了个体工商户和公司,规范使用其企业名称及字号,重庆同德福公司、余某华的注册行为是善意的,不构成侵权。成都同德福公司与老字号"同德福"并没有直接的历史渊源,但其将"同德福"商标与老字号"同德福"进行关联的宣传,属于虚假宣传。而且,成都同德福公司擅自使用"同德福"知名商品名称,构成不正当竞争。请求法院判令成都同德福公司停止虚假宣传,在全国性报纸上登报消除影响;停止对"同德福"知名商品特有名称的侵权行为。

法院经审理查明:开业于 1898 年的同德福斋铺,在 1916 年至 1956 年,先后由余某春、余某光、余某祚三代人经营。在 20 世纪 20 年代至 50 年代,"同德福"商号享有较高知名度。1956 年,由于公私合营,同德福斋铺停止经营。1998 年,合川市桃片厂温江分厂获准注册了第 1215206 号"同德福 TONGDEFU 及图"商标,核定使用范围为第 30 类,即糕点、桃片(糕点)、可可产品、人造咖啡。2000 年 11 月 7 日,前述商标的注册人名义经核准变更为成都同德福公司。成都同德福公司的多种产品外包装使用了"老字号""百年老牌"字样、"'同德福牌'桃片简介:'同德福牌'桃片创始于清乾隆年间(或 1840 年),有着悠久的历史文化"等字样。成都同德福公司网站中"公司简介"页面将《合川文史资料选辑》(第 2 辑)中关于同德福斋铺的历史用于其"同德福"牌合川桃片的宣传。

2002 年 1 月 4 日,余某祚之子余某华注册个体工商户,字号名称为合川市老字号同德福桃片厂,经营范围为桃片、小食品自产自销。2007 年,其字号名称变更为重庆市合川区同德福桃片厂,后注销。2011 年 5 月 6 日,重庆同德福公司成立,法定代表人为余某华,经营范围为糕点(烘烤类糕点、熟粉类糕点)生产,该公司是第

6626473 号“余某光 1898”图文商标、第 7587928 号“余某华”图文商标的注册商标专用权人。重庆同德福公司的多种产品外包装使用了“老字号【同德福】商号，始创于清光绪二十三年(1897 年)历史悠久”等介绍同德福斋铺历史及获奖情况的内容，部分产品在该段文字后注明“以上文字内容摘自《合川县志》”“【同德福】颂：同德福，在合川，驰名远，开百年，做桃片，四代传，品质高，价亦廉，讲诚信，无欺言，买卖公，热情谈”“合川桃片”“重庆市合川区同德福桃片有限公司”等字样。

裁判结果

重庆市第一中级人民法院于 2013 年 7 月 3 日作出(2013)渝一中法民初字第 00273 号民事判决：(1)成都同德福公司立即停止涉案的虚假宣传行为。(2)成都同德福公司就其虚假宣传行为于本判决生效之日起连续 5 日在其网站刊登声明消除影响。(3)驳回成都同德福公司的全部诉讼请求。(4)驳回重庆同德福公司、余某华的其他反诉请求。一审宣判后，成都同德福公司不服，提起上诉。重庆市高级人民法院于 2013 年 12 月 17 日作出(2013)渝高法民终字 00292 号民事判决：驳回上诉，维持原判。

裁判理由

法院生效裁判认为，个体工商户余某华及重庆同德福公司与成都同德福公司经营范围相似，存在竞争关系。其字号中包含“同德福”三个字与成都同德福公司的“同德福 TONGDEFU 及图”注册商标的文字部分相同，与该商标构成近似。其登记字号的行为是否构成不正当竞争关键在于该行为是否违反诚实信用原则。成都同德福公司的证据不足以证明“同德福 TONGDEFU 及图”商标已经具有相当知名度，即便他人将“同德福”登记为字号并规范使用，不会引起相关公众误认，因而不能说明余某华将个体工商户字号注册为“同德福”具有“搭便车”的恶意。而且，在 20 世纪 20 年代至 50 年代，“同德福”商号享有较高商誉。同德福斋铺先后由余某春、余某光、余某祚三代人经营，尤其是在余某光经营期间，同德福斋铺生产的桃片获得了较多荣誉。余某华系余某光之孙、余某祚之子，基于同德福斋铺的商号曾经获得的知名度及其与同德福斋铺经营者之间的直系亲属关系，将个体工商户字号登记为“同德福”具有合理性。余某华登记个体工商户字号的行为是善意的，并未违反诚实信用原则，不构成不正当竞争。基于经营的延续性，其变更个体工商户字号的行为以及重庆同德福公司登记公司名称的行为亦不构成不正当竞争。

从重庆同德福公司产品的外包装来看,重庆同德福公司使用的是企业全称,标注于外包装正面底部,“同德福”三字位于企业全称之中,与整体保持一致,没有以简称等形式单独突出使用,也没有为突出显示而采取任何变化,且整体文字大小、字形、颜色与其他部分相比不突出。因此,重庆同德福公司在产品外包装上标注企业名称的行为系规范使用,不构成突出使用字号,也不构成侵犯商标权。就重庆同德福公司标注“同德福颂”的行为而言,“同德福颂”4 字相对于其具体内容(36 字打油诗)字体略大,但视觉上形成一个整体。其具体内容系根据史料记载的同德福斋铺曾经在商品外包装上使用过的一段类似文字改编,意在表明“同德福”商号的历史和经营理念,并非为突出“同德福”3 个字。且重庆同德福公司的产品外包装使用了多项商业标识,其中“合川桃片”集体商标特别突出,其自有商标也比较明显,并同时标注了“合川桃片”地理标志及重庆市非物质文化遗产,相对于这些标识来看,“同德福颂”及其具体内容仅属于普通描述性文字,明显不具有商业标识的形式,也不够突出醒目,客观上不容易使消费者对商品来源产生误认,亦不具备替代商标的功能。因此,重庆同德福公司标注“同德福颂”的行为不属于侵犯商标权意义上的“突出使用”,不构成侵犯商标权。

成都同德福公司网站上登载的部分“同德福牌”桃片的历史及荣誉,与史料记载的同德福斋铺的历史及荣誉一致,且在其网站上标注了史料来源,但并未举证证明其与同德福斋铺存在何种联系。此外,成都同德福公司还在其产品外包装标明其为“百年老牌”“老字号”“始创于清朝乾隆年间”等字样,而其“同德福 TONGDEFU 及图”商标核准注册的时间是 1998 年,就其采取前述标注行为的依据,成都同德福公司亦未举证证明。成都同德福公司的前述行为与事实不符,容易使消费者对于其品牌的起源、历史及其与同德福斋铺的关系产生误解,进而取得竞争上的优势,构成虚假宣传,应承担相应的停止侵权、消除影响的民事责任。

理解与参照

本案例旨在明确老字号与注册商标权利冲突情形下的不正当竞争情形的认定及老字号与注册商标平行使用的规则,对法院裁判类似案件具有参考价值。

一、关于字号的法律地位问题

老字号是在长期生产经营中,沿袭和继承了中华民族优秀的文化传统,具有鲜明的地域文化特征和历史痕迹,具有独特工艺和经营特色的产品、技艺或服务,取得社会广泛认同,赢得良好商业信誉的企业名称及产品品牌。字号或商号均是商事主体在营业活动中用以表彰自己的名称。目前我国还没有对字号权保护的专门法律,对字号的规定只是零散地分散在《民法通则》《企业名称登记管理规定》《企业名称登记管理实施办法》等相关的法律法规和部门规章中,应从相关法律规章中看字号的法律性质。

我国《民法通则》第26规定:"公民在法律允许的范围内,依法经核准登记,从事工商业经营的,为个体工商户。个体工商户可以起字号。"第33条规定:"个人合伙可以起字号,依法经核准登记,在核准登记的经营范围内从事经营。"此外,我国《企业名称登记管理规定》第7条第1款规定:"企业名称应当由以下部分依次组成:字号(或者商号,下同)、行业或者经营特点、组织形式。"第10条第1款规定:"企业可以选择字号,字号应当由两个以上的字组成。"根据上述规定,我国个体工商户及个人合伙可以起字号,企业可以将字号或商号作为企业名称登记注册而获得法律的保护。因此,字号或商号与企业名称并不等同,它只是企业名称的下位阶概念,只是企业名称的一个组成部分而非全部,是企业名称的核心。企业对经登记的字号享有名称权,我国通过保护企业名称的形式为字号提供保护。

二、关于字号与注册商标的权利冲突问题

字号是区别商品生产经营者和服务提供者的身份标记,而商标则是区分不同商品或服务来源的标记。我国商标主要由《商标法》的调整,字号主要由《企业名称登记管理规定》的调整。在企业名称方面,我国《企业名称登记管理规定》第4条第1款规定:"企业名称的登记主管机关是国家工商行政管理局和地方各级工商行政管理局。登记主管机关核准或者驳回企业名称登记申请,监督管理企业名称的使用,保护企业名称专用权。"第4条第2款规定:"登记主管机关依照《中华人民共和国企业法人登记管理条例》,对企业名称实行分级登记管理。"第6条第1款规定:"企业只准使用一个名称,在登记主管机关辖区内不得与已登记注册的同行业企业名称相同或者近似。"根据上述规定,我国现行企业名称登记实行的是"同行业、分级登记"[①]管理制度,即经登记的企业字号在登记地同行业可以排他独占作用,但不能排除同行业不同地域或同地域不同行业的其他企业对该字号的使用。

① 张今:《知识产权新视野》,中国政法大学出版社2000年版,第2页。

就企业字号登记而言,《企业名称登记管理规定》第 9 条明确企业名称不得含有“可能对公众造成欺骗或误解的”内容和文字,并未规定与注册商标相同或近似的文字不得登记为字号。在没有恶意的前提下,将他人的注册商标作为企业名称的字号登记并不一定违法。在目前企业名称核准登记实行分级管理且未与注册商标检索联网的情形下,字号权与商标权的冲突客观存在。一方面,大量的非知名商标被善意地作为经营与注册商标相同或类似商品或服务的企业字号登记,并享有合法的企业名称权;另一方面,将他人登记的企业字号作为商标注册并在相同或类似商品、服务上使用也大量存在。

三、关于字号与注册商标权利冲突的处理

经依法登记的字号在所在行业享有区域性的专用权,而经核准注册的商标注册人在注册的类别上享有商标专用权。当字号权与商标权发生冲突,应当坚持保护在先合法权利人利益和维护公平竞争的原则。

一是关于企业在先字号作为商标使用的处理。《商标法》第 7 条第 1 款规定:申请注册和使用商标,应当遵循诚实信用原则。第 9 条规定:申请注册的商标,应当有显著特征便于识别,并不得与他人在先取得的合法权利相冲突。由于企业对其名称及其字号享有名称权,且仅在一定地域具有独占使用权利,是否属于商标法上的“在先取得的权利”法律未明确规定。但在 2009 年国家工商总局发布的《商标审理标准》第三部分“损害他人在先权利审理标准”第 1 条中明确:本条规定的在先权利是指在系争商标申请注册日之前已经取得的,除商标权以外的其他权利,包括商号权,著作权,外观设计专利权,姓名权,肖像权等。同时,该条第 2 条“商号权”中明确:将与他人在先登记、使用并具有一定知名度的商号相同或者基本相同的文字申请注册为商标,容易导致中国相关公众混淆,致使在先商号权人的利益可能受到损害的,应当认定为对他人在先商号权的侵犯,系争商标应当不予核准注册或者予以撤销。(2017 年新修订《商标审查及审理标准》,上述内容为第四部分第 1 条、第 2 条)该条中的商号即为字号。因此,具有一定知名度的字号属于他人在先取得的权利,他人申请注册商标不得与其相冲突。一旦产生冲突,则优先保护在先登记的字号。

但是,当他人在先登记的企业字号知名度不足,或者他人登记的字号具有一定知名度但在后来中断使用期间,被他人注册为商标使用的,商标注册人是否侵犯企业名称专用权,应通过《反不正当竞争法》相关规则来判断。1993 年《反不正当竞争法》(已于 2018 年修订)第 2 条规定:“经营者在市场交易中,应当遵循自愿、平等、公平、诚实信用的原则,遵守公认的商业道德。”第 5 条第 3 项规定,“擅自使用他人的企业名称或者姓名,引人误认为是他人的商品”,属于不正当竞争。第 9 条规定:经营者不得利用广告或者其他方法,对商品的质量、制作成分、性能、用途、生产者、有效期限、产地等作引人误解的虚假宣传。因此,只要商标注册人未违反诚实信用原则进行商标注册,且商标注册后未引起他人误认的,则不构成不正当竞争。本案中,“同德福”老字号自创立以来享有较高知名度,1956 年后由于公私合营,同德福斋铺停止经营。因此,成都同德福公司的前身于 1998 年注册的“同德福 TONGDEFU 及图”商标并未侵犯他人在先权利。但是,其在产品宣传上却使用了“老字号”“百年老牌”字样,并将同德福斋铺的历史用于其“同德福”牌合川桃片的宣传,引人误认为是老字号同德福斋铺的产品,属于《反不正当竞争法》第 9 条所规定的虚假宣传,在老字号同德福传承人亦注册企业且经营范围相似、存在竞争关系的情形下,构成不正当竞争。

二是关于将注册商标作为企业字号登记使用的处理。虽然企业名称登记并未明确禁止将注册商标作为企业字号登记使用,但商标权利与字号权利分属于不同的权利体系,二者权利的取得应当遵循《民法通则》和《反不正当竞争法》中的诚实信用原则,不得利用他人商标进行不正当竞争。国家工商总局的一些规章对注册商标与企业字号权利之间的冲突处理作了规定。国家工商总局《关于保护服务商标若干问题的意见》第 7 条明确:以正常方式使用字号、姓名等,不构成侵犯服务商标专用权的行为,但具有明显不正当意图的除外。同时,国家工商总局《关于解决商标与企业名称中若干问题的意见》第 4 条规定:商标中的文字和企业名称中的字号相同或近似,使他人对市场主体及其商品或服务来源产生混淆(包括混淆的可能性),从而构成不正当竞争的,应当依法予以制止。此外,最高人民法院《关于审理商标民事纠纷案件适用法律若干问题的解释》第 1 条第 1 项之规定,将与他人注册商标相同或者相近似的文字作为企业的字号在相同或类似商品上突出使用,容易使相关公众产生误认的,属于 2001 年《商标法》第 52 条第 5 项。2013 年《商标法》修改后,原第 52 条第 5 项为 2013 年《商标法》第 57 条第 7 项——给他人的注册商标专用权造成其他损害的。同时,2013 年《商标法》第 58 条规定:将他人注册商标、未注册的驰名商标作为企业名称中的字号使用,误导公众,构成不正当竞争行为的,依照《反不正当竞争法》处理。根据上述规定,我国对注册商标作为企业字号登记使用是适用《反不正当竞争法》来处理的。

因此，在他人注册商标被作为企业字号登记使用的情形下，企业字号能否继续使用关键在于其是否侵犯商标专用权以及是否构成不正当竞争。要审查企业登记所登记与他人注册商标相同或相似的字号是否在相同或类似商品上突出使用，以及其是否违背公平竞争和诚实信用的基本原则、是否有攀附他人注册商标的故意、是否使他人对市场主体及其商品或服务来源产生混淆。在企业字号登记人主观没有恶意且未突出使用该字号的情形下，已经登记确立的字号权与商标权原则上可以并存。反之，根据《企业名称登记实施办法》第41规定，则应认定为不适宜的企业名称而被纠正。具体到本案而言，个体工商户余某华及重庆同德福公司虽然与成都同德福公司经营范围相似，其字号与成都同德福公司注册商标的文字部分相同，但余某华并未突出使用，而且基于同德福斋铺的商号曾经获得的知名度及其与同德福斋铺经营者之间的直系亲属关系，将个体工商户字号登记为“同德福”具有合理性，其登记字号的行为并未违反诚实信用原则，亦不会引起相关公众误认，因此不构成不正当竞争，其企业字号可以继续规范使用。

乔某某诉重庆华龙网新闻传媒有限公司侵害著作权纠纷案

关键词

民事　著作权　时事新闻　新闻图片

裁判要点

判断一则新闻图片是否属于著作权法保护的对象，不以其所配发的文字是否属于单纯事实消息为标准，而应单独审查该新闻图片是否具有独创性。时事新闻中配发具有独创性的新闻图片，创作人主张著作权法规定权利的，人民法院应予支持。

相关法条

《著作权法》第3条第5项、第5条第2项

《著作权法实施条例》第2条、第5条第1项

基本案情

2012年2月3日，被告重庆华龙网新闻传媒有限公司（以下简称华龙传媒公司）运营的华龙网刊载了《代表委员回眸"十一五"军队建设：武器装备现代化》等18篇文章，这些文章均包含文字及图片，共使用了原告乔某某拍摄的96幅图片，每篇文章均注明了转载的时间及来源。在18篇文

章中，《我陆航武直9直11表演高难特技　飞行员均曾留学》等4篇时事新闻使用了乔某某拍摄的37幅现场图片，其他14篇包含作者的情感表达或评论等主观方面内容的文章使用了乔某某拍摄的59幅现场图片。其中，《我陆航武直9直11表演高难特技　飞行员均曾留学》一文配以直升机博览会现场表演图片。《【特稿】空军三支表演队亮相长春》一文配以飞行表演队及其表演的图片，图片说明为“空军第三飞行学院‘红鹰’飞行表演队队徽”，图片主要显示圆形队徽图案。《高清：解放军史上信息化程度最高红蓝实兵对抗》及《我军用激光模拟系统进行信息化程度最高红蓝对抗（1）》两文文字部分相同，两文均配以演习现场图片。乔某某认为被告未经其许可使用了其摄影作品，侵犯了其享有的著作权，遂起诉至法院要求判令被告立即停止侵权、向原告赔礼道歉，并支付赔偿金181,800元和合理开支11,540元等。

裁判结果

重庆市第一中级人民法院于2013年8月5日作出（2013）渝一中法民初字第00579号民事判决：（1）被告重庆华龙网新闻传媒有限公司立即删除涉案网站上的涉案摄影作品；（2）被告重庆华龙网新闻传媒有限公司于本判决生效之日起10日内赔偿原告乔某某经济损失34,940元；（3）驳回原告乔某某的其他诉讼请求。一审宣判后，乔某某对4篇时事新闻配发的37幅照片未予认定侵权不服，提起上诉。重庆市高级人民法院于2013年11月20日作出（2013）渝高法民终字第00261号判决：（1）维持重庆市第一中级人民法院（2013）渝一中法民初字第00579号民事判决主文第1项、第3项；（2）撤销重庆市第一中级人民法院（2013）渝一中法民初字第00579号民事判决主文第2项；（3）重庆华龙网新闻传媒有限公司于本判决生效之日起10日内赔偿原告乔某某经济损失42,200元。

裁判理由

法院生效裁判认为，时事新闻仅指特地为媒体报道而采写的单纯事实消息，是对时间、地点、人物、起因、经过、结果等新闻要素的简单排列组合，不涉及思想的表达方式，具有表达上的唯一性，属于公有领域的客观事实，不具有独创性，因此被排除在著作权法保护范围之外。由单纯事实构成的时事新闻虽然不排除图片新闻，但确实应该以文字新闻为主，因为除非新闻图片的画面为唯一性表达，否则任何图片都可以体现拍摄者独立的构思，从确定拍摄主题、设计画面、调整角度，到捕捉拍摄时机等,都包含了拍摄者一系列精神创作活动,是极有可能具有独创性的。因此,判断图片新闻是否为单纯事实消息并不以其所配发的文字是否为单纯事实消息为标准,而应单独审查其独创性。因为一张图片的独创性并不会因其所配文字的变化而发生任何实质性改变。本案争议的37幅图片均是文章配图,与其他58幅图片在性质上、风格上并无实质差异,不能仅因其所配发的文字是单纯事实消息就否定其自身的独创性。《我陆航武直9直11表演高难特技 飞行员均曾留学》等4篇文章分别是对首届中国天津国际直升机博览会、首届航空开放日、运用激光模拟交战系统进行“红蓝”军实兵实装对抗演习等事件的时间、地点、人物、发生过程等现场的客观事实的叙述,不含作者的情感表达、新闻评论等内容,属于单纯的事实消息,但该4篇文章所配的37幅图片却是乔某某借助数码相机、利用光线条件等客观景象创作而成,在取图的画面、取图的角度、画面的亮度,局部的光彩等方面都凝聚了拍摄者创造性的劳动,具有独创性,应该受著作权法保护。《【特稿】空军三支表演队亮相长春》中关于空军第三飞行学院“红鹰”飞行表演队队徽的图片,因其仅系对该队徽的简单复制,并未体现出拍摄者的独创性,不能认定为受《著作权法》保护的作品。其余14篇文章采用的58幅图片,系原告借助数码相机、利用光线条件等记录的客观景象创作而成,凝聚了其创造性劳动,形成了58幅摄影作品,依法应受《著作权法》保护。由于乔某某的这些摄影作品是报道新闻的图片,其创作目的具有一定的公益性,不宜主张过高的赔偿金额。鉴于乔某某的实际损失和华龙网的侵权获利均无法确定,综合考虑图片形成的成本、作者的知名度、创作作品的艰辛程度,以及华龙网使用作品的方式,决定由华龙网赔偿乔某某32,200元,加上乔某某为本案维权支付的开支及其合理性费用10,000元左右,共计由华龙网赔偿乔某某经济损失42,200元。

理解与参照

本案例旨在明确新闻图片著作权保护的司法判断标准。就新闻图片是否受著作权保护问题,司法实践中存有不同认识。有观点认为,为增强新闻报道效果而配发的照片与新闻报道作为一个整体,一起构成时事新闻的组成部分,不受著作权法保护。亦有种观点认为,新闻照片构成摄影作品的前提下,不属于时事新闻,应受著作权法保护。本案例将新闻图片与其所配发的文字相区分,单独以新闻图片是否具有独创性为标准进行审查,判断其是否属于著作权法保护的对象,与著作权法立法保护独创性的根本宗旨相符合。该案例有助于正确理解《著作权法》第3条、第5条中摄影作品与时事新闻的著作权法保护范围，对于保障新闻图片著作权人合法权益，保护创新具有重要意义。

一、时事新闻的表现形式是否包括图片

《著作权法实施条例》第5条第1项规定：时事新闻，是指通过报纸、期刊、广播电台、电视台等媒体报道的单纯事实消息。从新闻报道角度来看，单纯事实消息应当是指仅仅由时间、地点、人物、事由和事件五要素之部分或全部构成的消息，属于单纯对新闻事实的直观记录，不涉及思想的表达方式，属于公有领域的客观事实。最高人民法院《关于审理著作权民事纠纷案件适用法律若干问题的解释》第16条明确：通过大众传播媒介传播的单纯事实消息属于《著作权法》第5条第2项规定的时事新闻。即时事新闻是以传播媒介所传播的内容来判断的，与传播媒介的载体无关。因此，无论是用文字形式，还是用声音、图片、音像、图像等其他形式，只要传播的是单纯事实消息，就属于时事新闻。《著作权法》第5条第2项规定的时事新闻既可以是文字新闻，也可以是图片新闻、照片新闻、音像新闻或者其他形式的新闻。

二、图片新闻是否受著作权保护的审查

著作权法自制定以来，虽然历经修改，但对于“著作权法不适用于时事新闻”的基本态度并未改变。我国《著作权法》第5条规定，时事新闻不属于著作权法保护的对象。时事新闻不受著作权法保护的根本原因在于事实无版权，客观事实本身不能受到著作权法的保护。因为事实是客观存在和发生的事情，它一旦产生，就不可能再受人类思想或创作活动的影响，不可能由作者“创作”出来。① 时事新闻不受著作权法保护的另一个重要原因是时事新闻是单纯对新闻事实的直观记录，从某种意义上说也是新闻作品，但是这种作品单纯得只有事实，而没有或者基本上没有作者主观上的加工，不满足独创性要求，因此不是著作权法意义上的“作品”。②

由于图片新闻是以图像的形式对新闻事件现场的记录，是对客观事实的静态体现。其可能是对新闻事件事实的简单捕捉，也有可能是拍摄者独立创作完成并饱含独创性的图片，进而成为摄影作品而受著作权法保护。虽然摄影作品是我国著作权法明确列举的保护客体之一，但并不是所有图片都能够作为摄影作品获得保护，只有符合著作权法中独创性要求的图片才能受到保护。从英美法系上看，其对独创性

① 参见王迁：《知识产权法教程》，中国人民大学出版社2009年版，第66页。

② 参见魏永征：《新闻传播法教程》，中国人民大学出版社2006年版，第344页。

的要求较低，认为只要很低程度的个性表达就足以符合独创性要求。而大陆法系对独创性的要求较高，对摄影作品赋予著作权保护，而对普通照片仅给予邻接权保护。我国著作权法实施条例将摄影作品定义为"借助器械在感光材料或者其他介质上记录客观物体形象的艺术作品"，它并未区分普通照片和摄影作品。虽然我国法律并未对图片作品中"创"的高度进行规定，但一般认为，作为著作权法中的作品要具有一定程度的"智力创造性"，能够体现作者独特的智力判断与选择，展示作者的个性并达到一定创作高度要求。①

由于图片新闻的拍摄是可以体现摄影作者独立的构思，从确定拍摄主题、设计画面、调整角度，到捕捉拍摄时机等，都包含了拍摄者一系列主观活动，是极有可能具有独创性的。因此，审查一则图片新闻是否属于时事新闻，是否为著作权法所调整，除审查图片新闻所传播的内容是否属于单纯事实消息外，还要看该图片是否对单纯事实消息进行了独创性表达。在独创性审查上，应重点关注图片新闻其是否反映出拍摄者对拍摄内容、拍摄角度、拍摄手法等方面的选择，并且这些选择是否体现了拍摄者最低限度的智力创造性。凡不具有独创性的图片新闻则属于著作权法的排除对象；反之，当拍摄者对时事新闻事件现场客观事实进行了独创性表达的新闻图片，则应受著作权法保护。具体到本案而言，《我陆航武直 9 直 11 表演高难特技　飞行员均曾留学》等 4 篇文章不含作者的情感表达、新闻评论等内容，属于单纯的事实消息，但是其所配发的图片却是乔某某借助数码相机、利用光线条件等记录的客观景象创作而成，在取图的画面、取图的角度等方面都凝聚了其创造性的劳动，是对新闻事件现场进行创作的摄影作品，故其应属于著作权法保护的作品。

三、关于转载时事新闻而使用新闻图片的性质

我国《著作权法》第 22 条第 3 款明确，为报道时事新闻，在报纸、期刊、广播电台、电视台等媒体中不可避免地再现或者引用已经发表的作品，可以不经著作权人许可，不向其支付报酬。同时，《信息网络传播权保护条例》第 6 条第 2 款规定，为报道时事新闻，在向公众提供的作品中不可避免地再现或者引用已经发表的作品的，可以不经著作权人许可，不向其支付报酬。上述条文明确了著作权人的权利限制范围，其目的在于允许新闻报道者在用文字、广播、摄影等手段报道时事新闻时，对所报道事件过程中看到或听到的作品在为报道目的正当需要范围内予以复制。从字

① 参见王迁：《知识产权法教程》，中国人民大学出版社 2009 年版，第 37 页。

面上看,上述条文没有限定“已经发表的作品”的类型,因此包括摄影作品在内的任何类型作品都应包括在内,但为报道时事新闻而未经许可使用作品的条件有非常严格的限定,即“不可避免”地再现或者引用。

就报道时事新闻而引用新闻事件现场照片而言,一般情况下媒体可以至现场自行拍摄新闻照片,完全可以避免再现或引用他人已经拍摄的图片新闻作品。因此,只有当作品本身就是时事新闻的组成部分时,才属于合理使用。本案《我陆航武直9直11表演高难特技 飞行员均曾留学》等4篇时事新闻所使用的37幅图片与文字部分共同反映出新闻事件现场的原貌,但该图片凝聚了拍摄者的独创性劳动,在性质上与其他59幅图片是一样的,并不能因其所配发的文字为单纯事实消息而否认其独创性。因此,涉案4篇时事新闻所使用的37幅图片并非时事新闻的组成部分。而且,从本案被告转载时事新闻所使用的涉案图片来看,这些图片并非所报道新闻事件中出现的已经发表的作品,而是本案原告在报道人物和事件过程中创作产生的作品。因而,被告的行为既不是“为了报道时事新闻”,也不是“不可避免地再现或引用已经发表的作品”,不构成合理使用。相应地,本案被告转载其他媒体为报道时事新闻而拍摄的摄影作品,并不能根据《著作权法》第22条第3项和《信息网络传播权保护条例》第6条第2项规定免责。

屈某诉枣庄市道桥工程有限公司等债权转让委托代理纠纷案

关键词

民事　委托代理　授权　基础法律关系

裁判要点

1. 代理权授予是单方法律行为，其本身并不规范本人与代理人之间的权利义务，双方权利义务应根据代理权授予的基础法律关系来确定。

2. 仅有代理权授予行为，并不能证明代理人与被代理人之间存在委托合同关系。一方当事人仅凭代理授权行为请求确认双方存在委托合同关系，并要求按委托合同关系承担权利义务的，人民法院不予支持。

相关法条

《民法通则》第64条

基本案情

2009年6月4日，重庆城建控股（集团）有限责任公司、重庆交通建设（集团）有限责任公司联合向枣庄市道桥工程有限公司（以下简称枣庄道桥公司）发出《重庆三环高速公路涪陵李渡至南川双河口段工程项目土建工程施工合作单位优选获选通知书》,载明:枣庄道桥公司获选为重庆三环高速公路涪陵李渡至南川双河口段土建工程 LJ6 合同段施工合作单位,并要求枣庄道桥公司于 2009 年 6 月 14 日前足额缴纳工程保证金。重庆交通建设(集团)有限责任公司委托重庆建工投资控股有限责任公司(以下简称重庆建工投资公司)向枣庄道桥公司收取工程保证金 467 万元。2009 年 6 月 12 日,枣庄道桥公司出具《授权委托书》,载明:"致:重庆建工投资控股有限责任公司,兹委托刘某缴纳重庆三环高速公路涪陵至南川段第六合同段综合保证金和差额保证金 467 万元整至贵公司账户。特此授权。"同日,刘某通过其个人银行账户向重庆建工投资公司的银行账户转账 467 万元。

2012 年 6 月 6 日,刘某与屈某签订《债权转让合同》,约定刘某将其对枣庄道桥公司享有的上述 467 万元债权转让给屈某。同年 6 月 8 日,刘某将债权转让事宜书面通知了枣庄道桥公司和重庆建工投资公司。2013 年 7 月 16 日,屈某向枣庄道桥公司发出《关于催促履行债务的函》,同年 7 月 25 日又向重庆建工投资公司发出《关于连带承担债务的函》。因枣庄道桥公司未还款,屈某遂诉至法院要求枣庄道桥公司还款并支付资金占用损失,重庆建工投资公司对上述债务承担连带责任。

另查明:重庆新湘骏公司于 2010 年 5 月 17 日申请设立,设立时的法定代表人为刘某。2009 年 6 月 20 日,枣庄道桥公司(甲方)与重庆新湘骏公司(乙方)签订《内部承包责任书》,约定:甲方同意将中标的重庆三环高速公路涪陵李渡至南川双河口段工程项目土建工程施工第 LJ6 合同段以内部风险承包的方式交给乙方负责组织施工。甲方人员有责任和义务协助乙方对项目进行管理,保持与业主和监理的联系,协助乙方办理与项目有关的事宜。乙方代表甲方承担并履行合同规定的承包人的全部义务和责任。还约定,本项目的现金担保、履约保函及开工预付款保函的银行保证金及手续费由乙方承担,甲方负责办理。刘某在公安机关陈述,其挂靠枣庄道桥公司施工并支付了工程保证金。

裁判结果

重庆市第一中级人民法院于 2014 年 7 月 10 日作出(2013)渝一中法民初字第 01070 号民事判决:(1)枣庄道桥公司于判决生效之日立即向屈某偿还资金 467 万元,并从 2013 年 7 月 17 日起至前述款项付清时止,以 467 万元为基数,以中国人民银行同期同类贷款基准利率为标准向屈某偿付资金占用损失;(2)驳回屈某的其他诉讼请求。一审宣判后,枣庄道桥公司不服,提出上诉。重庆市高级人民法院于

2015 年 7 月 17 日作出(2015)渝高法民终字第 00072 号民事判决,撤销一审判决,驳回屈某的全部诉讼请求。

裁判理由

法院生效裁判认为,本案的争点为刘某是否对枣庄道桥公司享有债权。本案中屈某主张,根据《合同法》第 398 条的规定,刘某依据枣庄道桥公司向重庆建工投资公司出具的《授权委托书》代枣庄道桥公司缴纳了工程综合保证金 467 万元,即享有了对枣庄道桥公司 467 万元的债权。但是,屈某的该主张不能成立。理由如下:

第一,根据我国《民法通则》的规定,委托代理人是按照被代理人的委托行使代理权,也就是说委托代理权产生的原因是本人的授权行为。本人的授权是一种有相对人的单方法律行为并须以意思表示为之。本案枣庄道桥公司出具的《授权委托书》实际上是枣庄道桥公司单方作出的意思表示,是赋予刘某以枣庄道桥公司的名义为一定法律行为的资格,其实质是代理权授予行为。代理权授予并非是基于本人与代理人之间的合意,无约定双方权利义务的功能。代理人不会仅仅因为取得委托代理权而对本人享有权利或者承担义务。

第二,由于委托代理权的授予本身并不规范本人与代理人之间的权利义务,真正规范本人与代理人之间权利义务的是委托代理权授予的基础法律关系。委托代理权虽然冠以"委托"二字,但委托代理权的基础法律关系并非只有委托合同关系,除委托合同关系之外,还存在劳动合同关系、内部承包合同关系、挂靠施工合同关系、多方债务冲抵关系等。而本案中屈某举示的《授权委托书》仅能证明枣庄道桥公司单方授予刘某委托代理权,并不能证明该代理权授予是基于何种基础法律关系。枣庄道桥公司与刘某的权利义务应由双方的基础法律关系予以调整。

第三,本案中,枣庄道桥公司上诉认为,枣庄道桥公司的授权行为系基于与刘某的建设工程承包合同关系,并举示了重庆新湘骏公司与枣庄道桥公司签订的《内部承包责任书》以及刘某在公安机关的陈述,上述证据反映出枣庄道桥公司授予刘某代理权可能存在委托合同之外的其他基础法律关系。

综上所述,综合屈某举示的证据以及枣庄道桥公司的抗辩理由,仅凭枣庄道桥公司出具的《授权委托书》和刘某付款的行为,并不能证明刘某对枣庄道桥公司享有债权,因此屈某的诉讼请求不能成立。

理解与参照

结合相关法律规定、理论依据，围绕裁判要点中的有关问题予以说明。

一、委托代理权发生的原因

我国《民法通则》第64条规定，代理包括委托代理、法定代理和指定代理。委托代理人按照被代理人的委托行使代理权，法定代理人依照法律的规定行使代理权，指定代理人按照人民法院或者指定单位的指定行使代理权。该条中的委托代理在学理上通常称为意定代理(任意代理)。委托代理权取得的依据是本人(被代理人)的授权行为。无论是法学理论还是立法例上，一般均认为本人的授权是一种有相对人的单方法律行为并须以意思表示为之。例如，德国《民法》第166条第2款对意定代理定义为以法律行为授予的代理权，第167条规定意定代理权的授予应作出意思表示。我国《民法通则》虽然未从正面对此进行规定，但《民法通则》第69条将被代理人取消委托或者代理人辞去委托作为委托代理权终止的法定事由，从反面表明我国立法不仅将授权行为视为产生委托代理权的直接根据，而且将之视为单方法律行为。

由于委托代理权的取得是基于本人单方的授予行为，并非是基于本人与代理人之间的合意，所以代理权授权只是对本人与代理人之间相互法律地位的一种描述，其内容只是使代理人取得以被代理人名义实施一定行为的资格，除此之外，并无其他实质内容，也无约定双方权利义务的功能。[①] 代理人不会仅仅因为取得委托代理权而对本人享有权利或者承担义务。代理权授权行为可以向代理人作出亦可向第三人作出。结合本案看，枣庄道桥公司出具的《授权委托书》是向第三人作出的单方的意思表示，其内容是赋予刘某以枣庄道桥公司的名义而为一定法律行为的资格或地位，其实质是代理权授予行为，该代理权授予行为使刘某取得了委托代理权，但刘某并不因为具有委托代理权而对枣庄道桥公司享有权利或者承担义务。

二、委托代理权授予的基础法律关系

由于委托代理权的授予本身并不规范本人与代理人之间的权利义务，真正规范本人与代理人之间权利义务的是委托代理权授予的基础法律关系。委托代理权虽然冠以委托二字，但委托代理权的基础法律关系并非只有委托合同关系。委托代理

---

① 参见尹田：《民法典总则之理论与立法研究》，法律出版社2010年版，第681页。

权授予的基础法律关系除委托合同关系之外,还存在雇佣合同关系、劳动合同关系、合伙合同关系等。随着社会经济生活的多样化,委托代理权授予的基础法律关系也呈现出多样化,例如,内部承包合同关系、挂靠施工合同关系、多方债务冲抵关系等。在内部承包和挂靠施工合同关系中,承包方和挂靠方往往须以发包方和被挂靠方的名义实施缴纳税费、保证金等行为,为履行合同之便,发包方和被挂靠方往往会授予承包方和挂靠方委托代理权,使承包方和挂靠方具有以发包方和被挂靠方的名义为一定法律行为的资格和地位。在多方债务冲抵中,可能涉及一方须以另一方的名义受领款项的情形,因此也涉及委托代理权的授予问题。本人与代理人之间的权利义务则应由该基础法律关系予以调整。

本案中,屈某举示的《授权委托书》仅能证明枣庄道桥公司单方授予刘某委托代理权,并不能证明该代理权授予是基于何种基础法律关系。枣庄道桥公司抗辩认为其授权行为系基于与刘某的建设工程承包合同关系,并举示了相应的证据。综合屈某举示的证据以及枣庄道桥公司的抗辩理由,二审法院认定,屈某主张刘某与枣庄道桥公司之间存在委托合同法律关系并据此享有债权的主张不成立。

三、基础法律关系对委托代理权的影响

委托代理权并非是其基础法律关系的外部效力,而是基于本人单方授予行为的理论,即代理权授予具有相对独立性的理论,已经成为通说,为各国理论和实践所接受。在认可代理权授予独立性的基础上,关于基础法律关系是否是代理权授予的原因行为,即代理权授予的无因性则存在不少争议。[①] 就处理纠纷的角度而言,代理权的授予与其基础法律关系之间系有因或无因,可分情形予以考量。

1. 基础法律关系终止的情形

法律关系的终止是面向未来的,不溯及既往。在基础法律关系终止时,代理权授予的原因行为业已不存在,所谓皮之不存毛将焉附,代理权也理应终止。如德国《民法》第 168 条第 1 款规定,意定代理权的消灭,依照所由授予意定代理权的法律关系定之。但须注意的是,在该种情形下,如代理权的授予是向第三人作出的,在本

---

① [德]迪特尔·梅迪库斯在其所著的《民法总论》(邵建东译,法律出版社 2000 年版)中认为,代理权授予的基础法律关系未发生效力,代理权也不成立的结论更加符合德国《民法》第 168 条的规定。梁慧星在其所著的《民法总论》第 4 版中的观点为:除当事人有相反的意思表示外,应坚持授权行为的有因性。王泽鉴在其所著的《民法概要》中的观点为:除当事人另有意思表示外,原则上应肯定代理权授予行为的无因性。

人未将代理权终止之情形告知第三人的情况下,有可能构成表见代理。

2. 基础法律关系无效的情形

在该情形下,基于独立的代理权授予行为代理人业已取得代理权,并且已经以本人的名义实施了相应的法律行为。若代理权的取得也因其基础法律关系无效而无效,则会导致之前的代理行为均成为无权代理行为,从而不利于保护第三人和交易安全。为应对该情形,有两种解决思路:一种是承认代理权授予的无因性,即代理权授予并不因为其基础法律关系的无效而无效,从而降低交易成本,保护交易安全;另一种是认为代理权授予系有因行为,基础法律关系无效则授权行为无效,但可通过表见代理制度来保护善意无过失的第三人。从司法实践来看,第一种直接承认代理权授予无因性的思路更为直截了当且利于定分止争。代理人是基于独立的授权行为而获得代理权,在代理人与第三人进行交易时,第三人所关注的是代理人是否具有代理权,而非代理人是基于何种基础法律关系而获得的代理权且第三人通常也无从获知,与其探究第三人是否知道或者应当知道代理权授予的基础法律关系是否无效、第三人是否善意无过失,不如直接认可代理权授予的无因性,省却了认定中的千差万别,也避免了第三人在交易中过重的审查义务。从定分止争的角度,这种思路也尽可能地维持了现有法律关系的稳定性,减少纠纷的发生。例如,在建设工程施工合同纠纷中,被挂靠方往往会授权挂靠方以被挂靠方的名义缴纳税费、保证金以及实施其他相关的法律行为,如果上述的代理权授予行为均因挂靠合同被认定为无效而无效,则可能会引起一系列纠纷,法律关系会变得比较复杂和混乱。

3. 基础法律关系被撤销的情形

法律行为被撤销后自始的、溯及既往的不产生效力。代理权授予的基础法律关系被撤销后,其情形与基础法律关系被认定为无效相类似。"在这种场合,应该解释为对内关系的撤销,只使代理关系向将来终了,已经实施的代理行为不受任何影响。"①

---

① [日]我妻荣:《新订民法总则》,于敏译,中国法制出版社2008年版,第329页。

重庆市磁器口陈麻花食品有限公司诉重庆市沙坪坝区互旺食品有限公司侵害商标及企业字号不正当竞争纠纷案

关键词

民事　商标　企业字号　不正当竞争

裁判要点

1. 不具备区分不同经营者功能的企业字号，不应认定为《反不正当竞争法》第5条第3项规定的“企业名称”。

2. 企业字号只有在通过生产经营活动中的实际使用，使相关公众建立起其与特定经营者之间的稳定联系时，才能产生区分不同经营者的功能。

相关法条

《反不正当竞争法》第5条第3项

最高人民法院《关于审理反不正当竞争民事案件应用法律若干问题的解释》第6条第1款

基本案情

2003年陈昌银经重庆市工商行政管理局沙坪坝区分局核准，成立个体工商户，字号为重庆市沙坪坝区磁器口陈麻花经营部（以下简称磁器口陈麻花经营部），经营范围及方式为零售炸麻花。陈昌银系“陈昌银”商标的注册商标专用权人,该商标核定使用商品(第30类)为:麻花、面条等,注册有效期自2004年9月7日至2014年9月6日止。2006年12月,陈昌银注销了磁器口陈麻花经营部的执照。2007年1月,磁器口陈麻花公司成立,经营范围:油炸食品制售、陈麻花经营管理等。陈昌银是该公司的股东之一。2007年4月1日,陈昌银许可磁器口陈麻花公司使用“陈昌银”商标,且授权磁器口陈麻花公司全权处理“陈昌银”商标相关的侵权和假冒行为以及对侵权人进行追责。2010年7月,“陈昌银”商标被重庆市工商行政管理局审定为重庆市著名商标。

2003年6月至2013年9月,磁器口陈麻花经营部、磁器口陈麻花公司获“重庆市质量安全信誉单位”“重庆休闲旅游食品20强”等荣誉。2007年开始,磁器口陈麻花公司将其产品销售到重庆、成都、攀枝花、乌鲁木齐、山西、上海等地。磁器口陈麻花公司在电视节目、报纸、车身广告、糖酒会、网络等处宣传“古镇陈麻花”“陈昌银麻花”产品。磁器口陈麻花公司在与其他经营者签订的广告合同中主要使用的是全称,但也有未使用全称的情形。磁器口陈麻花经营部、磁器口陈麻花公司向行政单位或社会机构交纳费用后取得的票据中,部分票据显示的交款人为“陈麻花”,部分显示为“磁器口古镇陈麻花(陈昌银)”。此外,“陈麻花”有时亦作为麻花样品名称。磁器口陈麻花公司与其他经营者签订的买卖合同中均使用企业全称,在部分合同中的商品品牌或名称、品名等处使用“陈麻花”字样。

互旺食品公司于2009年9月28日成立,经营范围包括糖果、糕点(油炸类糕点)加工销售,其生产的麻花产品外包装上使用了陈麻花字样,且在外包装上使用“陈昌原”商标。

磁器口陈麻花公司认为,互旺食品公司未经其许可,擅自在其商品、商品包装、装潢中使用“陈麻花”字样,且商品包装、装潢与自己的麻花产品近似,足以误导消费者,侵犯了磁器口陈麻花公司的企业名称权。互旺公司使用的商标“陈昌原”与磁器口陈麻花公司的“陈昌银”商标相似,足以误导消费者,侵犯了磁器口陈麻花公司的商标权。磁器口陈麻花公司遂诉至法院,要求互旺食品公司停止在其生产、销售的麻花产品的包装、装潢上以及广告宣传中使用“陈麻花”“陈昌原”字样,公开赔礼道歉、消除影响,赔偿磁器口陈麻花公司经济损失60,000元,并支付合理费用7500元。

裁判结果

重庆市沙坪坝区人民法院于2014年10月28日作出(2013)沙法民初字第11106号民事判决:(1)互旺食品公司立即停止在麻花产品上使用“陈昌原”字样。(2)互旺食品公司于判决发生法律效力后立即赔偿磁器口陈麻花公司损失30,000元(含合理费用)。(3)驳回磁器口陈麻花公司的其他诉讼请求。一审宣判后,磁器口陈麻花公司不服,提起上诉。重庆市第一中级人民法院于2015年6月15日作出(2015)渝一中法民终字第01977号民事判决:驳回上诉,维持原判。

裁判理由

法院生效裁判认为,磁器口陈麻花公司经陈昌银许可,取得“陈昌银”注册商标的使用权,并有权对侵犯该商标的行为人进行追责。磁器口陈麻花公司的“陈昌银”商标核准使用的商品包括麻花,互旺食品公司在其生产的麻花外包装上使用的“陈昌原”商标与磁器口陈麻花公司的“陈昌银”商标近似,容易使消费者误认为“陈昌原”与“陈昌银”有一定的关联性,足以使相关公众产生市场混淆,互旺食品公司的该行为属于侵犯“陈昌银”注册商标专用权的行为,应当承担停止侵权、赔偿损失等民事责任。

根据最高人民法院《关于审理反不正当竞争民事案件应用法律若干问题的解释》第6条第1款之规定,符合一定条件的企业字号被认定为企业名称,可以得到《反不正当竞争法》的保护。《反不正当竞争法》之所以给予企业名称法律保护,是因为企业名称的功能在于区分不同的经营者,擅自使用其他经营者的企业名称,会导致经营者之间的混淆。企业字号若要获得相当于企业名称的保护,必须具备企业名称区分不同经营者的功能。根据《企业名称登记管理规定》之规定,企业名称应当由行政区划名称、字号、行业或经营特点、组织形式四个部分组成。企业字号与其他三个部分共同限定了企业名称的特定指向性,由此,企业名称得以实现其区分不同经营者的功能。尽管企业字号在企业名称中更具标志性,能够起到一定的区分作用,但当企业字号脱离了企业名称其他三个组成部分的限定时,企业字号的指向范围必然扩大,因此,并非企业名称一经注册,其所包含的企业字号即具有区分不同经营者的功能。企业字号只有通过生产经营活动中的实际使用,使相关公众建立起其与特定经营者之间的稳定联系,才能产生区分不同经营者的功能。

就本案而言，“陈麻花”中的“陈”系常见姓氏，“麻花”是一种食品的通用名称，二者均系公共领域资源，将姓氏与食品名称组合进行企业命名在重庆地区亦属常见。在“陈麻花”本身显著性不强的情形下，使用“陈麻花”指代磁器口陈麻花公司必须持续一定时间、达到一定强度，二者才能建立起稳定的联系。就本案而言，磁器口陈麻花经营部和陈麻花公司虽曾用“陈麻花”指称自身，但无证据显示磁器口陈麻花经营部、磁器口陈麻花公司或相关公众持续使用“陈麻花”指称前述二者。首先，使用“陈麻花”指代磁器口陈麻花公司或磁器口陈麻花经营部在时间上不具有相当的持续性。其次，从指代磁器口陈麻花公司或磁器口陈麻花经营部的用词来看，除前述提及的“陈麻花”外，磁器口陈麻花公司及磁器口陈麻花经营部、其他主体更多的是使用其他词汇指称前述二者，如“磁器口古镇陈麻花（陈昌银）”指称磁器口陈麻花经营部、“古镇陈麻花”、“陈麻花有限公司”等。由此可见，包括磁器口陈麻花经营部和磁器口陈麻花公司在内的主体均认为“陈麻花”一词不足以指称二者，而以一定词汇对“陈麻花”加以限定，由此缩小指称范围，以明确其指称的对象为前述二者。最后，从“陈麻花”一词的使用情况来看，“陈麻花”有时被作为商品名称使用。在“陈麻花”有时也被用作商品名称的情形下，磁器口陈麻花公司需举示更充足的证据证明相关公众知悉“陈麻花”与其企业字号之间的关联程度。而本案磁器口陈麻花公司并未就此举示充分的证据，磁器口陈麻花公司的证据不足以证明相关公众已经在“陈麻花”与磁器口陈麻花公司之间建立起稳定联系。故“陈麻花”不能达到区分磁器口陈麻花公司与其他经营者的功能，不能受到《反不正当竞争法》对企业名称的保护。互旺食品公司使用“陈麻花”的行为不构成不正当竞争，不应承担民事责任。

理解与参照

本案例旨在明确企业字号获得反不正当竞争法企业名称式单独保护的条件。本案例以字号是否具有单独区分经营者功能为标准，进而判断企业字号能否获得相当于企业名称的保护，系对最高人民法院《关于审理反不正当竞争民事案件应用法律若干问题的解释》第 6 条第 1 款中字号获得企业名称权保护的进一步细化，对于依法保护企业字号、制止不正当竞争行为、维护公平有序的市场秩序、保护经营者和消费者的合法权益具有重要的现实意义。理解和参照使用该参考性案例的裁判要点，需要注意把握以下问题。

一、关于企业名称及字号的相关规定

企业名称是不同市场主体的一种身份标志。根据《企业名称登记管理规定》第3条、第4条、第7条、第23条规定，经登记注册的企业名称在登记地的同行业可以排他独占作用，但不能排除同行业不同地域或同地域不同行业的其他企业对该企业名称或企业字号的使用。因此，企业通过登记注册获得企业名称的专用权利，但该权利具有地域和行业限制，一般限于登记主管机关的辖区同行业范围内。

二、关于企业名称、字号受反不正当竞争法保护的条件

目前，我国企业名称登记实行的是"同行业、分级登记"管理制度，因此经登记的企业名称并不能当然禁止不同行业或不同地域的其他企业使用相同企业名称或企业字号的情况。使用他人字号的后登记的企业名称（包括其字号）是否侵犯他人企业名称权，应结合反不正当竞争法相关规定来判断。

1993年《反不正当竞争法》第5条第3项规定，"擅自使用他人的企业名称或者姓名，引人误认为是他人的商品"，属于不正当竞争。（2017年修订后相关内容改为第6条）最高人民法院《关于审理不正当竞争民事案件应用法律若干问题的解释》第6条对1993年《反不正当竞争法》第5条所规定的企业名称作了进一步解释，即企业登记主管机关依法登记注册的企业名称、在中国境内进行商业使用的外国（地区）企业名称及具有一定的市场知名度、为相关公众所知悉的企业名称中的字号，可以认定为1993年《反不正当竞争法》第5条第3项规定的企业名称。

根据上述规定，经核准注册的企业名称及字号是通过《反不正当竞争法》来获得保护的。企业字号是企业名称的核心部分，通过长期的使用，其具有如同企业名称一样的、可区分不同主体的作用，从而具有了等同于企业名称的人身属性。但字号仅是企业名称的一个组成部分，其与企业名称中的行政区划、行业或经营特点、组织形式等三个部分共同限定了企业名称的特定指向性。当企业字号脱离了企业名称其他三个组成部分的限定时，企业字号的指向范围必然扩大，其并不一定能单独区分不同经营者。企业字号只有通过生产经营活动中的实际使用，使相关公众建立起字号与特定经营者之间的稳定联系，才能产生区分不同经营者的功能。因此，企业字号单独受反不正当竞争法保护，须以其体现出较强的识别性，具有单独区分经营者功能为前提。

三、关于企业字号能否单独区分经营者的考量因素

如上所述，在判断企业字号是否具备区分经营者功能时，应考量以下因素：一是经营者使用企业字号的范围。字号必须在宣传推广企业形象、与其他市场主体商业往来、向行政机关缴纳税费等方面广泛使用,使用企业字号指称自己才有可能形成区分经营者的功能。二是企业字号使用频率及持续时间。有些企业字号本身较为普通、本身固有的显著性不够,这时就需要通过在市场中持续使用一定时间、使用达到一定的地域范围而获得显著性。在企业字号本身显著性不强的情形下,企业字号的使用频率及持续时间直接决定了企业字号是否具备区分经营者的功能。三是企业字号与经营者之间的关联度。实质是该企业字号通过长期广泛使用已经实现了指称的特定化,即该企业字号已经与企业经营者建立起稳定的联系。稳定的联系是指相关公众认为企业字号能指称企业名称或企业经营者。这里的稳定联系并非一一对应的关系,因为随着企业经营形式的变化,一个企业字号指称多个法律地位相互独立但存在关联关系的经营者。

本案中,"陈麻花"为原告磁器口陈麻花公司企业名称中的字号,而被告互旺食品公司在其生产、销售的麻花包装上使用了"陈麻花"字样。由于麻花是一种食品的通用名称,陈是一种姓氏,将姓氏与食品名称组合进行企业命名在重庆地区亦属常见,"陈麻花"字号其本身显著性不强。而且,磁器口陈麻花公司使用"陈麻花"字号指称自身在时间上不具有连续性,未让相关公众在"陈麻花"字号与磁器口陈麻花公司之间建立起稳定联系,加之"陈麻花"有时被作为商品名称使用,因此"陈麻花"并不具备单独区分经营者功能,其未与磁器口陈麻花公司形成稳定的联系,故其不能受到反不正当竞争法对企业名称的保护。

四、其他需要说明的问题

1. 关于知名企业字号与具备区分经营者功能字号间的关系问题

最高人民法院《关于审理不正当竞争民事案件应用法律若干问题的解释》第 6 条明确:具有一定的市场知名度、为相关公众所知悉的企业名称中的字号,可以认定为 1993 年《反不正当竞争法》第 5 条第 3 项规定的企业名称。该司法解释确定了"具有一定知名度、为相关公众所知悉"这一标准。反不正当竞争法对企业名称予以保护,亦是基于企业名称具有区分不同经营者功能。换言之,上述司法解释对企业字号予以企业名称式保护在本质上亦是基于企业字号具备区分经营者功能,只不过具备区分经营者功能的企业字号在实践中的外在表征为具有一定知名度、为相关公众所知悉而已。因此,本案明确不具备区分不同经营者功能的企业字号,不应认定为 1993 年《反不正当竞争法》第 5 条第 3 项规定的"企业名称"的裁判要点与最高人民法院上述司法解释并不矛盾,而是该司法解释的进一步细化和补充。此外,司法解释中“具有一定知名度、为相关公众所知悉”修饰的应是企业字号,而非企业名称。因为,企业名称的知名度诚然可以影响企业字号的知名度,但是企业字号的知名度来源并非只此一种途径,企业名称的知名度与企业字号的知名度并非必然的等同关系。

2. 关于非知名企业字号应否保护问题

实践中,非知名企业字号应否受到反不正法竞争法保护,相关法律、司法解释并未明确。司法实践中亦存在认识分歧。对此,笔者认为,虽然司法解释仅规定知名字号可作为企业名称进行保护,但并不意味着非知名字号不可作为企业名称受到保护。而应结合反不正当竞争法保护企业字号的立法目的、企业字号使用人主观意图、企业字号是否具备区分经营者功能及是否导致市场混淆等方面在企业名称范畴内进行综合审查。对明显违反诚实信用原则或公认的商业道德,故意使用具备区分不同经营者功能的他人企业字号的,足以造成消费者的对商品服务来源产生混淆或误认或误认企业间存在投资、控股等关联关系的,出于维护公平竞争的需要,也可以视具体情况对在先的非知名字号予以保护。

重庆世茂科技有限公司诉重庆索鼎科技有限公司等软件代码著作权侵权纠纷案

关键词

民事　著作权　计算机软件　程序代码　侵权

裁判要点

两款开发时间不同的软件，如后开发的软件与前开发的软件除通用程序代码之外的其他程序源代码绝大多数相同或近似，后开发软件人员对源代码相同或高度近似不能作出合理解释的，可以认定后开发的软件著作权侵权。

相关法条

《著作权法》第48条第1项

《计算机软件保护条例》第9条

基本案情

原告重庆世茂科技有限公司（以下简称世茂公司）和被告重庆索鼎科技有限公司（以下简称索鼎公司）均开发了住房公积金管理方面的软件，分别为世茂软件和索鼎软件。被告吕某某系索鼎公司法定代表人，之前在世茂公司软件开发部从事软件开发工作。经世茂公司申请，重庆市版权司法鉴定中心对涉案两款软件进行鉴定并出具《司法鉴定意见书》。该意见书载明，在索鼎公司的台式主机硬盘中找到索鼎公司软件项目开发文件，过滤出源代码文件共计164个，从世茂公司的软件中找到源代码文件283个。将世茂公司源程序文件与索鼎公司源程序文件逐行比对，结果为：除去不实现任何软件功能的注释行，世茂软件源代码有184,555行，索鼎软件源代码有92,061行，其中索鼎软件源代码有54,956行与世茂软件完全相同，9770行与世茂软件部分相同；索鼎软件与世茂软件源代码完全相同行数占索鼎实现软件功能源代码总行数的59.70%，部分相同的占10.61%，共计70.31%。此外，索鼎软件与世茂软件运行界面中的"增加"按钮图案完全相同，"交"和"缴"混用情况也相同。

世茂公司认为吕某某、索鼎公司侵犯了其软件著作权，遂起诉至法院要求两被告停止生产、销售索鼎软件，销毁库存复制品，将已销售的软件从其用户电脑中卸载；同时赔偿经济损失和为制止侵权的合理开支50万元；并由两被告在《重庆晚报》向世茂公司公开赔礼道歉、消除影响，并向购买侵权产品的单位出具侵权情况的书面说明。

另查明，涉案两款软件鉴定人出庭接受询问并当庭陈述：相同或相似的部分在世茂软件中实现实质功能和主要功能，对比二软件源代码集中形成时间，世茂软件源代码文件主要形成于2008年和2009年，而索鼎软件源代码文件集中形成于2011年，可以判断世茂软件形成早于索鼎软件。

裁判结果

重庆市渝北区人民法院于2015年7月21日作出(2014)渝北法民初字第05772号民事判决：(1)被告重庆索鼎科技有限公司立即停止生产、销售"物业专项维修资金管理系统"软件；(2)被告重庆索鼎科技有限公司于本判决生效之日起10日内赔偿原告重庆世茂科技有限公司经济损失及合理开支共计人民币150,000元；(3)驳回原告重庆世茂科技有限公司的其他诉讼请求。一审宣判后，被告索鼎公司不服，提起上诉。重庆市第一中级人民法院于2015年11月30日作出(2015)渝一中法民终字第04837号民事判决：驳回上诉，维持原判。

裁判理由

法院生效裁判认为，世茂公司主张权利的软件为"世茂住宅专项维修资金管理系统V2.0"，加载该软件的源代码，运行界面显示"住宅专项维修资金管理系统V2.0"，并在页面底端显示有“重庆世茂科技有限公司研制开发”字样。故世茂公司为“住宅专项维修资金管理系统 V2.0”软件的开发者,享有该软件的著作权。加载索鼎软件的源代码,运行界面显示的名称为“物业专项维修资金管理系统”,并在页面底端显示有“重庆索鼎科技有限公司研发部制作”字样,故索鼎公司为“物业专项维修资金管理系统”软件的开发者。对比世茂软件和索鼎软件,除去不实现任何软件功能的注释行,世茂软件代码有 184,555 行,索鼎软件代码有 92,061 行,其中索鼎软件代码有 54,956 行与世茂软件完全相同,9770 行与世茂软件部分相同;索鼎软件与世茂软件代码完全相同行数占索鼎实现软件功能代码总行数的 59.70%,部分相同的占 10.61%,共计 70.31%,且上述相同或相似的源代码均是实现软件实质功能和主要功能的源代码。另外,索鼎软件与世茂软件按钮图案 MD5 值相同,关于“交”和“缴”混用情况相同。因此,索鼎软件与世茂软件的源程序代码构成相似,非通用按钮、错别字情况均相同,故索鼎软件与世茂软件构成实质性相似。

世茂公司开发的涉案软件源代码文件主要形成于 2008 年和 2009 年,索鼎公司开发的被控侵权软件源代码文件集中形成于 2011 年,由此可以判断,索鼎公司开发的被控侵权软件形成时间晚于世茂公司开发的涉案软件。结合索鼎公司的法定代表人吕某某曾在世茂公司软件开发部从事软件开发工作,具备接触涉案软件的条件,在索鼎公司的电脑硬盘中找到软件项目开发文件的同时,找到一个文件名为“文件重命名修改.xls”的文件,该文件中既显示有索鼎公司源代码文件名,又显示有世茂公司源程序文件名等事实。在索鼎公司、吕某某未对上述相同或近似作出合理解释的前提下,综合全案证据可以判定索鼎公司开发的前述软件构成侵权,应承担相应的赔偿责任。在权利人的实际损失或侵权人的违法所得均不能确定的前提下,根据案件的具体情况,综合涉案作品的类型、独创性程度、权利人维权成本,以及侵权人主观过错的程度、侵权行为的性质、期间、后果等因素,酌情确定索鼎公司承担 15 万元的赔偿数额。

理解与参照

本案例旨在明确两款功能相同或近似的计算机软件是否构成著作权侵权的判断标准,对于制止软件侵权、维护软件著作权人合法权益具有重要的现实意义。

一、关于计算机软件受著作权保护的范围

我国《著作权法》第 3 条规定:“本法所称的作品,包括以下列形式创作的文学、

艺术和自然科学、社会科学、工程技术等作品……(八)计算机软件……”《计算机软件保护条例》第1条规定:“为了保护计算机软件著作权人的权益,调整计算机软件在开发、传播和使用中发生的利益关系,鼓励计算机软件的开发与应用,促进软件产业和国民经济信息化的发展,根据《中华人民共和国著作权法》,制定本条例。”根据上述规定,计算机软件是作为作品受著作权法保护的。

就著作权的角度而言,作品是由思想和表达两个要素组成,著作权法只保护作品的表达,而不保护其思想。思想与表达相区分原则是著作权法的基本准则,该原则同样适用于计算机软件。《计算机软件保护条例》第6条规定:本条例对软件著作权的保护不延及开发软件所用的思想、处理过程、操作方法或者数学概念等。因此,计算机软件作品的表达受著作权法及计算机软件条例所保护,而开发软件所用的思想、处理过程等不在著作权法保护范围之内。根据《计算机软件保护条例》第2条、第3条规定,计算机软件,是指计算机程序及其有关文档。计算机程序是可以由计算机等具有信息处理能力的装置执行的代码化指令序列,或者可以被自动转换成代码化指令序列的符号化指令序列或者符号化语句序列。同一计算机程序的源程序和目标程序为同一作品。文档,是指用来描述程序的内容、组成、设计、功能规格、开发情况、测试结果及使用方法的文字资料和图表等,如程序设计说明书、流程图、用户手册等。根据上述规定,计算机软件受著作权的保护对象一般是软件“源程序”和“目标程序”及相应的文档,这些都是文字作品意义上的保护范围。

而计算机软件的功能通常被认为是软件的思想、概念,计算机软件界面属于计算机程序运行后所生成的界面显示内容,是供人机交流时进行选择使用,并非程序本身。基于软件开发的目的性,为满足同一行业需求所开发的软件功能存在相同,基于人机交互方式的有限性,其功能界面的使用方式亦会存在相同或相似之处,但并不导致软件本身程序语句、文档必然相同。因此,界面及界面中的文字和图标按钮是软件程序运行的结果之一,属于计算机操作方法的体现,并非计算机软件程序语句的再现,并不属于计算机软件应当受到法律保护的表现形式。计算机软件的功能及软件运行后生成的界面及其文字、图标不能作为计算机软件著作权的保护对象。

二、关于计算机软件著作权侵权的判断

目前司法实践中用以判断计算机软件是否属于著作权侵权案件的方法、原则有很多,比如,“镜像复制”方法、“功能相似”方法、“外观和感觉相似”方法、“全盘感觉”判断法、“个别认定”判断法等，但两款软件是否属于实质性相同则是普遍适用的计算机软件侵权判断规则。我国现行法律法规对计算机软件实质性相同的认定标准并无明确规定，计算机软件的实质性相同性认定一直是司法实践中的难点，也是审理此类案件的关键所在。由于只有计算机软件的表达属于著作权法的保护范围，因此软件著作权是否侵权的判断也应围绕软件的表达是否实质性相同来展开。

与其他著作权法保护的对象相比，计算机软件由计算机程序及其有关文档两部分组成。其中，文档是在整个软件开发过程中形成的文字资料和图表等文字材料，其与一般文字作品相同，可以作为著作权法上的一般文字作品进行保护。因此，适用实质性相同判断规则针对的是计算机软件的程序部分。计算机程序包括源程序（源代码组成）和目标程序（目标组成）。源代码是指一系列类型的专业人员能够识别的计算机语言指令，有自己独特的语法和编写规则，包括汇编语言和高级编程语言。计算机并不能直接地接受和执行用高级语言编写的源程序，源程序在输入计算机时，通过翻译程序翻译成机器语言形式的目标程序，计算机才能识别和执行。目标程序是指源程序经编译后，产生的能被计算机直接识别的二进制代码。同一计算机程序的源程序和目标程序为同一作品，源程序和目标程序是一件程序作品的两种表现形式，目标程序是源程序的一种编码形式。一项源程序只能转化成一种目标程序，但目标程序相同却不一定表明源程序相同。因此，目标程序同一性判断只是软件侵权判断的基础，两款软件的目标程序相同，并不能直接得出两软件实质性相同的结论。因为不同的源程序可能实现相同的功能，通过编译可能得到完全相同的目标程序。因此，对计算机程序是否侵权的判定，以源程序进行对比是进行“实质性相同”判断的最直接、最有说服力的对比方法。如果两软件的源程序实质相似，则可判定两软件相似，被控软件著作权侵权行为成立。但是，在软件程序编写过程当中，基于硬件标准、软件标准以及商业惯例、用户习惯和通用编程技术需要，很多时候程序员必须使用行业通用的标准程序代码。这些标准程序代码类似于文学作品中的“标准场景”，都是作品中所不可缺少的部分，根据场景原则，这些标准决定了软件编码的唯一性，也就是说标准代码和程序思想一一对应，那么它们就属于不受著作权法保护的思想部分，这些代码在软件相似性比较时应当被排除在外。①

---

① 参见王迁：《知识产权法教程》，中国人民大学出版社2014年版，第59页。

三、关于软件源代码相同或近似的合理解释事由

计算机软件实质性相同以软件程序源代码经比对后绝大多数相同或近似为判断基础,具有一定的盖然性。一般而言,两款软件的源代码绝大多数相同或近似,可以判断软件著作权侵权成立,但被告对软件源代码相同或高度近似能做出合理解释的除外。合理解释的事由一般包括以下情形:一是被告能证明软件系其独立开发,能提供其软件开发人员的工作笔记、草稿、参考资料等开发准备资料。二是表达方式有限的抗辩。《计算机软件保护条例》第29条对此规定:软件开发者开发的软件,由于可供选用的表达方式有限而与已经存在的软件相似的,不构成对已经存在的软件的著作权的侵犯。三是计算机软件反向工程抗辩。反向工程又称还原工程,是软件开发与使用过程中的一种重要方法,其基本思路是通过目标程序获取源程序。[①]反向工程通常有两种基本方式:一种是通过对软件目标程序的分析反推出相应的源程序;另一种是所谓的"黑箱"方法,即不接触程序代码,直接根据程序的功能对其输入输出的结果进行分析,从而推导出软件程序的设计思想和结构。[②] 合理解释事由中被告应举示相关证据予以证明。我国法律对计算机软件产业中反向工程未作明确规定。基于目前国内软件企业规模不大,且大多从事对上游基础平台软件的二次开发,因此允许合理的反向工程有助于推动产业发展,符合我国的软件产业政策和总体发展方向。[③]

四、其他需要说明的问题

1. 关于源程序无法获得情况下软件著作权侵权的判断

诉讼中直接获取被控侵权软件源程序的可能性极小,即便获取源程序,但如果双方源程序各自采用不同的编写语言,亦不可能在两个源程序之间进行简单的直接文字对比。通常做法是,首先对比分析两个软件的用户界面是否存在实质性相似的情况或者可能性,初步判断两个软件构成实质性相似的可能性。如果有一般人认为相似的可能性,将这两个不同语言编写的源程序翻译成相同语言编写的源程序或者编译生成目标程序,然后使用第三方对比软件将两个源程序或目标程序进行逐行地对比。[④] 在源程序无法获得的情况下,将双方软件的目标程序、软件缺陷性特征进行

---

① 参见[德]M. 雷炳德:《著作权法》,张恩民译,法律出版社2005年版,第318页。

② 参见孙铁成:《计算机与法律》,法律出版社1998年版,第164页。

③ 参见宋健、顾韬:《计算机软件侵权认定若干问题论述》,载《人民司法》2014年第13期。

④ 参见李夫光:《计算机软件著作权侵权行为的认定》,吉林大学2015年硕士学位论文,第17页。

对比,并结合举证责任分配确定软件是否侵权。

2. 关于软件著作权侵权中举证责任的分配适用

软件的源程序一般由开发者持有,在被控侵权人无正当理由拒绝提供软件源程序供直接比对,而因技术的限制无法从被控侵权产品中直接读出其软件的源程序的情形下,如果软件著作权人已经证明了被控侵权人的软件在目标程序、软件设计缺陷等方面与著作权人的软件确实存在相同或相似之处,基于在同样的编译环境下相同的目标程序一般源于相同的源程序以及软件缺陷的产生带有很强的偶然性、不同软件之间产生相同特征性缺陷的概率极少的考虑,根据最高人民法院《关于民事诉讼证据的若干规定》第 75 条"有证据证明一方当事人持有证据无正当理由拒不提供,如果对方当事人主张该证据的内容不利于证据持有人,可以推定该主张成立"的规定,在有证据证明被控侵权人持有但拒不提供源程序的内容不利于被控侵权人的情形下,人民法院可以直接判定双方软件之间构成实质性相同,由被控侵权人承担民事责任。

重庆金江印染有限公司与重庆川江针纺有限公司实质合并破产清算案

关键词

民事　破产清算　关联企业　实质合并

裁判要点

1. 人民法院审理关联企业破产清算，应当尊重企业法人人格的独立性，但关联企业间法人人格高度混同、相互之间的债权债务难以分离或分离成本过高、严重侵害债权人公平清偿利益的，根据管理人申请，可以对关联企业进行实质合并破产清算。

2. 管理人提出关联企业实质合并破产清算申请的，人民法院应组织申请人、被申请人、债权人代表等利害关系人进行听证，对符合实质合并破产清算条件的，应依法作出裁定。

相关法条

《公司法》第 216 条第 4 款

《企业破产法》第 2 条

基本案情

2015 年 7 月 16 日，重庆市江津区人民法院裁定受理重庆金江印染有限公司（以下简称金江公司）破产清算申请，并于2015年9月14日依法指定重庆丽达律师事务所担任金江公司管理人。2016年6月1日，重庆市江津区人民法院裁定受理重庆川江针纺有限公司（以下简称川江公司）破产清算申请，于2016年6月12日依法指定重庆丽达律师事务所担任川江公司管理人。

金江公司与川江公司存在以下关联关系：(1)实际控制人均为冯某某。川江公司的控股股东为冯某某，金江公司的控股股东为川江公司，冯某某同时也是金江公司的股东，且两公司的法定代表人均为冯某某。冯某某实际上是两公司的实际控制人。(2)生产经营场所混同。金江公司生产经营场地主要在江津区广兴镇工业园区，川江公司自2012年转为贸易公司后，没有生产厂房，经营中所需的库房也是与金江公司共用，其购买的原材料均直接进入金江公司的库房。(3)人员混同。川江公司与金江公司的管理人员存在交叉，且公司发展后期所有职工的劳动关系均在金江公司，但部分职工处理的仍是川江公司的事务，在人员工作安排及管理上两公司并未完全独立。(4)主营业务混同。金江公司的主营业务收入主要来源于印染加工及成品布销售、针纺加工及产品销售，川江公司的主营业务收入来源于针纺毛线和布的原材料及成品销售。金江公司的原材料大部分是通过川江公司购买而来，所加工的产品也主要通过川江公司转售第三方，川江公司从中赚取一定的差价。(5)资产及负债混同。两公司对经营性财产如流动资金的安排使用上混同度较高，且均与冯某某的个人账户往来较频繁，无法严格区分。在营业成本的分担和经营利润的分配等方面也无明确约定，往往根据实际利润及税务处理需求进行调整。两公司对外借款也存在相互担保的情况。

2016年4月21日、11月14日重庆市江津区人民法院分别宣告金江公司、川江公司破产。两案审理过程中，金江公司、川江公司管理人以两公司法人人格高度混同，且严重损害债权人利益为由，书面申请对两公司进行实质合并破产清算。2016年11月9日，重庆市江津区人民法院召开听证会，对管理人的申请进行听证。金江公司、川江公司共同委托代理人、金江公司债权人会议主席、债权人委员会成员、川江公司债权人会议主席等参加了听证会。

另查明，2016年8月5日川江公司第一次债权人会议、2016年11月18日金江公司第二次债权人会议均表决通过了管理人提交的金江公司、川江公司进行实质合并破产清算的报告。

裁判结果

重庆市江津区人民法院于2016年11月18日作出(2015)津法民破字第00001号之四民事裁定:对金江公司、川江公司进行实质合并破产清算。

裁判理由

法院生效裁判认为,公司作为企业法人,依法享有独立的法人人格及独立的法人财产。人民法院在审理企业破产案件时,应当尊重企业法人人格的独立性。但在关联企业法人人格高度混同、关联企业间债权债务难以分离、严重损害债权人公平清偿利益时,可以对关联企业进行实质合并破产清算。从本案查明的事实来看,金江公司与川江公司自成立以来,两公司的人员、经营业务、资产均由冯某某个人实际控制,在经营管理、主营业务、资产负债方面存在高度混同,金江公司与川江公司已经丧失法人财产独立性和法人意志独立性,并显著、广泛、持续到破产清算期间,两公司法人人格高度混同。另外,金江公司与川江公司在管理成本、债权债务等方面无法完全区分,真实性亦无法确认。同时,川江公司将经营负债转入金江公司、将对外集资负债结算给金江公司等行为,已经损害了金江公司及其债权人的利益。

综上所述,金江公司与川江公司法人人格高度混同,公司的债权债务无从分离,且严重损害了其他债权人的利益,管理人申请金江公司、川江公司合并破产清算符合实质合并的条件,应当对两公司进行实质合并破产清算。

理解与参照

本案例旨在明确关联企业实质合并破产程序如何启动以及实质合并破产清算标准如何审查判断问题。本案裁判明确关联企业间法人人格高度混同、相互之间的债权债务难以分离或分离成本过高、严重侵害债权人公平清偿利益的,可以对关联企业进行实质合并破产清算。在实质合并破产清算审查方式上,本案明确应组织申请人、被申请人、债权人代表等利害关系人进行听证后作出裁定。本案对法院审理关联企业破产清算类似案件具有指导价值,对依法维护企业债权人合法权益、保障中央深化供给侧结构性改革具有重要意义。

重庆金江印染有限公司与重庆川江针纺有限公司管理人申请实质合并破产清算案裁判要点确认:(1)人民法院审理关联企业破产清算,应当尊重企业法人人格的独立性，但关联企业间法人人格高度混同、相互之间的债权债务难以分离或分离成本过高、严重侵害债权人公平清偿利益的，根据管理人申请，可以对关联企业进行实质合并破产清算。(2)管理人提出关联企业实质合并破产清算申请的，人民法院应组织申请人、被申请人、债权人代表等利害关系人进行听证，对符合实质合并破产清算条件的，应依法作出裁定。理解和参照使用该参考性案例的裁判要点，需要注意把握以下问题。

一、关于关联企业实质合并破产清算的程序启动问题

关联企业实质合并破产，是指将破产的多个关联企业视为一个企业，合并计算各企业的资产与负债，并且消除关联企业之间的债权债务和担保关系，将合并后的破产财产分配给关联企业的所有债权人。由于《企业破产法》及其司法解释对关联企业实质合并破产程序如何启动均没有明确规定，这也成为实践中审理的难点。司法实践中比较常见的启动方式有三种：第一种是各关联企业同时或者先后分别进入破产程序再对其实施实质合并。该方式适用的前提是各企业均具备破产原因，因而不会将不存在破产原因的企业拉进破产程序，在合并企业范围的确定上不会产生争议。第二种是部分关联企业进入破产程序后，对其他关联企业直接启动实质合并破产程序。第三种是申请人对各关联企业合并申请破产并直接申请对关联企业进行实质破产清算，即合并申请、合并受理、合并宣告的模式。后两种做法实际上将各关联企业自始至终视同一个整体对待，程序上作为一个案件处理，客观上可能将部分尚不具备破产原因的企业直接纳入破产程序。从司法实践的情况来看，第一种方式是启动实质合并破产最稳妥的方式。本案金江公司与川江公司实质合并破产清算适用的就是第一种模式。

二、关于实质合并破产清算的启动主体问题

依启动主体的不同，实质合并破产程序的启动有申请主义和职权主义之分。对于能否由法院依职权启动实质合并破产程序的问题，由于实质合并破产清算对当事人的利益影响巨大，所以此类案件不宜由法院依职权启动。实践中，较普遍的做法是采用申请主义。有观点认为，关联企业成员、关联企业的债权人、清算义务人、已进入破产程序的关联企业的管理人均可以提出实质合并破产的申请。实践中，受信息不对称和自身客观因素等方面的影响，由债权人提起申请往往会面临举证困难等问题，难以正确行使申请权。而债务人虽对关联企业之间的混同情况最了解，但因存在不当利益输送等原因，一般不愿主动提出申请。根据《企业破产法》第 25 条规定,管理人在破产案件中有审查债权,接管、调查、处分债务人财产,代表债务人参加诉讼等职责,申请对破产企业及其关联企业进行实质合并破产清算亦可归入管理人的职责之一,因此由其提出申请较为合适。目前,在司法实践中,一般由管理人提出实质合并清算申请。

三、关于实质合并破产清算的审查程序

1.决定主体

对关联企业是否进行实质合并破产程序,应当由法院裁定确定,即决定权在法院而非债权人会议,对此并无争议。但在法院裁定前是否需要经债权人会议表决,实践中有不同做法。在过去的司法实践中,存在先由各关联企业的债权人会议表决通过后,法院再裁定的做法。这一做法值得商榷。首先,关联企业的实质合并是对关联企业是否存在法人人格混同的认定,并不属于破产法规定的债权人会议的职权范围,而应当属于司法裁决的范围。其次,由于实质合并破产必定会引起清偿率相对较高的部分关联企业债权人的不满,如要求各关联企业的债权人会议必须表决通过法院裁定,可能造成该项制度名存实亡。因此,是否进行实质合并不需要经债权人会议表决。

2.审查方式

关联企业的实质合并破产可能对当事人尤其是债权人的实体权利义务产生重大影响,因此必须充分保障当事人的知情权和异议权。实践中较普遍的做法是由法院召开听证会,广泛听取申请人、被申请人及各类债权人代表等相关利害关系人的意见。本案中为充分保障广大债权人的知情权和异议权,在法院作出裁定关联企业进入实质合并程序前,管理人将实质合并的有关情况报告债权人会议,广泛听取债权人的意见。

四、关于适用实质合并破产清算的条件

适用实质合并破产清算的条件主要包括:各关联企业之间法人人格高度混同,相互之间的债权债务难以分离或者分离成本过高并严重侵害债权人公平清偿利益。一是法人人格高度混同。具体可从以下几个方面进行判断:(1)资产混同,包括资金混同、实物资产混同、无形资产混同等。实践中还需要注意,部分关联企业的资产虽然登记在各自名下,但实际上控制企业可以随意处分从属企业的资产,这种情形也应当视作资产混同。(2)经营场所混同,主要是指企业开展日常事务、经营主要业务之场所。(3)人员混同,包括关联企业间法定代表人、高管、财务人员和普通工作人员的混同，尤其要注意对企业生产、经营、决策起到决定性作用人员的混同。(4)业务混同。表现为主要经营业务相同，交易行为、交易方式、交易价格受控制企业支配。实践中应当注意人格混同的程度，只有持续的高度混同情况下才能适用实质合并。二是关联企业之间的债务与资产难以区分。首先是资产所有权的区分，能否从财务账簿、不动产权属、资金来源等方面厘清各自资产。其次是债务的区分，能否分辨债务最初产生于某个企业。最后是关联交易的区分，能否判断哪部分是虚假交易，哪部分属于正常交易。在实践中，如果区分成本较低，实现可能性较大就不宜适用实质合并原则。反之，如果资产、债务根本无法区分，或者区分难度大、成本高则应当适用实质合并原则。三是严重侵害债权人公平清偿利益应否作为实质合并的要件，实践中存在争议。但实际上，人格高度混同的结果通常会导致关联企业中部分企业的债权人受损而部分企业的债权人获益，进而有违公平清偿原则。本案中，川江公司利用其对金江公司的控制，损害金江公司及其债权人的利益，属于从属企业及其债权人利益受损的情形。实践中根据不同情况，利益受损的既可能是控制企业及其债权人，也可能是从属企业及其债权人，或者不存在控制关系的关联企业之一及其债权人。因此，只要关联企业行为侵害部分债权人公平清偿利益，即可作为关联企业是否进行实质合并破产的因素予以考虑。

行政审判参考

谭某诉西南大学不服退学处理决定案

关键词

行政　退学处理　程序违法

裁判要点

1. 高等学校作出的退学处理决定属于学校行使法律赋予的教育行政管理职权，学生不服学校作出的处理决定提起诉讼，属于行政诉讼受案范围；

2. 学校作出退学处理决定，应当遵循《普通高等学校学生管理规定》的程序要求，否则应当认定为违法。

相关法条

《教育法》第28条第4项

《行政诉讼法》第54条第2项

2005年《普通高等学校学生管理规定》第28条（2017年已废止）

基本案情

原告谭某诉称：自己作为西南大学在校学生，虽有部分科目考试不及格，但不合格科目只有5门。即使要处分也只应给予学业警示，而不是予以退学。被告西南大学未听取原告陈述和申辩，作出《关于给予谭某同学退学处理的决定》，不仅证据不足，适用法律错误，且未告知原告申诉权，程序违法。请求法院撤销《关于给予谭某同学退学处理的决定》,责令被告重新作出恢复原告学籍的决定。

被告西南大学辩称:原告谭某考核不合格课程达到10门,对其作出退学决定符合规定;谭某及其父亲自2010年9月13日了解到学校可能对其作退学处理后,多次到学校有关部门进行申辩、检讨,被告系在充分听取原告的陈述与申辩之后对其作退学处理决定的。被告作出的退学处理决定不属于人民法院行政诉讼受案范围,且决定证据确实充分,适用法律法规正确、程序合法,请求驳回原告起诉或判决驳回原告诉讼请求。

法院经审理查明:谭某系西南大学音乐学院音乐专业(师范)2009级本科学生,在上学期间存在旷课行为。在大一上学期期末考试成绩中有"军训和军事理论Ⅰ"科目考试不合格。大一下学期,原告只参加了"大学语文""乐理与视唱练耳B"等少数科目的考试,且只有"大学语文"考试合格。后虽对部分科目进行了补考,但仍有数门课程考试不合格。2010年8月30日,谭某班主任张老师打电话告诉谭某父亲,称谭某长期旷课,近10门课程未参加考试,可能会受到严厉惩处。随后,谭某及其父母多次找到学校相关部门认识错误,争取从轻处理。2010年9月28日,西南大学作出《关于给予谭某同学退学处理的决定》(此前未告知谭某进行陈述和申辩,亦未经校长会议研究),内容为:"音乐学院音乐学专业(师范)2009级本科学生谭某(学号×××××××××××××××),该生长期无故旷课已超过60学时,且目前不合格科目达10门。根据学校学籍管理规定,学校决定对谭某同学作退学处理。"2010年12月10日,西南大学将该决定送达谭某,在决定送达时未告知原告谭某享有书面申诉的权利。

裁判结果

北碚区人民法院于2011年4月12日作出(2011)碚法行初字第14号行政判决:撤销西南大学作出的(2010)97号《关于给予谭某同学退学处理的决定》;驳回原告谭某的其他诉讼请求。

一审判决后,双方当事人未上诉,该判决已生效。

裁判理由

法院生效裁判认为,关于学生对学校作出的退学处理决定提起诉讼是否属于行政诉讼受案范围的问题。根据《教育法》第28条第4项、2005年《普通高等学校学生管理规定》第28条(2017年已废止)的规定,为了严格学校管理,学校有权对于严重违反规定的学生作出处分决定,并可依职权对达到一定条件的学生作退学处理。依据最高人民法院《关于执行〈中华人民共和国行政诉讼法〉若干问题的解释》(2018年最高人民法院《关于适用〈中华人民共和国行政诉讼法〉的解释》颁布后,该司法解释已废止)第1条之规定,学生不服学校作出的处理决定提起诉讼,属于行政诉讼受案范围。

关于作出退学处理决定的程序问题。法律赋予了学校对严重违反规定学生作出退学处理的权力,但学校应当严格遵循程序规定。教育部颁布《普通高等学校学生管理规定》,规定对学生作退学处理应当提交校长会议研究决定,且在送达处理决定时应当告知其有申诉的权利。学校在作出行政决定时,应当遵循回避和听取对方意见的最低程序性规定。西南大学作出退学处理决定前,没有告知谭某进行陈述和申辩,未充分听取谭某的意见,违反了最低限度的程序要求。在对谭某作出退学处理决定之前没有提交校长会议研究决定,作出退学处理决定时也未告知原告谭某享有书面申诉的权利,属程序违法。故西南大学作出的退学处理决定依法应予撤销;对谭某起诉要求撤销退学处理决定的请求予以支持。谭某要求责令西南大学重新作出恢复学籍的请求,于法无据,不予支持。

理解与参照

本案例涉及司法介入高等学校退学处理问题,明确了高等学校退学处理司法审查的内容和限度,即高等学校作出的退学处理决定属于学校行使法律赋予的教育行政管理职权,学生不服学校作出的处理决定提起诉讼,属于行政诉讼受案范围;学校作出退学处理决定,应当遵循《普通高等学校学生管理规定》的程序要求,否则应当认定为违法。一方面,有利于化解高等学校学生与学校在退学处理中的矛盾纠纷,保护高等学校学生平等接受高等教育的合法权益,为学生享有高等教育权提供救济途径;另一方面,通过司法审查可以有效监督、支持高等学校依法行使学生退学管理权,在保障高等学校办学自主权的同时,推进高等学校依法治校,推动高等学校健康发展。理解和参照适用该参考性案例的裁判要点,需要注意把握以下问题。

一、关于高等学校是否是行政诉讼适格被告问题

按照我国现行的教育体制,教育领域中的主体包括教育行政部门、学校、教师和学生等。各主体之间的关系如何界定,关系到各自权利义务的实现,同时也有助于明确教育行政案件的受案范围。根据我国《教育法》第 20 条、第 21 条、第 22 条规定,国家实行教育考试、学业证书制度及学位制度,其中国家教育考试由国务院教育行政部门确定种类,并由国家批准的实施教育考试的机构承办;学历证书或者其他学业证书由经国家批准设立或者认可的学校及其他教育机构按照国家有关规定颁发;学位证书由学位授予单位依法对达到一定学术水平或者专业技术水平的人员授予颁发。同时,我国《教育法》第 28 条第 4 项规定,学校有权对受教育者进行学籍管理,实施奖励或者处分。通过上述规定,可以看出,国家教育考试、学业证书及学位制度都是由国家实行的,由国家批准的教育机构按国家有关规定组织实施。同时,高等学校还可以行使对受教育者进行学籍管理及奖励、处分权。因此,虽然高等学校是由政府批准设立的、由公共财政维持的公共教育机构,但它在行使这一国家的教育考试、学业证书及学位颁发的行政职能。它虽然不是法律意义上的行政机关,但属于法律、法规授权的组织,应当具有行政诉讼的被告主体资格。

二、关于司法是否可以对高等学校退学处理进行司法审查问题

我国《高等教育法》第 11 条规定:高等学校应当面向社会,依法自主办学,实行民主管理。即高等学校具有自主办学权。同时《高等教育法》第 32 条至第 37 条明确了高等学校具有自主招生、自主调整学科专业及自主对外交流合作等自主管理权。目前,明确将部分教育行政权授予高校行使的有《学位条例》第 8 条规定的学位认定授予权。而《教育法》第 28 条所规定的教学组织实施权、招生自主权、学生奖励处分的决定权等有关高校对学生的管理权在性质上并未像学位授予权那样明确清晰。这些权力究竟是作为教育行政主体享有的教育行政管理权,还是作为学校享有的自主办学权,规定比较模糊。

就高等学校对学生退学处理而言,我国 2005 年《普通高等学校学生管理规定》第 3 章学籍管理中专门设置退学一节对退学的条件、程序等进行了明确。2005 年《普通高等学校学生管理规定》第 27 条规定:学生学业成绩未达到学校要求或者在学校规定年限内(含休学)未完成学业的、未在学校规定期限内未提出复学申请或者申请复学经复查不合格的、经学校指定医院诊断患有疾病或者意外伤残无法继续在校学习的、未请假离校连续两周未参加学校规定的教学活动的、超过学校规定期限

未注册而又无正当事由的以及本人申请退学的，应予退学。同时，第 30 条规定：学生对退学处理有异议的，参照本规定第 61 条、第 62 条、第 63 条、第 64 条办理。而 2005 年《普通高等学校学生管理规定》第 61 条、第 62 条、第 63 条、第 64 条是关于学生对学校处分有异议的权利救济途径，包括向学校学生申诉处理委员会提出复查、向学校所在地省级教育行政部门提出书面申诉的权利等。

从 2005 年《普通高等学校学生管理规定》第 53 条关于纪律处分的种类看，处分种类有警告、严重警告、记过、留校察看、开除学籍 5 种，退学并不属于处分行为，而属于学籍管理的内容。我国《教育法》第 28 条第 4 项规定，学校有权对受教育者进行学籍管理，实施奖励或者处分。而退学属于学籍管理的一项，因此学校有权对学生进行退学处理。从我国 2005 年《普通高等学校学生管理规定》第 27 条第 1 项规定，学生学业成绩未达到学校要求或者在学校规定年限内（含休学）未完成学业的，学校应当予以退学。该规定明确当学生符合退学条件时，学校是应当予以退学。即学校没有选择权，当学生达到退学情形时其有义务让学生退学。因此，高等学校对学生的退学处理既是权力，同时也是义务，没有自主选择权，其性质已超越了学校自主办学权特性。

根据《高等教育法》第 9 条规定，公民依法享有接受高等教育的权利。高等学校的退学处理，直接致使学生丧失大学生身份，影响、限制和否定了学生继续接受教育的权利，已经超出了学校自主办学的范畴，侵害了学生接受高等教育的权利。根据最高人民法院《关于执行〈中华人民共和国行政诉讼法〉若干问题的解释》第 1 条规定，公民、法人或者其他组织对具有国家行政职权的机关和组织及其工作人员的行政行为不服，依法提起诉讼的，属于人民法院行政诉讼的受案范围。因此，学生对于学校退学处理决定不服提起的诉讼，属于行政诉讼案件的受案范围，人民法院应当受理。司法可以介入进行司法审查。

三、关于司法如何对学校退学处理进行司法审查问题

根据我国《高等教育法》的规定，高等学校具有自主办学权。自主办学首先要求尊重高校在学校学生管理中依法作出的决定或处理。在退学处理决定司法审查中，应以退学处理的合法性审查为主，合理性审查为补充。合法性是高等学校退学处理权行使的根本原则，也是高等学校教学自主权行使的最低限度要求。司法审查的介入，应首先把握被诉行为是否合法，对其合理性只在显失公平或滥用职权的情况下才进行实质性审查。

对于本案中退学处理是否合法的主要判断依据为我国《教育法》及2005年《普通高等学校学生管理规定》等相关规定。根据我国《高等教育法》第41条第4项规定，对学生进行学籍管理并实施奖励或者处分的职权由高等学校的校长行使。该条第2款规定：高等学校的校长主持校长办公会议或者校务会议，处理前款规定的有关事项。同时，2005年《普通高等学校学生管理规定》第28条规定，对学生的退学处理，应由校长会议研究决定；第30条、第61～64条明确规定，学生对退学处理有异议的，有向学校学生申诉处理委员会和学校所在地省级教育行政部门提出书面申诉的权利。

通过上述规定可以看出，退学作为学籍管理内容之一，是校长的法定职权。而且，退学直接与学生接受高等教育权利密切相关，退学将致使学生丧失大学生身份及继续完成学业进而获取学业、学位证书的权利。因此，在作出退学这种对相对人影响巨大的决定时，要求由校长会议研究决定，具有很明显的保护相对人的目的。从退学程序的设定上看，退学处理应是非常慎重的决定，一旦违反了该内部法定程序即应认定为程序违法。就本案而言，被告西南大学在对原告谭某作出退学处理决定之前没有提交校长会议研究决定，作出退学处理决定时也未告知原告谭某享有书面申诉的权利，违反了程序规定。因此，本案西南大学退学行为应认定为违法，应予以撤销。

四、其他需要注意的问题

1. 不服退学处理提起行政诉讼没有前置程序

根据我国2005年《普通高等学校学生管理规定》第30条、第61条、第62条、第63条、第64条规定，学生不服高等学校退学处理的，可以向学校学生申诉处理委员会提出复查、向学校所在地省级教育行政部门提出书面申诉等。需要注意的是，复查和申诉是学生对学校退学处理的救济途径之一，该救济手段和方式并非学生提起行政诉讼的前置程序。学生针对高等学校退学处理不服的，可以直接向人民法院提起行政诉讼，并不需要穷尽其他救济手段。

2. 司法审查中应尊重高等学校的办学自主权

虽然2005年《普通高等学校学生管理规定》第27条明确了退学的情形种类，但是具体的退学条件如学业成绩未达到学校要求、未在学校规定期限提出复学申请、未参加学校规定的教学活动等，均是由学校根据自身办学需要依法制定的。高等学校依法制定的含有学业成绩要求、复学申请限期、明确参加教学活动内容、学生注册期限等退学具体条件的校规、校纪，只要这些校规、校纪未在2005年《普通高等学校学生管理规定》第27条之外创设退学情形种类，且符合法律、法规、规章相关规定的原则精神或未重于法律、法规、规章的规定幅度，则属于办学自主权范畴，司法应予以尊重。

3. 司法应有限介入高等学校学生管理纠纷

谭某诉西南大学不服退学处理案虽然明确了高等学校可以作为行政诉讼的被告、司法可以介入高等学校的退学处理进行司法审查，但该案司法介入高等学校管理行为进行司法审查裁判参考规则并不能扩张至高等学校与学生在教学管理中发生的其他所有纠纷上。高等学校与学生学籍管理、奖励处分、学业评价、学业（学位）证书管理、招生考录等纠纷，既涉及高等学校办学权的自主行使，又涉及学生公平接受教育合法权益保护，司法是否介入审查应遵循有限介入原则。对于被诉高等学校在自主办学中行使的学生管理行为未改变学生在校身份、未对学生的公民基本权益产生重大影响及该管理行为不具有外部性时，司法不宜介入审查。

重庆旺辉物流有限责任公司诉重庆市涪陵区人力资源和社会保障局工伤认定案

关键词

行政　工伤认定　视同工伤　工作时间　工作岗位

裁判要点

在运营船舶上工作的船员，在船即为在岗，在船时间即为工作时间。

相关法条

《工伤保险条例》第15条第1款

《船员条例》第20条

基本案情

2012年4月23日，重庆市涪陵区人力资源和社会保障局作出涪人社伤险认字(2012)253号《认定工伤决定书》，确认重庆旺辉物流有限责任公司职工袁某(该公司江运802号船的大副)在2012年2月3日凌晨3点40分突发疾病死亡为因工死亡。

重庆旺辉物流有限责任公司不服，向重庆市人力资源和社会保障局申请行政复议。2012年7月25日，重庆市人力资源和社会保障局以渝人社复字(2012)128号《行政复议决定书》,维持了涪人社伤险认字(2012)253 号《认定工伤决定书》。

2012 年 8 月 29 日,重庆旺辉物流有限责任公司以涪陵区人力资源和社会保障局为被告向涪陵区人民法院提起行政诉讼。死者袁某的母亲胡某某、妻子陶某某及儿子袁某瀚、女儿袁某蔓作为第三人参与了诉讼。

法院经审理查明:死者袁某系重庆旺辉物流有限责任公司所有的江运 802 号船的大副。2012 年 1 月 25 日下午,江运 802 号船装载钢材从重庆出发驶往上海。根据江运 802 号船舶航行值班安排,2012 年 2 月 3 日 0 点至 4 点,由大副袁某当班。4 点之后,由船长邓某某、舵工唐某某当班。接班人员应提前半小时到岗并完成交接。当日 3 点 31 分,船舶航行到长江安徽安庆水域时,船长邓某某、舵工唐某某来到驾驶岗位并与袁某完成岗位交接。3 点 40 分左右,袁某到船上厨房煮面条加餐,还询问路过厨房的轮机长田某某要不要吃面条。在煮面条过程中,袁某突觉不适,用手按住太阳穴并让田某某搬个凳子给他,袁某坐下后不久即晕倒在地。轮机长田某某立即将袁某生病的情况通知了相关人员。船长邓某某立即通知了当地“120”急救,并将船开到码头,把袁某送到安徽省安庆市第一人民医院抢救。后袁某经医院抢救无效死亡。安徽省安庆市第一人民医院诊断袁某为猝死。2012 年 2 月 27 日,重庆旺辉物流有限责任公司向重庆市涪陵区人力资源和社会保障局提出申请,请求确认袁某死亡是否属于因工死亡。

裁判结果

重庆市涪陵区人民法院于 2012 年 10 月 16 日作出(2012)涪法行初字第 70 号判决,驳回原告重庆旺辉物流有限责任公司诉讼请求。重庆旺辉物流有限责任公司不服提起上诉。重庆市第三中级人民法院于 2013 年 3 月 11 日作出(2013)渝三中法行终字第 1 号判决,驳回上诉,维持原判。

裁判理由

法院生效裁判认为,袁某系 802 号船的大副,系高级船员,对其工作时间和工作岗位的认定,应当结合有关船员工作的相关规定进行认定。根据《船员条例》第 20 条的规定,船员在船期间的工作职责,不仅限于在值班期间操纵、控制船舶,还包括按照相关规定管理船舶,发现险情、事故并及时报告,以及尽力救助遇险人员等职责。船员在船工作期间,其工作时间并不仅限于值班时间,还包括履行其他职责的时间,其工作岗位不仅限于值班时所在的岗位,还包括履行其他职责所在的岗位。袁某在值班结束并完成交班后到厨房加餐时突发疾病,应当视为在工作时间和工作岗位突发疾病,而袁某在发病后48小时内经抢救无效死亡,属于《工伤保险条例》第15条第1款第1项规定的情形,涪陵区人力社保局对袁某的死亡视同工伤,作出属于因工死亡的工伤认定决定,符合法律规定。

理解与参照

本案例根据法律和司法解释规定的精神,对运营船舶上船员的工作时间和工作岗位结合相关法律法规进行了解释,明确了船员在船工作期间,其工作时间并不仅限于值班时间,还包括履行其他职责的时间。该参考性案例的发布,一方面有助于依法保护类似船舶这样特殊行业中劳动者的合法权益,另一方面亦有助于从事特殊行业的用人单位正确认识企业责任风险,进而加强劳动安全保护、改善工作条件和工作环境,亦能促进相关行政管理部门完善特殊行业中劳动者的劳动安全保护。理解和参照这一裁判要点,需要注意把握以下几点。

一、正确理解视同工伤的制度精神

国家采取工伤保险制度的目的是保障职工因工作遭受事故伤害或者患职业病而获得医疗救治和经济补偿,进而促进工伤预防和职业康复,亦有利于分散用人单位的工伤风险。我国《工伤保险条例》第14条对工伤认定情形进行了明确,第15条确立了视同工伤的3种情形。[①] 从《工伤保险条例》关于视同工伤的法律规范来看,视同工伤本身不属于工伤,只是国家基于特定原因将其与工伤同等对待而已。因此,视同工伤是为了保护劳动者权益而作为认定工伤的补充情形。一般而言,工伤必须与工作有相当的关联,而视同工伤基本上与劳动者因工作原因受到伤害无直接关系。立法之所以要确立视同工伤制度,其主要在于为遭遇上述几类特殊情形的劳动者提供保护,为弱者提供救济。这也反映出我国法律对劳动者保护的倾向性,这样的立法是实现社会实质公平的重要举措。

二、视同工伤中的工作时间和工作岗位界定

工作时间和工作岗位的确定是视同工伤的重要条件,没有工作时间和工作岗位

---

① 第15条视同工伤情形有3项:在工作时间和工作岗位,突发疾病死亡或者在48小时之内经抢救无效死亡的;在抢险救灾等维护国家利益、公共利益活动中受到伤害的;职工原在军队服役,因战、因公负伤致残,已取得革命伤残军人证,到用人单位后旧伤复发的。

的有效界定就不能对职工的死亡是否视同工伤进行准确判断。但工作时间和工作岗位本身是可以伸缩且指称并不明确固定的弹性概念,单凭条文的规定无法应对复杂社会现实的需要。在行政执法乃至行政审判实践中,工伤认定机构或人民法院对工作时间和工作岗位的界定除了遵循尊重劳动合同约定或用人单位的规定来界定外,还应遵循行政法规优先保护劳动者、向劳动者倾斜的“劳动权本位”基本理念,并结合制度的精神实质和价值取向来认定工作时间和工作岗位,进而做出是否视同工伤的判断。

在本案中,有一种意见认为工作时间和工作岗位应当严格限定为用人单位规定的时间和地点。在本案中,按照船上的值班表,袁某的当班时间为2月3日0点至4点,而根据工作惯例,该船通常要求提前半小时交班,因此3点31分袁某按要求换班后即属下班状态,其后他在厨房煮面条时突发疾病死亡。这一意外事故的发生并非在工作时间和工作岗位,不应视同工伤。但就本案而言,我们认为这种观点不能成立。理由在于:一是对法律条文的理解,既要考虑文字本身的含义,又要结合立法目的等综合分析判断。从文义上看,工作时间和工作岗位既包括职工日常的固定工作时间和地点,又包含因生产特点、工作特殊需要或职责范围而经常变动的工作时间和工作地点。在此情形下,结合上下文,考虑立法目的就成为核心的问题。以在船即在岗,在船时间即为工作时间理解这里的工作时间和工作岗位,更符合视同工伤保险制度的立法目的。很明显,作此理解更有利于实现倾斜保护劳动者的视同工伤制度目的。二是工作时间和工作岗位认定还应当适当包括能够提高工作效率,使工作能够顺利完成的合理时间和区域。虽然法律条文的局限性使其不能对工作时间和工作岗位作出明确规定和列举,但是在认定是否为工作时间和工作岗位时还应该考虑到社会的一般认识,不应该过于刻板。本案参考裁判规则所确定的“工作时间和工作岗位”外延的合理性标准符合社会的一般认知和经验常识,这样的判决理由也容易为社会认可和接受。三是《工伤保险条例》作为社会法体系的有机组成部分,理解其中的法律概念不能拘泥于一部法律规范。船运行业有其独特性,船员不但要受用人单位管理,并且还要受到国家法律的专门调整,即《船员条例》对船员工作职责做了特别规定,船员除了要服从用人单位各项规章制度之外,还要根据《船员条例》的规定承担应急预防以及遇险救助等不特定的情势义务。据此规定,随船出航的船员,从上船出港到船航行结束回港,只要船在运营,都是24小时待命。在这种情形下,船员的时间和所处方位不能完全由自己自由支配。因此,由单位支配并且服务于单位的时间和地点都应是工作时间和工作岗位。这也是船员工作的风险性、流动性和艰苦性的必然体现。而用人单位从船员的这种不定量的服勤义务中也获取到可观经济收益,理应改善劳动条件和工作环境,加强安全知识和技能的教育培训,采取切实有效的措施保障劳动者的合法权益。这一点体现在工伤保险领域就要求加大对船员在船期间人身伤亡的职业保障。

重庆市川庆压缩天然气有限公司诉重庆市国土资源和房屋管理局土地行政出让案

关键词

行政　行政许可　赋予特定权利事项　公平竞争

裁判要点

在需要赋予特定权利事项的招标、拍卖等公平竞争活动中,行政机关在所需市场准入资质之外设置有违公平竞争的行政许可作为竞标、竞买资格条件的,应认定为违法。

相关法条

《行政许可法》第12条第2项、第53条

基本案情

重庆市国土资源和房屋管理局(以下简称重庆市国土房管局)于2013年8月29日发布渝国土房管告字(2013)42号《国有建设用地使用权公开出让公告》,公开出让大渡口区大渡口组团P分区P×－××－×/××号宗地,土地用途为加气站用地。该宗地国有建设用地使用权竞买须知中规定:报名者在报名时需提交重庆市经济和信息化委员会(以下简称市经委)同意报名者在该站点进行建设的批准文件。重庆市川庆压缩天然气有限公司(以下简称重庆川庆公司)向重庆市土地和矿业权交易中心申请参加该宗地的竞买,重庆市土地和矿业权交易中心以其未取得上述批准文件为由不准其报名参加竞买。2013 年 9 月 18 日,重庆南自商贸公司经过挂牌出让的方式取得了该宗地的国有建设用地使用权。重庆川庆公司不服,遂诉至人民法院,请求确认重庆市国土房管局在大渡口区大渡口组团 P 分区 P× - ×× - ×/××号(部分 1)宗地的国有建设用地使用权竞买须知中设置"报名者在报名时需提交市经委同意报名者在该站点进行建设的批准文件"的行为违法。另查明,重庆市经委按照先来后到原则,只向重庆南自商贸公司一家单位核发了同意其在该站点进行建设的批准文件。

裁判结果

重庆市渝中区人民法院于 2014 年 4 月 3 日作出(2013)中区行初字第 00247 号判决:确认被告重庆市国土房管局在大渡口区大渡口组团 P 分区 P× - ×× - ×/××号(部分 1)宗地的国有建设用地使用权竞买须知中将"报名者在报名时需提交市经委同意报名者在该站点进行建设的批准文件"作为参加竞买的限制性条件违法。一审宣判后,重庆市国土房管局不服,提起上诉。重庆市第五中级人民法院于 2014 年 7 月 4 日作出(2014)渝五中法行终字第 00166 号判决:驳回上诉,维持原判。

裁判理由

法院生效裁判认为,本案争议焦点是重庆市国土房管局在《竞买须知》中将"报名者在报名时需提交市经委同意报名者在该站点进行建设的批准文件"设定作为参加竞买的条件是否属于影响公平、公正竞争的限制条件。《行政许可法》第 12 条第 2 项及第 53 条规定,加气站系直接关系公共利益的特定行业,其市场准入属于需要赋予特定权利的事项,行政机关实施该事项的行政许可,应当通过招标、拍卖等公平竞争的方式作出决定。《重庆市国有建设用地使用权出让管理实施办法》第 23 条规定,土地招拍挂出让后,土地竞得者持土地出让合同等文件依法向规划等有关部门办理项目建设手续。《重庆市压缩天然气汽车安全管理办法》第 8 条第 1 款规定,申请建设压缩天然气汽车加气站,应当持有关申请材料向市天然气的行政主管部门提出定点申请。从上述规定可以看出,申请建设压缩天然气汽车加气站的单位应当在竞得国有建设用地使用权后,方可持土地出让合同等文件向重庆市经委申请办理压缩天然气汽车加气站定点建设手续。《招标拍卖挂牌出让国有建设用地使用权规定》第7条、第9条规定了在出让公告或者竞买须知中应当包括竞买人的资格要求以及申请取得竞买资格的办法。重庆市人民政府《关于协调加油(气)站布点规划有关问题的会议纪要》第3条规定,土地招拍挂必须在符合布点规划要求和竞买人符合市场准入条件的前提下进行。根据上述规定,重庆市国土房管局在竞买须知中可以设定有关竞买人资格的条件。

本案中,重庆市国土房管局在《竞买须知》中要求"报名者在报名时需提交市经委同意报名者在该站点进行建设的批准文件",该要求并非将竞买人是否符合市场准入资格作为参加竞买的条件,而是将土地招拍挂出让之后,土地竞得者向主管部门申请办理项目定点建设的手续作为参加竞买的条件。该条件的设定实质上限制了符合相关资质的单位参与竞买,增设了影响公平、公正竞争的限制条件,违反了《招标拍卖挂牌出让国有建设用地使用权规定》第11条之规定,故行政相对人请求确认违法的诉讼请求,应予支持。

理解与参照

本案例涉及有限自然资源开发利用、公共资源配置等需要赋予特定权利事项的招标、拍卖等公平竞争活动中,如何判断相关主体设置的竞标、竞买条件是否合法问题。本案例以竞标、竞买资格的设置是否超越需要赋予特定权利事项的市场准入资质以及是否影响公平竞争为核心标准,判断相关机关设置竞标、竞买条件是否合法。该案例有助于正确理解《行政许可法》第12条,第53条第1款、第4款以及国土资源部《招标拍卖挂牌出让国有建设用地使用权规定》第11条规定内容,对于保障有限自然资源开发利用、公共资源配置等特定需要赋予特定权利事项能顺利进行以及维护有限自然资源开发利用、公共资源配置的公平竞争具有重要意义。理解和参照使用该参考性案例的裁判要点,需要注意把握以下问题。

一、关于需要赋予特定权利事项的范围

需要赋予特定权利事项,即需要行政机关通过行政许可赋予公民法人特定的权利。它事关公民法人的民事权利,行政许可的结果是赋予行政相对人某种民事权利。这类许可事项的功能是分配有限的自然资源和公共资源,它具有以下5个特点:一是许可是为了合理配置、利用现有资源,防止资源利用中的无序状态;二是申请人获得许可特别是有关自然资源开发、利用方面的许可,通常要支付一定的对价;三是许可与民事合同发生竞合,国家以自然资源和公共资源所有者的身份,向申请人颁发许可，既是以行政权力准许申请人从事开发利用的活动，也可以说是以特定的民事主体身份，转让民事权利；四是申请人取得的许可，一般可以依法转让；五是这类许可一般都有数量限制。

哪些权利事项需要通过行政许可获得，实质是行政权力和公民权利之间的关系，并非可以通过市场调节或任由公民自主决定。根据我国《行政许可法》第12条第2项规定，需要通过行政许可赋予特定权利的事项主要涉及有限自然资源开发利用、公共资源配置以及直接关系公共利益的特定行业的市场准入等事项。其中，有限自然资源的配置主要涉及土地、矿藏、水流、森林、山岭、草原、荒地、滩涂等自然资源的配置。我国已制定了《矿产资源法》《煤炭法》《水法》《森林法》《草原法》等法律，对这些自然资源的所有权以及开发利用都作出了规定。根据上述法律规定，开发利用土地、矿产、草原、水等自然资源都须经审批，获得行政许可。有限公共资源的配置包括各种市政设施、道路交通、航空航线、无线电频率等的配置。对公共资源的利用实行许可，主要是为了优化对公共资源的配置，提高公共资源的利用率。关系公共利益的特定行业主要是指公用事业服务等行业，如水、电、气、电信、邮政等与人民群众日常生活、公共利益密切相关的行业。这些行业由于其整体性和统一性的特点，无法放开竞争，因此进入这些行业要实行准入制度，要设定比较高的门槛，以使进入者能为公众提供优质服务。如《电力法》规定，一个供电营业区内只设一个供电营业机构。省、自治区、直辖市范围内的供电营业区的设立、变更由供电企业提出申请，经省级电力管理部门会同有关部门审查批准后，由省级电力管理部门发给《供电营业许可证》。本案所涉的加气站用地建设，因加气站属于直接关系公共利益特定行业，因此既涉及土地的利用，也涉及加气站行业的市场准入问题。

二、关于需要赋予特定权利事项的市场准入资质条件

行政机关对特定行业的经营活动进行规制时，既可以选择对如何经营本身进行规范，也可以选择以行政许可的方式事前控制该行业的市场准入。前一种方式，只要不对特定经营者采取歧视性的标准，一般不会对竞争造成限制，法律对其约束可以比较宽松，政府理性地考虑公共利益之后认为必要的，即可采取，不会有明显的法律障碍。而后一种方式，意味着当事人在获得政府许可之前，不能从事该项经营活动，竞争受到的限制更深，法律需对其严格约束：一方面，它必须是选择第一种方式不足以维护公共利益的情况下才能采取；另一方面，这种做法必须是为了保护某种涉及面很广的公共利益，而且这项利益与经营者的自由以及所带来的竞争价值相比，应当具有优先考虑的必要。①

本案所涉压缩天然气汽车加气站即属于《行政许可法》第12条第2项的规定的直接关系公共利益的特定行业。政府对增设加气站总量要编制规划，进行宏观调控。包括年度新设站点的数量以及建站选址等，都需由政府统筹考虑市场需求、地理环境、安全标准等一系列因素后形成计划。同时，由于压缩天然气汽车加气站的特殊属性，有可能对较大范围内的公共安全造成较大影响，故政府一般选择事前控制该行业市场准入的方式来保障该行业的经营安全。因此，作为具有特定用途的加气站用地出让，行政机关根据《行政许可法》第53条的规定组织的招标、拍卖等活动应当在符合加气站布点规划要求和竞买人符合市场准入条件的前提下进行，相关土地出让公告中可对所需准入资质设定合理条件。

三、需要赋予特定权利事项的市场准入行业条件应避免行政垄断

政府在必要时通过行政许可控制某些行业的市场准入并不违反行政法治的精神。但是，如果在确定相关政策时对竞争方面的影响缺乏适当考虑，自由竞争的标准会被轻易规避。因此，当规制行为影响到自由竞争时，必须在竞争价值和规制所追求的其他公共价值之间进行妥善的平衡。而具体的方案，又需要视规制行为对竞争的影响程度而定，规制行为对竞争的限制越强烈，则越应当受到严格的审查。行政许可的方式可以区分为依照申请者主观条件来决定是否准予的许可和依据与申请者主观能力无关的客观因素决定是否准许的许可。前者诸如对某一行业的准入设定注册资本设备设施情况等标准，由于行政机关仅有审查申请者的条件是否合格的权限，能否进入该行业主要取决于当事人的能力等，因此对自由竞争的限制较少。而后者当事人能否进入市场已经不再取决于个人因素，而依赖于政府的自由裁量，更容易被用于对市场准入进行过度管制，实现行政垄断。

如前所述，压缩天然气汽车加气站系直接关系公共利益的特定行业，政府对其开发与建设一般选择事前控制该行业的市场准入这一最为严厉的规制措施，故该行业较易出现政府规制措施影响自由竞争的现象。如在该行业同时再施行与申请者主观能力无关的客观因素决定是否准许的行政许可，则特定权利事项的授予完全取决于行政机关的单方意志，该行业市场准入行为的可预期性显著降低，行政垄断的形成将难以避免。

---

① 参见赵鹏：《论行政垄断的法律控制》，载《价格理论与实践》2010年第6期。

四、加气站用地出让过程中设定的行政许可不应影响公平竞争

《行政许可法》第 53 条第 1 款规定："实施本法第十二条第二项所列事项的行政许可的，行政机关应当通过招标、拍卖等公平竞争的方式作出决定。"《招标拍卖挂牌出让国有建设用地使用权规定》第 11 条第 2 款规定："出让人在招标拍卖挂牌出让公告中不得设定影响公平、公正竞争的限制条件。"上述规定的立法目的在于促进相关行政特许经营领域的有效竞争。根据世界各国发展市场经济的经验，市场经济制度最突出的特点在于竞争。竞争贯穿于整个经济运行过程，用于监督和保障经济市场的良性运行，竞争是保持市场活力，保障市场经济良性运行和维持市场秩序的必备要素。行政特许经营领域虽由于公共利益的需要设置了必要的行政许可事项，但同样需要引入公平公正的自由竞争机制。如前所述，压缩天然气汽车加气站属于直接关系公共利益的特定行业，其用地出让可以根据相关法律法规的规定，对竞买人的市场准入资质进行必要的审查。但行政机关在加气站用地出让过程中，只能审查竞买人是否符合市场准入条件，而不得基于各种因素的考量，设定影响公平、公正竞争的限制性条件，从而造成行政垄断。本案被诉具体行政行为中设定"报名者在报名时需提交市经委同意报名者在该站点进行建设的批准文件"的条件，实质设置了与申请者主观能力无关的客观因素以事前控制该行业的市场准入，这极易影响加气站用地出让过程中的公平公正竞争，使上述法律法规规定的招标、拍卖等公平竞争的方式形同虚设，故该行为明显有违行政法治，应予纠正。

袁某某诉重庆市公安局江北区分局强制隔离戒毒决定案

关键词

行政　强制隔离戒毒　吸毒成瘾严重　社区戒毒

裁判要点

社区戒毒不是强制隔离戒毒的前置程序。对通过社区戒毒难以戒除毒瘾的吸毒成瘾严重人员，公安机关直接作出强制隔离戒毒决定的，人民法院应予支持。

相关法条

《禁毒法》第38条第2款

基本案情

2004年8月3日，袁某某因吸毒成瘾被重庆市公安局江北区公安分局决定强制戒毒3个月。2013年11月24日15时许，袁某某在重庆市江北区山水景园小区外一公共卫生间向其左手肌肉注射了约0.1克海洛因。2013年11月25日，重庆市公安局江北区分局花园村派出所（以下简称花园村派出所）接到电话举报称，有人在江北区山水景园小区附近吸毒。花园村派出所民警赶往现场，将准备采取注射方式吸毒的袁某某传唤到花园村派出所接受调查，并对该吸毒案件予以受理。2013 年 11 月 25 日，花园村派出所民警制作提取笔录并载明：从袁某某手中提取到一次性针管一支，内有部分液体；袁某某承认一次性针管内液体系刚兑好的毒品海洛因，袁某某对提取过程无异议。民警当场提取袁某某尿液，并用吗啡检测试纸检测尿液中是否含有吗啡类物质，检测结果呈阳性，袁某某对其尿液检测结果呈阳性无异议。随后，民警对袁某某的身体进行检查，发现其左手手掌上留有注射后的针眼 1 个，右边臀部发现针眼 3 个，民警当即照相固定，并制作检查笔录，袁某某在该笔录上签名。

2013 年 11 月 25 日，花园村派出所依据《吸毒成瘾认定办法》第 8 条规定，作出《吸毒成瘾严重认定书》，认定袁某某吸毒成瘾严重，并对袁某某作出行政拘留 12 日的行政处罚。2013 年 12 月 2 日，花园村派出所告知袁某某，依据《禁毒法》第 38 条第 2 款和第 47 条第 1 款的规定，拟对其作出强制隔离戒毒决定。袁某某提出陈述和申辩：认为其吸毒成瘾不严重，已近 10 年没有吸毒。其系独子，父母亲均有病，需要扶养，家有未婚妻，准备结婚，请求社区戒毒。2013 年 12 月 3 日，江北区花园村派出所针对袁某某的陈述和申辩意见，作出复核意见书，认为袁某某吸毒成瘾严重，符合《禁毒法》第 38 条第 2 款、第 47 条第 1 款的规定，未有第 39 条第 1 款规定的情形，决定对袁某某强制隔离戒毒 2 年。2013 年 12 月 5 日，江北区公安分局作出《强戒决定书》，决定对袁某某强制隔离戒毒 2 年，并向袁某某送达。袁某某认为社区戒毒是强制隔离戒毒的前提条件，自己未经社区戒毒不能被公安机关决定适用强制隔离戒毒，遂诉至法院请求撤销《强戒决定书》。

裁判结果

重庆市江北区人民法院于 2014 年 5 月 14 日作出（2014）江法行初字第 00053 号行政判决书，驳回原告袁某某的诉讼请求。宣判后，双方均未上诉，判决已发生法律效力。

裁判理由

法院生效裁判认为，根据《禁毒法》第 38 条的授权规定，被告重庆市江北区公安分局具有作出本案所诉强制隔离戒毒决定的主体资格及行政职权。原告曾于 2004 年被强制戒毒，现于 2013 年 11 月 24 日再次注射毒品，被告依据《吸毒成瘾认定办法》第 8 条的规定认定原告吸毒成瘾严重，并据此依据《禁毒法》第 38 条第 2 款的规定作出《强戒决定书》,适用法律正确。被告作出《强戒决定书》前,告知原告享有陈述申辩权,并依法向原告进行送达,程序合法。对原告所持“社区戒毒作为强制隔离解毒的前提条件必须先于强制隔离戒毒被适用”的主张,因该条款规定公安机关直接作出强制隔离戒毒决定的条件是吸毒成瘾严重,而条文中关于“通过社区戒毒难以戒除毒瘾”的表述,仅是对吸毒成瘾严重程度的描述。因此,社区戒毒并非直接作出强制隔离戒毒的前提条件。

理解与参照

本案例涉及社区戒毒是否为强制隔离戒毒的前置程序问题。对此,本案例明确社区戒毒并非强制隔离戒毒的前置程序,对通过社区难以戒除毒瘾的吸毒成瘾严重人员,公安机关可以直接对其作出强制隔离戒毒的决定。本案例有助于正确理解《禁毒法》第 38 条中强制隔离戒毒的条件,进而对保障支持公安机关更好地履行戒毒工作职责、更好帮助吸毒人员戒断毒瘾具有重要意义。理解和参照使用该参考性案例的裁判要点,需要注意把握以下问题。

一、关于戒毒的方式

2008 年 6 月 1 日开始实施的《禁毒法》及 2011 年实施的《戒毒条例》对使用毒品人员遵照“以人为本、科学戒毒、综合矫治、关怀救助”的原则进行戒毒,并明确了自愿戒毒、社区戒毒、强制隔离戒毒、社区康复戒毒等 4 种主要戒毒形式。国家鼓励吸毒成瘾人员自行戒除毒瘾,即吸毒人员可以自行到戒毒医疗机构接受戒毒治疗。对自愿接受戒毒治疗的吸毒人员,公安机关对其原吸毒行为不予处罚。对于吸毒成瘾人员,县级或设区的市级人民政府公安机关可以责令其接受社区戒毒。接受社区戒毒的戒毒人员应当遵守法律、法规,自觉履行社区戒毒协议,并根据公安机关的要求,定期接受检测。对拒绝接受社区戒毒的或在社区戒毒期间违反社区戒毒协议的吸毒成瘾人员以及符合条件的吸毒成瘾严重人员,县级或设区的市级人民政府公安机关作出强制隔离戒毒的决定。而对于解除强制隔离戒毒的人员,强制隔离戒毒的决定机关可以责令其接受不超过 3 年的社区康复。由于社区戒毒是吸毒成瘾人员在社区的牵头、监管下,通过整合家庭、社区、公安以及卫生、民政等力量和资源,实现吸毒人员在社区里戒毒。加之对于接受社区戒毒的人员,不影响戒毒人员的工作,不影响其家庭生活,不给予任何处分,不在档案里作任何记载,社区戒毒应成为戒毒的主要方式。但是,目前,我国对社区戒毒存在戒毒工作场所条件有限、社区医务人员缺乏、社区工作者不足等问题,强制隔离戒毒仍然是一项重要的戒毒手段。

二、关于吸毒人员的区分

根据对毒品的依赖程度可以将吸毒人员分为“吸毒成瘾”和“吸毒成瘾严重”两类。《禁毒法》第31条第3款规定,吸毒成瘾人员应当进行戒毒治疗。同时,吸毒成瘾的认定办法由国务院卫生行政部门、药品监督管理部门、公安部门规定。根据《禁毒法》的授权,我国公安部和卫生部于2011年1月30日发布了自2011年4月1日起施行的《吸毒成瘾认定办法》。根据《吸毒成瘾认定办法》第7条的规定,吸毒人员同时具备以下情形的,公安机关认定其吸毒成瘾:一是经人体生物样本检测证明其体内含有毒品成分;二是有证据证明其有使用毒品的行为;三是有戒断症状或者有证据证明吸毒史,包括曾经因使用毒品被公安机关查处或者曾经进行自愿戒毒等情形。根据《吸毒成瘾认定办法》第8条的规定,吸毒成瘾人员具有下列情形之一的,公安机关认定其吸毒成瘾严重:一是曾经被责令社区戒毒、强制隔离戒毒(含《禁毒法》实施以前被强制戒毒或者劳教戒毒)、社区康复或者参加过戒毒药物维持治疗,再次吸食、注射毒品的;二是有证据证明其采取注射方式使用毒品或者多次使用两类以上毒品的;三是有证据证明其使用毒品后伴有聚众淫乱、自伤自残或者暴力侵犯他人人身、财产安全等行为的。从《吸毒成瘾认定办法》的相关规定看,吸毒成瘾严重人员一定是吸毒成瘾人员。但如果吸毒人员同时符合《吸毒成瘾认定办法》第7条和第8条规定的情形,则可以直接认定为吸毒成瘾严重。即吸毒成瘾的认定不是吸毒成瘾严重认定的前置条件。

三、关于强制隔离戒毒的适用

我国《禁毒法》第38条规定:吸毒成瘾人员有下列情形之一的,由县级以上人民政府公安机关作出强制隔离戒毒的决定:(1)拒绝接受社区戒毒的;(2)在社区戒毒期间吸食、注射毒品的;(3)严重违反社区戒毒协议的;(4)经社区戒毒、强制隔离戒毒后再次吸食、注射毒品的。对于吸毒成瘾严重,通过社区戒毒难以戒除毒瘾的人员,公安机关可以直接作出强制隔离戒毒的决定。吸毒成瘾人员自愿接受强制隔离戒毒的,经公安机关同意,可以进入强制隔离戒毒场所戒毒。从上述规定可以看出,强制隔离戒毒主要适用于三类人员:一是四类社区戒毒效果不好或违反社区戒毒协议的吸毒成瘾人员;二是难以通过社区戒除毒瘾的吸毒成瘾严重的人员;三是自愿接受强制隔离戒毒的吸毒成瘾人员。对于吸毒成瘾人员,其只有经过了社区戒毒之后才能适用强制隔离戒毒;而对于吸毒成瘾严重的人员,公安机关则有权裁量其通过社区能否戒除毒瘾,进而决定是否适用强制隔离戒毒。即对吸毒成瘾严重的人员,公安机关如认为其通过社区难以戒除毒瘾的,则可以不经过社区戒毒而直接作出强制隔离戒毒的决定。即对吸毒成瘾严重人员,社区戒毒不是强制隔离戒毒的前置条件。本案原告袁某某曾因吸毒成瘾被公安机关决定强制戒毒 3 个月,又于 2013 年再次以注射方式使用毒品。原告情形符合《吸毒成瘾认定办法》第 8 条第 1 项和第 2 项规定,依法被认定吸毒成瘾严重。由于其属于吸毒成瘾严重人员,社区戒毒并非强制戒毒的前置条件。因此,公安机关认为其通过社区难以戒除毒瘾而直接作出强制隔离戒毒决定并无不当。

重庆市涪陵志大物业管理有限公司诉重庆市涪陵区人力资源和社会保障局等见义勇为视同工伤行政确认案

关键词

行政　视同工伤　见义勇为

裁判要点

职工在为保护国家利益和社会公共利益而实施的见义勇为中受到伤害的,视同工伤。

相关法条

《工伤保险条例》第15条第1款第2项

《重庆市鼓励公民见义勇为条例》第21条第1款

基本案情

第三人罗某某系原告重庆市涪陵志大物业管理有限公司(以下简称涪陵志大物业公司)保安。2011年12月24日,罗某某在涪陵志大物业公司服务的圆梦园小区上班(24小时值班)。上午8时30分左右,在兴华中路宏富大厦附近有人对一过往行人实施抢劫,罗某某听到呼喊声后立即拦住抢劫者,要求其交出抢劫的物品,在与抢劫者搏斗的过程中,不慎从22步台阶上摔倒在巷道拐角的平台上受伤。罗某某于2012年6月12日向被告重庆市涪陵区人力资源和社会保障局(以下简称涪陵区人社局)提出工伤认定申请。涪陵区人社局当日受理后,于2012年6月13日向罗某某发出《认定工伤中止通知书》,要求罗某某补充提交见义勇为的认定材料。2012年7月20日,罗某某补充了见义勇为相关材料。涪陵区人社局核实后,根据《工伤保险条例》第14条第7项之规定,于2012年8月9日作出涪人社伤险认决字〔2012〕676号《认定工伤决定书》,认定罗某某所受之伤属于因工受伤。涪陵志大物业公司不服,向法院提起行政诉讼。在诉讼过程中,涪陵区人社局作出《撤销工伤认定决定书》,并于2013年6月25日根据《工伤保险条例》第15条第1款第2项之规定,作出涪人社伤险认决字〔2013〕524号《认定工伤决定书》,认定罗某某受伤属于视同因工受伤。涪陵志大物业公司仍然不服,于2013年7月15日向重庆市人力资源和社会保障局申请行政复议,重庆市人力资源和社会保障局于2013年8月21日作出渝人社复决字〔2013〕129号《行政复议决定书》,予以维持。

涪陵志大物业公司认为涪陵区人社局的认定决定适用法律确有错误,罗某某所受伤依法不应认定为工伤。遂诉至法院,请求判决撤销《认定工伤决定书》,并责令被告重新作出认定。

另查明,重庆市涪陵区社会管理综合治理委员会对罗某某的行为进行了表彰,并作出了涪综治委发〔2012〕5号《关于表彰罗某某同志见义勇为行为的通报》。

裁判结果

重庆市涪陵区人民法院于2013年9月23日作出(2013)涪法行初字第00077号行政判决,驳回重庆市涪陵志大物业管理有限公司要求撤销被告作出的涪人社伤险认决字〔2013〕524号《认定工伤决定书》的诉讼请求。一审宣判后,双方当事人均未上诉,裁判现已发生法律效力。

裁判理由

法院生效裁判认为,被告涪陵区人社局是县级劳动行政主管部门,根据国务院《工伤保险条例》第5条第2款规定,具有受理本行政区域内的工伤认定申请,并根据事实和法律作出是否工伤认定的行政管理职权。被告根据第三人提供的重庆市涪陵区社会管理综合治理委员会《关于表彰罗某某同志见义勇为行为的通报》,认定罗某某在见义勇为中受伤,事实清楚,证据充分。罗某某不顾个人安危与违法犯罪行为作斗争，既保护了个人财产及生命的安全，也维护了社会的治安管理秩序和法律的尊严，应当予以大力提倡和鼓励。虽然罗某某不是在工作地点、因工作原因受到伤害，但其受伤符合《工伤保险条例》第15条第1款第2项规定的视同工伤的情形。并且《重庆市鼓励公民见义勇为条例》第19条、第21条明确规定见义勇为受伤视同工伤，享受工伤待遇，最大限度地保障劳动者的合法权益，符合《工伤保险条例》的立法精神，应予适用。因此，被告认定罗某某受伤视同因工受伤适用法律正确。

理解与参照

本案例的裁判要点确认：职工在为保护国家利益和社会公共利益而实施的见义勇为中受到伤害的，视同工伤。理解和参照使用该参考性案例的裁判要点，需要注意把握以下问题。

一、关于视同工伤的立法精神

我国的工伤保险立法经历了从《劳动保险条例》到《企业职工工伤保险试行办法》《工伤保险条例》的发展历程，在此过程中立法机关不断地扩展工伤认定的范围，以便于更大幅度地保障劳动者的合法权益。我国早在1951年就制定颁布了《劳动保险条例》，全面确立了适用中国城镇职工的劳动保险制度。1996年原劳动部（现人力资源和社会保障部）制定并颁布了《企业职工工伤保险试行办法》（劳部发〔1996〕266号），以部门规章形式规范了企业工伤保险办法。该办法第8条第1款第6项明确：职工由于从事抢险、救灾、救人等维护国家、社会和公众利益的活动而负伤、致残、死亡的应当认定为工伤。2004年1月1日，国务院颁布施行了《工伤保险条例》，并于2010年进行了修订，于2011年1月1日起施行。修订后的《工伤保险条例》调整了工伤认定范围，简化了工伤认定鉴定争议程序，并进一步扩大了工伤保险的适用范围。

《工伤保险条例》第15条第1款对视同工伤作了规定。该条款明确：职工有下列情形之一的，视同工伤：（1）在工作时间和工作岗位，突发疾病死亡或者在48小时之内经抢救无效死亡的；（2）在抢险救灾等维护国家利益、公共利益活动中受到伤害的；（3）职工原在军队服役，因战、因公负伤致残，已取得革命伤残军人证，到用人单位后旧伤复发的。《工伤保险条例》第15条第1款第2项所规定的为维护国家利益、公共利益受伤而视同工伤的情形和典型的工伤情形是有区别的。之所以把这种情形视同工伤，是为了体现国家对维护国家利益、公共利益行为的鼓励，它是国家法律为实现其价值导向功能,而对此种行为予以强制认定的结果。该项规定并没有对职工维护国家利益、公共利益行为的时间、地点以及行为原因作出特殊要求,没有要求行为必须发生在工作时间内或者工作地点上。只要根据《劳动法》以及相关法律规定的精神,在法律未明确规定禁止的情况下就可以认定视同工伤。即只要是因维护国家利益、公共利益而受伤的行为,不论该行为发生的原因是什么,该行为根据《工伤保险条例》的规定应视同工伤。

二、关于见义勇为能否视同工伤的实践做法

见义勇为是指公民在法定职责、法定义务之外,为保护国家利益、社会公共利益和他人的人身、财产安全挺身而出的行为。《工伤保险条例》第 15 条第 1 款第 2 项所规定的情形并未明确涵盖见义勇为行为。对此,司法实践中认识不一。

1. 见义勇为行为属于维护公共利益、社会利益行为,应视同工伤

【案例 1】2008 年 6 月 28 日中午,河南中南工业有限责任公司(以下简称中南公司)职工李某下班后与同事任某某、孙某某在鸭河口水库洗澡期间,李某为抢救溺水的同事孙某某而不幸遇难。事后,南阳市社会治安综合治理委员会授予李某“南阳市见义勇为先进分子”的荣誉称号。2008 年 7 月 2 日,中南公司向被告南阳市人力资源和社会保障局(以下简称南阳市人社局)申请工伤认定,被告认为李某的行为不符合《工伤保险条例》第 15 条第 1 款第 2 项规定情形作出“李某所受伤害不属于工伤”的决定。后李某近亲属原告李某跃等 3 人不服,向南阳市人民政府申请复议,南阳市人民政府维持了被告的工伤认定决定。后原告起诉至法院。一审法院认为,李某是为了救助他人而遇难的,无论是“洗澡”还是“救人”,无论是在工作期间还是下班之后,其行为不属于《工伤保险条例》第 16 条规定的不得认定为工伤或视同工伤的情形。无论是私人活动还是公务活动,李某的行为都是一种在没有法定义务的前提下的正义之举,是一种维护他人的生命安全的高尚行为。“公共”是相对于“私有”而言的,公共利益并无排他性,他人的生命安全也是公共利益的体现。所以,李某的行为应该属于维护公共利益的行为,应当享受工伤保险待遇。遂判决撤销被告作出的《工伤认定决定》,并责令被告重新作出工伤认定。一审宣判后,南阳市人社局不服,提起上诉。

二审法院认为,从见义勇为舍身救人的行为看,确实是在维护公共利益、社会利益。因为人是社会的基本因素,社会利益包含着每一个自然人的合法利益。本案李某的行为是见义勇为救人行为,是传承中华民族美德的具体体现,是当今社会需要

大力弘扬和提倡的,认定他为维护公共利益而受到伤害,应当视同为工伤,享受工伤待遇,遂判决维持原判。

2. 见义勇为行为维护的是他人人身财产安全,不应视同工伤

【案例2】原告李某勤之子李某系新乡中新化工公司职工,2010年11月20日21时与几位女同事在网吧上网时,为保护女同事人身和财产安全,被歹徒连刺数刀死亡。李某被追授“见义勇为积极分子”称号。后李某勤向河南省人力资源和社会保障厅提交工伤认定申请,该厅受理后移送被告商丘市人社局办理。商丘市人社局于2013年1月29日作出认定工伤决定,认为李某所受伤害不符合《工伤保险条例》第15条第2项之规定,不属于工伤认定范围,认定为非工伤。李某勤不服,提起行政诉讼。

一审法院认为,李某的行为是见义勇为的救人行为,是传承中华民族美德的具体体现,是当今社会需要大力弘扬和提倡的,从见义勇为舍身救人的行为看,确实是在维护公共利益、社会利益。李某的行为符合《工伤保险条例》第15条第2项所规定的情形,应当享受工伤保险待遇。遂判决撤销被告商丘市人力资源和社会保障局认定工伤决定,并责令被告重新作出工伤认定。一审宣判后,商丘市人社局不服,提起上诉。

二审法院认为,李某为保护他人的人身和财产安全,被歹徒连刺数刀死亡,其见义勇为的行为是当今社会需要大力弘扬和提倡的,但该行为不符合《工伤保险条例》第15条规定的“视同工伤”的情形。遂判决撤销一审判决,维持商丘市人力资源和社会保障局认定工伤决定。

3. 见义勇为维护的可能是国家利益、公共利益,也可能是个人利益,要以行为所维护的利益为标准判别是否视同工伤

(1)维护私益的见义勇为不应视同工伤

【案例3】原告杨某之夫涂某均系武汉钢铁集团鄂城钢铁有限责任公司(以下简称鄂钢公司)职工。2013年7月29日下午5时左右,涂某均在上班时间,带儿子涂某及外甥舒某某(二人均系未成年人)在长江游泳,在三人即将被货船吸入船底时,涂某均用左手将涂某推向船的左边,用右手将舒某某推向右边,致使两人得救,自己却被吸入船底溺水身亡。2013年10月30日,鄂州市见义勇为促进会授予涂某均鄂州市“见义勇为先进个人”荣誉称号。后杨某向被告鄂州市人社局提出确认涂某均为工伤的认定申请。鄂州市人社局为此向鄂州市见义勇为促进会进行调查,该会出

具说明,涂某均的行为“不属于在抢险救灾等维护国家利益、公共利益活动中受到伤害的行为”。2014 年 6 月 5 日,鄂州市人社局作出鄂州人社认字(2014)090 号《不予认定工伤决定书》,决定不予认定工伤。杨某不服该决定,提起诉讼。

一审法院认为,《湖北省见义勇为人员奖励保护规定》第 18 条规定:“有工作单位的见义勇为人员如负伤、伤残或者死亡的,应当享受工伤(残)或因公(工)死亡的待遇。”鄂州市见义勇为促进会授予涂某均鄂州市“见义勇为先进个人”荣誉称号,已对其行为性质作出界定。见义勇为行为属于《工伤保险条例》第 15 条第 1 款第 2 项中规定的在抢险救灾等维护国家利益、公共利益活动中受到伤害的情形。遂判决撤销《不予认定工伤决定书》,并由被告重新作出具体行政行为。一审宣判后,鄂州市人社局不服,提起上诉。

二审法院认为,涂某均带其子、外甥两名未成年人到长江游泳,其基于监护职责及先行行为具有保证该两人人身安全的法定义务,涂某均救助儿子和外甥是其应履行的法定职责,不属于维护国家利益、公共利益行为。遂判决撤销一审行政判决书,维持鄂州市人力资源和社会保障局《不予认定工伤认定书》。

(2)维护国家利益、公共利益的见义勇为,应视同工伤

【案例 4】原告孟某系第三人焦作市技师学院的教师。2007 年 10 月 26 日凌晨 4 时许,原告孟某与樊某在艺新岗东南角联通收费大厅门前地摊吃饭时,樊某与一男子发生争执,后男子对樊某进行殴打,孟某见状上前阻拦,也遭到该男子殴打,致其眼部受伤。后孟某被山阳区综治委授予“见义勇为先进个人”。第三人焦作市技师学院向被告市人社局提交了工伤认定申请,焦作市人社局作出不予认定的通知书。孟某不服,向焦作市人民政府申请行政复议,后又自愿撤回行政复议申请,后诉至法院。

法院经审理认为,原告孟某系因见义勇为的行为受到他人的伤害,其行为维护了他人的生命安全、维护了社会治安和社会秩序,应视为维护了社会公共利益的情形。

三、关于见义勇为能否视同工伤

《工伤保险条例》第 15 条第 1 款第 2 项所规定的情形并未明确涵盖见义勇为行为。而且,《工伤保险条例》与 1996 年《企业职工工伤保险试行办法》第 8 条第 1 款第 6 项相比,仅保留了“抢险救灾等维护国家利益、公共利益活动”的情形,删除了“救人”情形。那么,视同工伤情形是仅包含抢险、救灾行为,还是包括其他诸如见义

勇为等维护公共利益、国家利益行为呢？

司法实践中对见义勇为能否视同工伤的分歧，主要在于对见义勇为行为所维护的利益有不同认识。见义勇为行为维护的到底是国家利益、公共利益，还是他人私人利益问题，可以从国家所发布的相关文件来把握。2012 年 7 月《国务院办公厅转发民政部等部门〈关于加强见义勇人员权益保护的意见〉》（国办发〔2012〕39 号），对见义勇为人员权益保护的政策措施、见义勇为伤亡人员抚恤补助政策等进行了明确。该意见将“见义勇为行为”界定为：公民在法定职责、法定义务之外，为保护国家利益、社会公共利益和他人的人身、财产安全挺身而出的见义勇为行为。见义勇为所维护的利益可以分为国家利益、社会公共利益和他人的人身、财产安全三种。

而且，《关于加强见义勇为人员权益保护的意见》明确：对见义勇为致残人员，凡符合享受工伤保险待遇条件的，依据《工伤保险条例》落实相应待遇；不符合享受工伤保险待遇条件的，按照《伤残抚恤管理办法》及有关规定，由民政部门评定伤残等级并落实相应待遇。根据该规定亦推出，并非所有的见义勇为均符合享受工伤保险待遇条件。

四、关于见义勇为行为维护利益的区分

见义勇为能否视同工伤，关键在于“见义勇为”行为是否符合“在抢险救灾等维护国家利益、公共利益活动中受到伤害的”规定。国家利益是对国家主权、领土完整以及国家生存发展有好处的利益，公共利益则涉及不特定多数人的利益，个人利益的受益对象仅为个人。因此，在见义勇为所维护的利益认定上，应当全面评析见义勇为所涉及的对象行为是否涉及危及国家利益及不特定多数人的利益。一般情况下，见义勇为行为主要可以分为三种类型：第一类是依法制止正在发生的违法犯罪行为；第二类是抢险救灾行为；第三类是救人行为。违法犯罪行为危害的是国家安全、社会管理秩序、经济秩序以及人民群众的人身财产安全等，而国家安全、社会稳定、人民群众的人身财产安全等是全社会公众的共同诉求。从这一层面上讲，违法犯罪行为如果不予以制止，其将继续危害社会，侵害的则不仅仅是受害人的利益，还会使不特定多数人的利益陷入危险之中。因此，制止犯罪行为应是一种维护国家利益、社会公共利益的行为。而抢险救灾与救人行为，则要看见义勇为所涉及的险情、灾害以及所救的人的行为是否危及国家社会安全及不特定多数人的利益。如果险情与灾害和所救助人的行为可能危及不特定多数人利益，则见义勇为所维护的应为公共利益；反之，则为个人利益或团体利益。

吴某发、卢某某诉重庆市北碚区工伤保险管理所冒名职工工伤保险待遇案

关键词

行政　工伤保险待遇　冒用他人　身份信息

裁判要点

冒用他人身份信息进入用人单位工作并参加工伤保险的职工被认定为工伤，因社会保险经办机构作出不予支付工伤保险待遇核定行为，工伤职工或其近亲属请求撤销的，人民法院应予支持。

相关法条

《劳动合同法》第7条

《社会保险法》第36条

基本案情

原告吴某发、卢某某系夫妻关系，共生育6子女：吴某金（子）、吴某银（子）、吴某全（子）、吴某英（女）、吴某荣（子）、吴某梅（女）。2011年1月7日，吴某全持其弟吴某荣身份证到第三人重庆庆阳控股（集团）有限公司（以下简称重庆庆阳公司）工作。该公司以吴某荣名义为吴某全参加工伤保险，缴纳工伤保险费。2011年6月28日20时，吴某全按

公司要求回租住房取手机的途中发生交通事故死亡。经重庆市北碚区公安交巡警支队认定,吴某全承担此次事故的次要责任。2013年4月9日,重庆市北碚区人力资源和社会保障局作出《认定工伤决定书》,认定吴某全死亡为工伤。2014年3月27日,吴某发、卢某某向被告重庆市北碚区工伤保险管理所(以下简称北碚区工伤保险所)申请吴某全工亡的工伤保险待遇。被告经审核,于2014年6月24日核定不予支付一次性伤葬补助金、一次性工亡补助金。

吴某发、卢某某对该不予支付工伤保险待遇的核定行为不服,起诉至法院,请求判决撤销被告作出的不予支付工伤保险待遇行为,并责令被告重新作出具体行政行为,支付吴某全工亡的各项工伤保险待遇。

另查明,吴某荣本人并未到重庆庆阳公司工作。原告吴某发、卢某某持有吴某全的户口簿,根据该户口簿、村委会及派出所证明,吴某全生于1967年7月9日,其死亡时44岁,但吴某全死亡前在公安机关无户口信息,未办理公民身份证。

裁判结果

重庆市渝北区人民法院于2015年1月28日作出(2014)渝北法行初字第00344号判决:(1)撤销被告重庆市北碚区工伤保险管理所2014年6月24日关于吴某发、卢某某申请吴某全工亡的工伤保险待遇审核行为;(2)由被告重庆市北碚区工伤保险管理所在本判决生效之日起30日内重新作出具体行政行为。一审宣判后,双方当事人均未提起上诉,判决现已发生法律效力。

裁判理由

法院生效裁判认为,北碚区工伤保险所是北碚区的社会保险经办机构,具有核定该辖区范围内工伤保险待遇的法定职责。根据《工伤保险条例》第2条第2款规定,职工是指与用人单位存在劳动关系(包括事实劳动关系)的劳动者。本案中,吴某全确无户口信息和公民身份证,虽然冒用吴某荣身份,但其为重庆庆阳公司实际提供了劳动,双方建立了事实劳动关系,属于工伤保险法律法规调整的职工。其在与重庆庆阳公司事实劳动关系存续期间的上班途中受到非本人主要责任的交通事故伤害死亡,符合《工伤保险条例》第14条第6项规定的认定工伤的情形。

根据《工伤保险条例》第2条第1款规定,用人单位应当为本单位职工缴纳工伤保险费。对于非本单位职工,用人单位没有缴费义务。本案中,重庆庆阳公司根据吴某全提供的吴某荣身份信息，以吴某荣名义为吴某全缴纳工伤保险费，其真实意思表示的投保对象为该公司职工吴某全，而非与公司不具备劳动关系的吴某荣，即吴某全与社会保险行政部门之间在事实上成立了工伤保险关系。社会保险行政部门明知吴某全冒用吴某荣身份，仍按照《工伤保险条例》的规定，认定其为因工死亡。人力资源和社会保障部令第14号《社会保险个人权益记录管理办法》第11条第1款规定："社会保险经办机构应当安排专门工作人员对社会保险个人权益数据进行管理和日常维护，检查记录的完整性、合规性，并按照规定程序修正和补充。"本案中，在吴某全真实身份和重庆庆阳公司已实际为其缴纳工伤保险相关事实已查明，事实工伤保险关系成立的情形下，吴某全就应当享受工伤保险待遇。社会保险经办机构应按上述规定履行对社会保险个人权益数据进行管理和日常维护，并按规定修正和补充的职责。

《工伤保险条例》的立法目的是保障因工作遭受事故伤害或者患职业病的职工获得医疗救治和经济补偿，职工因工作遭受事故伤害或患职业病被认定为工伤的，应当享受工伤保险待遇。重庆庆阳公司依法履行为职工缴纳工伤保险的义务后，在职工发生工伤时就不应再承担应由工伤保险基金支付的相关费用。虽然用人单位在招录职工时，对应聘者提供的信息应当进行必要的审查，但用人单位并非具有法定职权的国家机关，其辨别能力和审查的义务有限，且针对该问题被告未提供证据证明重庆庆阳公司有明知吴某全冒用吴某荣身份仍为其参加工伤保险的情形，也未提供证据证明死者吴某全和用人单位重庆庆阳公司有骗保的行为。为此，北碚区工伤保险所以实际参加工伤保险的是吴某荣，吴某全未参保为由，认为吴某全的工伤保险待遇不应由工伤保险基金支付的主张不能成立，其核定不予支付丧葬补助金、一次性工亡补助金的行为缺乏法律依据，且未对供养亲属抚恤金作审核，依法应予撤销，被告应重新查明事实，依照工伤保险法律法规的规定重新进行审核。

理解与参照

本案例旨在明确冒用他人身份并参加工伤保险的职工发生事故受到伤害被认定为工伤后，其应享受工伤保险待遇，对于保护劳动者合法权益、促进社会和谐稳定，具有重要的现实意义。理解和参照使用该参考性案例的裁判要点，需要注意把握以下问题。

一、关于冒用他人身份信息入职人员的身份问题

冒用他人身份入职人员因其故意隐瞒了自己的真实身份信息，在主观上系采用欺诈的手段与用人单位订立了劳动合同。根据我国《劳动合同法》第26条第1项规定，劳动合同无效。但用人单位依法制定的各项劳动规章制度适用于冒用他人身份入职人员，冒用他人身份入职人员所提供的劳动仍然是用人单位业务的组成部分，根据《劳动合同法》第7条“用人单位自用工之日起即与劳动者建立劳动关系”规定及《关于确立劳动关系有关事项的通知》(劳社部发〔2005〕12号)第1条规定，只要该冒用他人身份人员为用人单位实际提供了劳动，即使其与用人单位订立的劳动合同无效，双方仍然成立事实劳动关系，冒用他人身份入职人员属于用人单位的职工。

二、关于冒用他人身份入职人员工伤认定问题

根据相关法律规定，用人单位应当为本单位职工购买工伤保险；工伤保险法律规定中的职工是指与用人单位存在各种劳动关系(包括了事实劳动关系)的劳动者。由于冒用他人身份入职人员与用人单位之间成立事实劳动关系，其属于工伤保险关系中的职工。相应地，用人单位亦应当为其缴纳工伤保险。此外，根据《工伤保险条例》第16条的规定，只有职工故意犯罪、醉酒或者吸毒、自残或者自杀的，才不得认定为工伤或视同工伤。冒用他人身份入职的职工在工作中发生事故伤害，其冒用他人身份入职并非不予工伤认定的正当理由。

三、关于冒用他人身份入职人员认定工伤后工伤待遇给付的实践做法

对于冒用他人身份入职人员，用人单位未为其参加工伤保险或以其所冒之名缴纳工伤保险费用，该职工发生工伤后，工伤保险待遇如何给付问题，司法实践中存有不同做法。

1. 用人单位未为冒名职工购买工伤保险的，工伤保险待遇由用人单位给付。如郴州欣锠鞋业有限公司诉孙某某工伤保险待遇纠纷案[(2015)郴民一终字第535号]，终审法院认为，职工因工负伤，依法应享受工伤保险待遇。孙某某虽系以他人名义入职欣锠公司，但欣锠公司认可孙某某在其公司工作的事实。孙某某冒用他人名义的行为并不能成为欣锠公司未为其参加工伤保险的理由，故欣锠公司应对孙某某因工负伤而应享受的工伤保险待遇承担赔偿责任。

2. 用人单位以职工所冒之名缴纳工伤保险，发生工伤后，工伤保险机构不予支付工伤保险待遇。如江西省宜春市中级人民法院审理的宜丰金佛陶瓷有限公司诉宜丰县社会保险事业管理局工伤保险给付案[(2015)宜中行初终第19号]，法院认为，王某某隐瞒真实身份，冒用他人身份到金佛公司务工，金佛公司未经审查，亦以王某某冒用的名字为其参保并缴交工伤保险费，责任不在宜丰县社保局。王某某因工伤死亡，在宜丰县社保局处没有参加工伤保险的王某某本人名字及其缴费记录，要求宜丰县社保局为王某某支付工伤保险待遇，于法无据。根据《工伤保险条例》第62条规定，对金佛公司要求宜丰县社保局支付已垫付的王某某工伤死亡赔偿金及配偶抚恤金的诉讼请求不予支持。

3. 用人单位以职工所冒之名缴纳工伤保险，因该职工未提供本人真实身份信息，由此造成不能享受工伤保险待遇的法律后果应由职工自己承担。如浙江省台州市中级人民法院审理的严某勇诉浙江九隆机械有限公司劳动争议案[（2014）浙台民终字第226号]，一审法院认为，原告以虚假身份进入被告公司，并向被告公司提供虚假材料，被告公司以此为原告办理了工伤保险，已经履行了法定的义务。社保中心以原告严某勇使用“严某军”的虚假身份参加保险为由，拒绝支付原告工伤保险理赔款的过错责任不在被告公司而是原告自身的过错导致其无法按照规定享受工伤保险待遇，故被告公司无须再向原告支付工伤保险待遇。因而对于原告主张用人单位支付社保中心拒付的工伤保险待遇的诉讼请求予以驳回。二审法院认为，上诉人冒用他人身份进入被上诉人公司工作，被上诉人根据上诉人提供的相关身份资料为其办理工伤保险，已经履行了其法定义务，而社保中心拒绝理赔的事由系上诉人冒用他人身份参保所致，对此上诉人存在明显过错。现上诉人以被上诉人未尽到合理的审查义务要求其承担相应赔偿责任，该主张缺乏事实与法律依据。

4. 用人单位以职工所冒之名缴纳工伤保险，因职工冒用他人身份与用人单位签订劳动合同存在过错，但用人单位未尽到必要的审查义务亦存在过错，由此造成工伤保险机构拒付的工伤保险待遇应由双方根据过错比例分担。如杨某某诉广州市诚则信人力资源有限公司清远分公司、广州市诚则信人力资源有限公司劳动争议案[（2015）穗中法民一终字第2141号、2142号]，二审法院认为：用人单位在招录员工时有核查被录用人员身份的义务。本案中，杨某某以姚某某名义在清远市清新区人力资源和社会保障局进行伤残鉴定的过程中，该局发现姚某某的身份证照片与杨某某本人极不相同，经进一步核实伤者的真实身份为杨某某。可见，杨某某入职时借用姚某某的身份证冒名应聘，诚则信清远分公司作为用人单位并没有予以核查，未能履行谨慎审查的义务，没有实际缴纳杨某某本人的社会保险，诚则信清远分公司对此存在过错，应当对杨某某的工伤保险待遇损失承担80%的责任。

5.用人单位以职工所冒之名缴纳工伤保险,因我国劳动立法承认并保护事实劳动关系,职工因此发生工伤事故的,工伤保险基金应予支付相关工伤保险待遇。如王某某等人诉被告重庆市某区工伤保险管理所、第三人重庆某煤矿公司不履行行政给付义务案,法院认为,根据相关法律规定,用人单位应当为本单位职工缴纳工伤保险费。本案中,煤矿公司根据陈某东提供的"陈某强"的身份信息,以"陈某强"名义为陈某东缴纳工伤保险费,其真实意思表示应理解为投保对象实际为该公司职工陈某东,而不是与公司不具备劳动关系的陈某强,即陈某东与社会保险行政部门之间在事实上成立了工伤保险关系。陈某东已经相关部门认定为工伤死亡,煤矿公司亦为其缴纳了工伤保险费,故工伤保险管理部门应对陈某东核定工伤死亡保险待遇。

四、关于冒用他人身份入职人员认定工伤后工伤待遇给付问题

应从用人单位参加工伤保险的目的及参保的真实意思表示出发,判定冒用他人身份职工是否参加工伤保险。

第一,根据《工伤保险条例》第2条规定,用人单位应当为本单位职工缴纳工伤保险费;对于非本单位职工的,用人单位没有缴费义务。即用人单位有义务为冒名职人本人参加工伤保险,对职工所冒用之名义人,因其非本单位职工,用人单位无义务为其参保。因此,用人单位根据冒名职工所提供的虚假身份信息缴纳工伤保险费的,其真实意思表示的投保对象系该冒名职工,而非职工所冒用身份之人。故用人单位实际上已为该冒用身份职工参加了工伤保险。

第二,国家设置工伤保险制度的目的,一方面是保障工伤职工及其近亲属获得医疗救治和经济补偿,另一方面是分散用人单位的工伤风险。在用人单位已为冒名职工参加工伤保险的情况下,该职工发生工伤事故的,用人单位就不应再承担应由工伤保险基金支付的相关费用。尽管用人单位在招录职工时,对应聘者提供的信息应当进行必要的审查,但用人单位并非具有法定职权的国家机关,不能对其苛以过高的义务。如果仅因用人单位在参保时未审查职工提供的身份信息,而否认其为该职工缴纳工伤保险费的事实,对用人单位来说不公平。对于依法为冒名职工缴纳工伤保险费用的,发生工伤后,用人单位不应再承担由工伤保险基金应支付的部分待遇。

第三,工伤认定与工伤保险待遇核定虽然是两个独立的具体行政行为,但构成了前后衔接相互关联的行政过程。社会保险行政部门在工伤认定阶段查明了冒名职工冒用身份的事实,而社会保险经办机构如以冒用身份职工在参保记录上身份不能对应为由拒绝支付工伤保险待遇，则社保部门在行政过程的两个阶段，对同一事实作出了不同的法律判断。而且，根据人力资源和社会保障部令第 14 号《社会保险个人权益记录管理办法》第 11 条第 1 款规定，社会保险行政部门应根据工伤认定中查明冒用他人身份职工的真实身份对社会保险个人权益数据进行管理和日常维护，并按规定履行修正和补充的职责。

重庆袁氏再生资源有限公司诉重庆市江北区人力资源和社会保障局工伤认定行政确认案

关键词

行政　工伤认定　工作原因　工作条件恶劣　必要措施

裁判要点

因用人单位提供劳动生产的条件和环境恶劣，劳动者在工作场所内为履行工作职责采取必要措施而受到事故伤害的，可以认定为因工作原因受到伤害。

相关法条

《工伤保险条例》第 14 条第 1 项

《重庆市劳动安全条例》第 13 条

基本案情

2008 年 9 月 3 日，第三人胡某惠到原告重庆袁氏再生资源有限公司(以下简称袁氏公司)从事杂工工作，职责是防火防盗。2012 年 1 月 24 日(正月初二)，胡某惠在袁氏公司的露天废铁堆码货场值班，因天气寒冷需生火取暖，其在使用废钢剪切机剪切木柴时，不慎被机器砸伤右手，遂到恒生手外科医院住院治疗。

2013年8月20日，胡某惠向被告重庆市江北区人力资源和社会保障局(以下简称江北区人社局)提出工伤认定申请。同年10月25日，江北区人社局作出《工伤认定中止审理决定书》中止本案的审理，后于12月14日恢复审理。2013年12月17日，江北区人社局就胡某惠受伤一事前往其工作地点查看现场，并进行拍照，照片显示现场为露天货场，有一工棚，一面靠墙，其余三面无遮挡。同日，江北区人社局对胡某惠进行调查，并制作了《劳动和社会保险工伤认定调查笔录》。12月30日，江北区人社局作出江人社伤险认决字〔2013〕第958号《认定工伤决定书》，认定胡某惠受伤属工伤，并送达给袁氏公司和胡某惠。袁氏公司不服，向重庆市人力资源和社会保障局提起行政复议。2014年4月23日，重庆市人力资源和社会保障局经复议维持被告作出的《认定工伤决定书》，并送达给双方。袁氏公司遂诉至重庆市江北区人民法院，要求撤销江北区人社局作出的江人社伤险认决字〔2013〕第958号《认定工伤决定书》。

裁判结果

重庆市江北区人民法院于2014年6月27日作出(2014)江法行初字第00121号判决，驳回袁氏公司要求撤销江北区人社局作出的江人社伤险认决字〔2013〕第958号《认定工伤决定书》的诉讼请求。一审宣判后，袁氏公司不服，提起上诉。重庆市第一中级人民法院于2014年9月24日作出(2014)渝一中法行终字第00390号判决，驳回上诉，维持原判。

裁判理由

法院生效裁判认为，根据《工伤保险条例》第5条第2款的规定，江北区人社局负责其辖区内的工伤保险工作，依法具有进行工伤性质认定的法定职权。各方当事人对袁氏公司与胡某惠存在劳动关系，胡某惠在工作时间、工作场所内受伤的事实并无异议，本案的争议焦点是胡某惠受伤是否因工作原因造成。《重庆市劳动安全条例》第13条规定，用人单位负有向劳动者提供安全生产的条件和环境的责任。但袁氏公司向胡某惠提供的工作条件、工作环境极其恶劣，胡某惠于严冬在露天货场值班，货场内仅有一工棚，且三面无遮挡。在此环境下，胡某惠因严寒劈柴生火取暖，这一行为源自其正当的生理需求，亦是为履行工作职责采取的必要措施。其在采取该必要工作措施的过程中受到伤害，符合《工伤保险条例》第14条第1项规定"在工作时间和工作场所内，因工作原因受到事故伤害"的情形，应当认定为工伤。根据《工伤保险条例》第16条的规定，职工符合该条例第14条、第15条的规定，但不得认定为工伤或者视同工伤的情形有：(1)故意犯罪的；(2)醉酒或者吸毒的；(3)自残或者自杀的。袁氏公司举示的证据不能证实胡某惠存在上述情形。根据《工伤保险条例》第19条第2款的规定，"职工或者其近亲属认为是工伤，用人单位不认为是工伤的，由用人单位承担举证责任"，故袁氏公司应当承担举证不能的法律后果。综上所述，被诉《认定工伤决定书》认定事实清楚，程序合法，适用法律正确，故对袁氏公司的诉讼请求不予支持。

理解与参照

本案例旨在明确劳动者为改善劳动环境而受到事故伤害的可以认定为因工作原因而受到伤害。近年来，随着经济社会发展，工伤事故日益递增，工伤认定类案件在行政诉讼中所占比重也越来越大。因工作原因遭受事故或意外伤害是认定工伤的基本条件，而工作原因又是工伤认定中最为棘手、最难把握的核心问题之一。实践中，许多劳动者在从事本职工作的同时，还从事大量分工模糊、职能交叉、相互补位和临时安排的工作；在劳动保障条件不完备时，因履行职责需要，劳动者自主决定并采取必要工作措施的情况也很普遍。在此情况下，如果过于僵化地对工作原因要件作狭义理解，仅以用人单位相关规章制度确定的职能分工来界定"工作原因"，无疑大大缩小了工伤保险对劳动者的保护范围，使大量因非本职工作原因受伤的劳动者得不到应有的救济。本案例明确"因用人单位提供的劳动生产的条件和环境恶劣，劳动者在工作场所内为履行工作职责采取的必要措施而受到事故伤害的，可以认定为因工作原因受到伤害"的裁判规则对"工作原因"的理解作了适当扩展，既与工伤立法目的和法律精神保持一致，也符合《工伤保险条例》保护劳动者公民基本权利的立法目的，对准确认定工作原因、保护劳动者合法权益具有重要意义。理解和参照使用本案例的裁判要点，需要注意把握以下问题。

一、关于用人单位提供劳动安全生产环境及条件的义务

我国《劳动法》第52～56条对用人单位提供劳动安全生产的环境和条件进行了规定，明确用人单位必须建立健全劳动安全卫生制度，严格执行国家劳动安全卫生规程和标准，对劳动者进行劳动安全卫生教育，防止劳动过程中的事故，减少职业危害。如《劳动合同法》第88条明确:用人单位违章指挥或者强令冒险作业危及劳动者人身安全的;劳动条件恶劣、环境污染严重,给劳动者身心健康造成严重损害的依法给予行政处罚;构成犯罪的,依法追究刑事责任;给劳动者造成损害的,应当承担赔偿责任。从上述规定可以看出,用人单位负有向劳动者提供安全生产的条件和环境的责任,如因提供的劳动生产环境或条件恶劣给劳动者造成损害的,应承担相应的民事、行政或刑事责任。当用人单位提供的劳动生产环境或条件不完善时,劳动者为履行职责需要应当有权自行采取必要措施改善劳动条件或环境。

二、司法实践中关于"工作原因"的认定

《工伤保险条例》第14条规定:"职工有下列情形之一的,应当认定为工伤:(一)在工作时间和工作场所内,因工作原因受到事故伤害的;(二)工作时间前后在工作场所内,从事与工作有关的预备性或者收尾性工作受到事故伤害的;(三)在工作时间和工作场所内,因履行工作职责受到暴力等意外伤害的;(四)患职业病的;(五)因工外出期间,由于工作原因受到伤害或者发生事故下落不明的;(六)在上下班途中,受到非本人主要责任的交通事故或者城市轨道交通、客运轮渡、火车事故伤害的;(七)法律、行政法规规定应当认定为工伤的其他情形。"从上述规定看,在我国认定工伤基本上要求符合广义的"工作原因、工作时间和工作场所"三要素,其中工作原因是核心要件。

三、关于工作原因认定的考量因素

由于现行的《工伤保险条例》对工作原因并未给予明确规定,致使司法实践中对工作原因的理解存在分歧。如何理解和确定工作原因是工伤认定案件的难点所在,也是诉讼各方争议和分歧最大的部分。在此情况下,在对此类案件进行司法审查时,应根据工伤保险的立法目的,运用法律原则和立法精神来解决现实生活中出现的各种复杂问题,以切实保护劳动者的合法权益。

《工伤保险条例》第1条规定:为了保障因工作遭受事故伤害或者患职业病的职工获得医疗救治和经济补偿,促进工伤预防和职业康复,分散用人单位的工伤风险,制定本条例。因此,对于工作原因的理解应从保护劳动者合法权益的立法本意出发,作出有利于劳动者的法律解释,既不能僵化执法,也不能任意扩大或缩小对当事人合法权益的保护范围。从《工伤保险条例》第14条规定来看,所谓工作原因主要包括"从事与工作有关的准备性或者收尾性工作""因履行工作职责受到暴力等意外伤害""职业病""因工外出""在上下班途中",它们属于工作原因的法定形式。但是对工作原因的理解不能仅局限于本职工作本身,还应包括与工作有间接联系的诸如前期准备性或后期收尾性工作、解决正常生活、生理需要、工作往返途中以及由于用人单位提供的设施不安全、劳动环境条件恶劣、用人单位管理不善等原因。因此,对工作原因的审查应当相对宽泛一些,只要与工作内容有直接或间接联系的,均应当认定为工作原因。也就是说,职工为完成工作职责而从事的与工作内容有关的劳动也应当认定为因工作原因。一般而言,工作原因还包括以下形式:一是职工因其从事本职工作或者用人单位临时指派工作所受伤害的;二是工作过程中满足吃饭、喝水或工间休息等人体正常生理、生活需要时所受伤害的;三是用人单位设施或者设备不完善、劳动条件或者劳动环境不良、管理不善等所受伤害的;四是劳动者为履行职责需要而改善劳动条件或劳动环境而受到伤害的;五是职工在参加单位或者经本单位同意参加其他单位组织的集体活动中所受伤害的;六是职工为了用人单位的(正当或合法)利益,在处理重大、紧急情况的活动中所受伤害的。

具体到重庆袁氏再生资源有限公司诉重庆市江北区人力资源和社会保障局劳动行政确认案中,胡某惠于严冬在露天货场夜守值班,根据重庆袁氏再生资源有限公司职工手册,胡某惠的本职工作是"防火防盗",并不包括使用剪切机。但重庆袁氏再生资源有限公司提供给胡某惠的工作环条件为一面靠墙其余三面无遮挡、仅有一工棚的露天货场,该工作条件显然不能确保胡某惠在不生火取暖的条件下安全工作。胡某惠为了更好履行工作职责,其在工作时间擅自使用剪切机切割木材取暖,其目的是在于改善工作环境,以更好地完成工作任务和实现公司利益。因此,胡某惠劈柴生火取暖,应视为必要的工作措施,由此受伤应认定为因"工作原因"。这既符合《工伤保险条例》保护劳动者公民基本权利的立法目的,也符合公平正义原则,可有效防止由劳动者为用人单位的过错埋单。

四、其他需要注意的问题

1. 劳动者的主观过错不影响工伤认定。《工伤保险条例》第 16 条规定了不认定工伤的三种情形,即因犯罪或者违反治安管理伤亡的、醉酒导致伤亡的、自残或者自杀的。但职工从事工作中存在过失并不属于不认定工伤的法定情形。工伤事故中,受伤职工一般均具有疏忽大意、精力不集中等过失。如果将职工主观上的过失作为工伤认定的排除条件,既不符合《工伤保险条例》保障劳动者合法权益的本意,也有悖于日常生活经验。因此,劳动者违反公司规章制度或安全操作规程的行为,即使对伤害发生有影响,也并不影响工伤认定。用人单位虽可根据内部纪律规章要求劳动者承担不利后果，如批评教育、开展安全培训、扣发绩效奖金等，但却不能据此否认工伤结论。

2. 是否为工作原因的举证责任主要由用人单位承担。《工伤保险条例》第 19 条第 2 款规定：职工或者其直系亲属认为是工伤，用人单位不认为是工伤的，由用人单位承担举证责任。最高人民法院《关于审理工伤保险行政案件若干问题的规定》第 4 条第 1 款规定职工在工作时间和工作场所内受到伤害，用人单位没有证据证明是非工作原因导致的，社会保险行政部门认定为工伤的，人民法院应予支持。因此，在《工伤保险条例》以维护劳动者合法权益、减少工伤事故、促进职业安全的立法前景下，对工作原因的审查应当相对宽泛一些，如果用人单位认为职工受伤不属于因工作原因却又不能举证证明的，应承担举证不能的不利后果。

罗某某诉重庆市彭水苗族土家族自治县地方海事处政府信息公开案

关键词

行政　政府信息公开　信息不存在　检索义务

裁判要点

在政府信息公开案件中，被告以政府信息不存在为由答复原告，在原告提交了该政府信息存在的相关线索并初步证明该信息系由被告制作或保存后，若被告不能证明其对政府信息尽到合理检索义务后答复的，则人民法院对被告作出的政府信息不存在的主张不予支持。

相关法条

最高人民法院《关于审理政府信息公开行政案件若干问题的规定》第5条、第12条

基本案情

原告罗某某是兴运2号船的船主，在乌江流域从事航运、采砂等业务。2014年11月17日，罗某某通过邮政特快专递向被告重庆市彭水苗族土家族自治县地方海事处（以下简称彭水县地方海事处）邮寄书面政府信息公开申请书，具体申请的内容为：（1）公开彭水苗族土家族自治县港航管

理处(以下简称彭水县港航处)、海事处的设立、主要职责、内设机构和人员编制的文件。(2)公开下列事故的海事调查报告等所有事故材料:兴运2号在2008年5月18日、2008年9月30日的2起安全事故及鑫源306号、308号、高谷6号、荣华号等船舶在2008年至2010年发生的安全事故。

彭水县地方海事处于2014年11月19日签收后,未在法定期限内对罗某某进行答复,罗某某向彭水县人民法院提起行政诉讼。2015年1月23日,彭水县地方海事处作出(2015)彭海处告字第006号《政府信息告知书》,载明:一是对申请公开的彭水县地方海事处的内设机构名称等信息告知罗某某获取的方式和途径;二是对申请公开的海事调查报告等所有事故材料经查该政府信息不存在。彭水县人民法院于2015年3月31日对该案作出(2015)彭法行初字第00008号行政判决,确认彭水县地方海事处在收到罗某某的政府信息公开申请后未在法定期限内进行答复的行为违法。

2015年4月22日,罗某某以彭水县地方海事处作出的(2015)彭海处告字第006号《政府信息告知书》不符合法律规定,且与事实不符为由,提起行政诉讼请求撤销彭水县地方海事处作出的(2015)彭海处告字第006号《政府信息告知书》,并由彭水县地方海事处向罗某某公开海事调查报告等涉及兴运2号船的所有事故材料。

另查明,罗某某提交了涉及兴运2号船于2008年5月18日在彭水高谷长滩子发生整船搁浅事故以及于2008年9月30日在彭水高谷煤炭沟发生沉没事故的《乌江彭水水电站断航碍航问题调查评估报告》《彭水县地方海事处关于近两年因乌江彭水万足电站不定时蓄水造成船舶搁浅事故的情况报告》《重庆市发展和改革委员会关于委托开展乌江彭水电站断航碍航问题调查评估的函》(渝发改能函〔2009〕562号)等材料。在案件二审审理期间,彭水县地方海事处主动撤销了其作出的(2015)彭海处告字第006号《政府信息告知书》,但罗某某仍坚持诉讼。

裁判结果

重庆市彭水苗族土家族自治县人民法院于2015年6月5日作出(2015)彭法行初字第00039号行政判决,驳回罗某某的诉讼请求。一审宣判后,罗某某不服一审判决,提起上诉。重庆市第四中级人民法院于2015年9月18日作出(2015)渝四中法行终字第00050号行政判决,撤销(2015)彭法行初字第00039号行政判决;确认彭水苗族土家族自治县地方海事处于2015年1月23日作出的(2015)彭海处告字第006号《政府信息告知书》行政行为违法。

裁判理由

法院生效裁判认为,《政府信息公开条例》第13条规定:除本条例第9条、第10条、第11条、第12条规定的行政机关主动公开的政府信息外,公民、法人或者其他组织还可以根据自身生产、生活、科研等特殊需要,向国务院部门、地方各级人民政府及县级以上地方人民政府部门申请获取相关政府信息。彭水县地方海事处作为行政机关,负有对罗某某提出的政府信息公开申请作出答复和提供政府信息的法定职责。根据《政府信息公开条例》第2条"本条例所称政府信息,是指行政机关在履行职责过程中制作或者获取的,以一定形式记录、保存的信息"的规定,罗某某申请公开彭水县港航处、海事处的设立、主要职责、内设机构和人员编制的文件,属于彭水县地方海事处在履行职责过程中制作或者获取的,以一定形式记录、保存的信息,当属政府信息。彭水县地方海事处已为罗某某提供了彭水编发〔2008〕11号彭水苗族土家族自治县机构编制委员会《关于对县港航管理机构编制进行调整的通知》的复制件,明确载明了彭水县港航处、海事处的机构性质、人员编制、主要职责、内设机构等事项,罗某某已知晓,予以确认。

罗某某申请公开涉及兴运2号船等船舶发生事故的海事调查报告等所有事故材料的信息,根据《内河交通事故调查处理规定》的相关规定,船舶在内河发生事故的调查处理属于海事管理机构的职责,其在事故调查处理过程中制作或者获取的,以一定形式记录、保存的信息属于政府信息。彭水县地方海事处作为彭水县的海事管理机构,负有对彭水县行政区域内发生的内河交通事故进行立案调查处理的职责,其在事故调查处理过程中制作或者获取的,以一定形式记录、保存的信息属于政府信息。罗某某提交了兴运2号船于2008年5月18日在彭水高谷长滩子发生整船搁浅事故以及于2008年9月30日在彭水高谷煤炭沟发生沉没事故的相关线索,而彭水县地方海事处作出的〔2015〕彭海处告字第006号《政府信息告知书》第2项告知罗某某申请公开的该项政府信息不存在,仅有彭水县地方海事处的自述,没有提供印证证据证明其尽到了查询、翻阅和搜索的义务。故彭水县地方海事处作出的〔2015〕彭海处告字第006号《政府信息告知书》违法,应当予以撤销。在案件二审审理期间,彭水县地方海事处主动撤销了其作出的〔2015〕彭海处告字第006号《政府信息告知书》,罗某某仍坚持诉讼。根据《行政诉讼法》第74条第2款第2项"行政行为有下列情形之一,不需要撤销或者判决履行的,人民法院判决确认违法……(二)被告改变原违法行政行为,原告仍要求确认原行政行为违法的"之规定,判决确认彭水县地方海事处作出的政府信息告知行为违法。

理解与参照

本案例涉及人民法院应如何审查判断行政机关政府信息不存在的答复是否合法的问题。对此,本案例明确,在政府信息公开诉讼中,行政机关以政府信息不存在为由拒绝公开的,如原告提供了政府信息存在的相关线索的,行政机关应举证证明其对行政相对人所申请的政府信息尽到合理的检索义务。以行政机关是否尽到信息检索义务作为审查行政机关政府信息不存在答复是否合法的标准,对有效监督政府依法公开信息、依法保障公民政府信息知情权具有重要意义。理解和参照使用该参考性案例的裁判要点,需要注意把握以下问题。

一、关于政府信息是否存在的举证责任分配

在政府信息公开诉讼中,对于政府信息是否存在的举证责任如何分配问题存在两种认识:一是认为行政诉讼中被告对被诉行政行为的合法性承担举证责任,被告既然主张政府信息不存在,就有责任提供证据;二是认为在被告主张政府信息不存在的特殊情形下,原告认为政府信息存在,则由原告提供证据,否则法院不能否定行政机关的这一认定。从举证责任分配的一般理论来说,当事人对其认为不存在的事实不应承担直接举证责任。由此,在政府信息不存在案件中,被告行政机关就没有必要对信息不存在提供证据。另外,如果由原告证明"信息存在",同样存在障碍,因为政府信息是由行政机关掌握的,要求明显处于弱势地位的原告承担全部的证明责任,几乎等同于直接宣布其败诉。① 由于举证责任的分配关系到行政诉讼的结果,在没有法律明确规定的前提下,法院应从公平正义的角度出发,结合行政法律关系的特殊性,对原被告的举证责任作适当的分配。在具体分配的过程中,需要考虑的因素包括:行政行为的特点、举证的难易程度、行政机关与行政相对人的举证能力、举证的便利性、公民权益的保障、行政机关行使职权的实际状况以及纠纷解决的可能性。②

---

① 参见包蕾、何斐明、佘韬:《政府信息公开诉讼中的信息不存在》,载《人民司法》2013 年第 7 期。

② 参见江必新、梁凤云:《行政诉讼法理论与实务》(上卷),北京大学出版社 2009 年版,第 506 页。

对此,我国最高人民法院《关于行政诉讼证据若干问题的规定》第1条规定:根据《行政诉讼法》第32条和第43条的规定,被告对作出的具体行政行为负有举证责任,应当在收到起诉状副本之日起10日内,提供据以作出被诉具体行政行为的全部证据和所依据的规范性文件。被告不提供或者无正当理由逾期提供证据的,视为被诉具体行政行为没有相应的证据。根据上述规定,在政府信息公开诉讼中,被告对作出的政府信息不存在的具体行政行为的合法性承担举证责任。虽然政府信息不存在作为一个否定性事实,一般由主张事实存在的一方举证,但是考虑到双方的举证能力等因素,法院依然要对行政机关主张政府信息不存在的事实和理由进行合法性审查,否则容易助长被告以政府信息不存在为由规避公开责任和诉讼风险。因此,在政府信息公开诉讼中,被告承担主要的举证责任,同时原告承担补充证明责任。由于否定性事实难以从正面直接予以证明,被告需要通过向法院提供能够证明其已经尽到合理搜索义务的材料,从而完成证明信息不存在的举证责任。①

二、关于原告对政府信息存在的补充证明责任

如上所述,在政府信息不存在的案件中,被告需举证证明其对涉案政府信息进行了合理检索,同时原告应承担提供政府信息存在线索及涉案政府信息系由被告制作或保存的补充证明责任。一般情况下,原告向被告申请政府信息公开,对涉案政府信息是否存在有一定的了解。在诉讼中,如果原告不能提供任何相关政府信息存在的线索,法院则可以认定涉案政府信息不存在。如果原告提供了申请的政府信息实际存在相关线索,如其他政府文件已明确将被申请信息作为依据、有明确的文号等,则可以根据最高人民法院《关于审理政府信息公开行政案件若干问题的规定》第5条第5款的规定申请法院调取证据。此外,根据我国《政府信息公开条例》第2条规定:本条例所称政府信息,是指行政机关在履行职责过程中制作或者获取的,以一定形式记录、保存的信息。根据该条规定,政府信息存在的前提条件是行政机关具有制作或获取该政府信息的相关职责。如果被诉行政机关不具有制作或保存相关政府信息的职责,就没有合理理由和机会制作或获取该政府信息。因此,原告亦要初步证明被告是否具有制作或获取涉案政府信息的相关职责。如果原告不能提供相应依据或被告能够说明其不具有制作或获取涉案政府信息的相关职责,法院可以认定被告有关政府信息不存在的主张成立。

---

① 参见陈振宇:《政府信息不存在情形下举证责任的分配》,载《人民司法》2010年第24期。

三、关于行政机关对政府信息合理检索义务的审查

在因政府信息不存在而引发的政府信息公开诉讼中，行政机关对涉案政府信息是否尽到合理检索义务是司法审查的重点。那么，如何判断行政机关达到合理检索的标准？一般情况下，法院对行政机关是否正确履行检索义务应从以下几个方面进行判断：第一，用以检索的载体（如数据库、信息目录）包含的信息资料是否全面。检索载体收纳的数据越多，检索结果越具有合理性。第二，检索方法是否妥当。选用不同的检索关键词、采用不同的检索方法会产生不同的检索结果，选取适当的检索方法是确保检索合理性的重要内容；检索的方法包括人工检索、浏览目录、网页检索等。第三，检索人员的工作态度是否认真。检索看似一个技术性工作，但不同的工作态度直接会对检索方法的选取以及最后的检索结果产生不同的影响。若有证据证明检索工作人员的工作态度是为了尽其可能帮助申请人获取信息的话，其检索结果便更具有合理性。[①] 具体而言，法院可从以下几个方面进行审查：第一，根据原告提供的线索，要求被告提供其进行了相关搜索的证据材料，并对搜索方法和搜索结果作出说明；第二，根据原告提供的信息制作时间线索，要求被告提供相关信息公开指南、年度报告、公开目录等关联性证据；第三，根据原告提供的信息文号线索，要求被告提供相关政府信息文件编号方式以及涉诉文号的对应文件名称、时间、制作机关证据材料；第四，根据原告提供的信息出处线索，要求行政机关提供相关调查结果或者相关卷宗材料，必要时法院可以依申请调查。如果经过上述途径依旧无法证实原告所申请公开的信息存在，而原告又坚持认为该信息存在的，应由原告承担举证责任，由其提供证据证明其申请公开的政府信息在被告处实际存在。[②] 此外，在审查行政机关检索是否合理时，检索关键词的选择应以有利于检索到申请人申请获取的政府信息为原则，被告提供的生成其检索记录的数据库应是专门制作的用以开展信息公开工作的数据库，应包含其所掌握的全部政府信息。

---

① 参见陈振宇：《政府信息不存在情形下举证责任的分配》，载《人民司法》2010年第24期。

② 参见李广宇：《政府信息公开诉讼理念、方法与案例》，法律出版社2009年版，第76页。

朱某某要求撤销重庆市公安局北碚区分局《出警经过》案

关键词

行政诉讼　出警经过　权益影响　受案范围

裁判要点

1. 当事人持公安机关出具的《出警经过》在民事诉讼中作为证据使用的，其真实性、合法性、关联性应由人民法院根据《民事诉讼法》和相关司法解释予以判定。

2. 公安机关在处警时出具的对当事人权益不产生实际影响的《出警经过》，其性质为公安机关履行处警职责过程中对发生事情经过的记载，不具有可诉性。

相关法条

《行政诉讼法》第2条

基本案情

吴某某系原告朱某某雇工。2015年5月21日，经吴某某报警后，重庆市公安局北碚区分局黄桷派出所向吴某某出具《出警经过》。《出警经过》载明：2015年5月21日14时许吴某某到派出所报警称，因自己不愿意搬出修理厂宿舍被伍某某打了。接到报警后民警与吴某某一道到修理厂，经了解系去年8月吴某某在修理厂上班时受伤要求老板解决一直未果，因吴某某受伤后未上班，现老板多次要求吴某某搬出宿舍，吴某某一直不搬，伍某某便将吴某某的东西从宿舍内搬了出来，在搬的过程中吴某某进行阻挡并与伍某某发生拉扯，现场工作人员证实没有人打吴某某，只是将他拉开，民警告知吴某某如系工伤可向劳动部门或法院申请仲裁。后吴某某以该《出警经过》为证据向法院提起诉讼，要求朱某某等人连带支付人身损害赔偿金。朱某某认为该《出警经过》中阐述的"……在修理厂上班时受伤要求老板解决一直未果……"的内容与事实不符、损害了其权益，遂起诉至法院要求撤销该《出警经过》。

裁判结果

重庆市北碚区人民法院于2015年11月30日作出(2015)碚法行初字第00154号行政裁定：驳回原告朱某某的起诉。一审宣判后，朱某某不服，提起上诉。重庆市第一中级人民法院于2016年5月24日作出(2016)渝01行终114号行政裁定：驳回上诉，维持原裁定。

裁判理由

法院生效裁判认为，原告朱某某的诉讼请求是撤销被告重庆市公安局北碚区分局向案外人吴某某出具的《出警经过》。经审查，《出警经过》载明的内容是北碚区分局民警在履行出警职责过程中对发生事情经过的叙述，并非北碚区分局对外行使行政职权而作出的能够产生行政法律效果的行为，且对当事人权益不产生实际影响。故原告的起诉不符合《行政诉讼法》第2条的规定，不属于人民法院行政诉讼案件受案范围。

理解与参照

本案例旨在明确公安机关在处警后出具的《出警经过》是否具有可诉性问题。对此，我国《110接处警工作规则》第24条规定："处警民警到达现场后，应当根据有关规定对警情妥善处置。处警结束后，应当及时将处警情况向110报警服务台反馈，并做好处警记录。处警结果需要制作法律文书的，按有关规定办理。"按照《110接处警工作规则》要求，公安民警处警结束后将处警情况如实记录在110报警服务台中。《出警经过》并未像《行政处罚决定》那样认定违法事实和确定违法责任，仅是对执法活动的客观描述，而并非结论。因此，对当事人权益不产生实际影响的《出警经过》,不属于行政诉讼案件的受案范围。本案对法院准确判断《出警经过》性质、合理界定《出警经过》是否具有可诉性具有指导价值。理解和参照使用本案例的裁判要点,需要注意把握以下问题。

一、关于可诉性行政行为的法律规定及其发展

《行政诉讼法》第2条规定:“公民、法人或者其他组织认为行政机关和行政机关工作人员的行政行为侵犯其合法权益,有权依照本法向人民法院提起诉讼。前款所称行政行为,包括法律、法规、规章授权的组织作出的行政行为。”根据上述规定,行政机关和行政机关工作人员侵犯他人合法权益的行政行为具有可诉性。但对于行政行为如何界定,相关法律规定不明。

司法实践中,在行政诉讼法实施初始阶段,最高人民法院把行政行为界定为具体行政行为,即具有行政权能的组织依据法律的直接规定和行政主体的主观目的,通过一定的意思表示,行使行政职权或履行行政职责所实施的、能够产生法律效果的行为。鉴于在司法实践中出现的诸多问题,[①]以及作为对诸多学者的质疑的一种回应,最高人民法院在2000年3月8日发布了《关于执行〈中华人民共和国行政诉讼法〉若干问题的解释》(已废止)规定:公民、法人或其他组织对具有国家行政职权的机关和组织及其工作人员的行政行为不服,依法提起诉讼的,属于人民法院行政诉讼受案范围。(现为最高人民法院《关于适用〈中华人民共和国行政诉讼法〉的解释》第1条第1款)通过以行政行为替代具体行政行为的方式拓展了受案范围。根据最高人民法院行政审判庭的说明,该解释中的行政行为是指具有国家行政职权的机关、组织及其工作人员,与行使国家行政权力有关的,对公民、法人或其他组织的权益产生实际影响的行为以及相应的不作为:不仅包括作为,也包括不作为;不仅包括单方行为,也包括双方行为;不仅包括法律行为,也包括非法律行为。[②] 以“实际

① 如对于行政机关不作为行为是否为行政案件受理范围,最高人民法院于1995年6月14日组成〔1995〕行他字第6号答复。再如,对于行政机关内部的通知、纪要、指示等行为是否可诉,最高人民法院公报登载的2个案例给出了答案。公文能否起诉需要区分情况:如果行政机关不另做行政决定,直接执行公文,则需要考虑该公文是否对相对人权利义务产生实际影响……司法实践中无法穷尽的案件类型一次次挑战着可诉行政行为的内涵和外延,“具体行政行为”这一法律术语略显捉襟见肘。

② 参见最高人民法院行政审判庭:《〈关于执行《中华人民共和国行政诉讼法》若干问题的解释〉释义》,中国城市出版社2000年版,第5页。

影响”作为界定行政争议是否具有诉讼成熟性的标准,就将行政事实行为、[①]准行政行为[②]纳入行政诉讼的受案范围。随后,最高人民法院 2004 年 1 月 14 日又公布了《关于规范行政案件案由的通知》(法发〔2004〕2 号),将行政检查、行政合同、行政救助、行政协助、行政允诺以及其他行政行为等这些传统上不属于行政行为范畴的行为纳入行政行为之中,行政行为范围有所扩大。

2014 年,新的《行政诉讼法》直接用“行政行为”替代“具体行政行为”。全国人大法工委组织编写的《中华人民共和国行政诉讼法释义》一书在第 2 条释义中提出可以从以下几点理解“行政行为”:一是行政行为不包括行政机关的规范性文件;二是行政行为既包括作为,也包括不作为;三是行政行为包括事实行为;四是行政行为包括行政机关签订履行协议的行为。[③] 由此看来,行政诉讼法文本中的“行政行为”外延拓宽了,并非仅指狭义的行政法律行为。

二、关于行政行为是否具有可诉性的判断

我国《行政诉讼法》第 12 条规定了人民法院受理行政诉讼的 12 种情形,第 13 条明确了人民法院不受理行政案件的 4 种排除范围。根据法律规定,一项行政行为是否具有可诉性,应从该行为的实施主体、行为内容以及是否对相对人的权利义务产生实际影响、是否具有司法审查必要性和可能性等方面进行判断。一是该行为是拥有行政管理职权的机关、组织所实施的行为。二是该行为是与行使行政管理职权有关的行为。三是该行为对相对人的权利义务产生了实际影响。四是该行为具有司法审查必要性。五是具有司法审查可能性。

三、关于《出警经过》的性质及可诉性分析

司法实践中,对《出警经过》的法律性质存在不同认识。有观点认为,《出警经过》从内容上看应属行政证明,具有公定力,对原告的权益可以产生实际影响,因此是可诉的具体行政行为。对此,笔者认为《出警经过》不是身份证明,也非财产证明,

---

① 学理上认为,行政事实行为是行政主体实施的不产生法律约束力但影响或者改变事实状态的行为,如行政调查、执法人员在执法中非法使用暴力手段等。只要事实行为造成公民合法权益侵害,就具有可诉性。

② 行政主体针对相对人运用行政权所作的,仅以观念表示为内容的行为,称为准行政行为。准行政行为对相对人不产生直接的法律效果,并不产生必然的、确定的、即刻的法律效果。只有当新的事实出现或者其他主体作出与该事实相关的行为时,处于休眠状态的效果意思才表现出其对外的法律效果特性。亦有学者认为,行政法律行为与准行政行为的区别为法律效果的发生是直接还是间接。准法律行为通常指以下 4 种行为:受理行为、通告行为、确认行为、证明行为。

③ 参见信春鹰:《中华人民共和国行政诉讼法释义》,法律出版社 2014 年版,第 8 ~ 9 页。

亦非对某种事实的证明。因为行政证明行为作为公权力机关参与私法的行为，是公权渗入私权的结果。它以政府行政权的公信力为基础，以介绍信、证明为载体，来确认原有已确定的行政相对人的法律关系或者法律事实的相关信息，进而促成和保护行政相对人权利的实现，同时也为相对人以外的第三人提供信息查询和交易基础。行政机关只需将掌握的行政相对人的信息予以复制、输出即可，不掺杂其他的意思表示，不需要再对证明内容进行判断核实。行政证明根据其不同功能可分为行政确认性行政证明①和作证性行政证明。②

在朱某某要求撤销重庆市公安局北碚区分局《出警经过》案中，《出警经过》是应吴某某要求出具，是对处警情况的说明。根据《110 接处警工作规则》要求，公安民警处警结束后如实将处警情况记录在 110 报警服务台中。因此，《出警经过》仅是对执法活动的客观描述，其并非行政证明亦并非结论。比照行政行为可诉性条件，其对当事人权益并不产生实际影响，因此不具有可诉性。

四、关于《出警经过》作为民事案件的证据能力和证明力问题

民事诉讼中，人民法院对于相关案件事实的认定，系以证据为基础。民事诉讼证据对于当事人维护自己的合法权益，对法院查明案件事实、依法正确裁判都具有十分重要的意义。我国《民事诉讼法》第 63 条第 2 款规定：证据必须查证属实，才能作为认定事实的根据。最高人民法院《关于适用〈中华人民共和国民事诉讼法〉的解释》第 103 条第 1 款、第 104 条、第 105 条规定：证据应当在法庭上出示，由当事人互相质证。未经当事人质证的证据，不得作为认定案件事实的根据。人民法院应当组织当事人围绕证据的真实性、合法性以及与待证事实的关联性进行质证，并针对证据有无证明力和证明力大小进行说明和辩论。能够反映案件真实情况、与待证事实相关联、来源和形式符合法律规定的证据，应当作为认定案件事实的根据。人民法院应当按照法定程序，全面、客观地审核证据，依照法律规定，运用逻辑推理和日

---

① 行政确认性行政证明一般是指行政主体依法对行政相对人的法律地位、法律关系或者有关法律事实进行甄别，给予确定、认可、证明（或者否定）并予以宣告的具体行政行为。行政确认性行政证明在日常生活的各个领域均有体现，如居民身份证明、公民无刑事犯罪记录证明、高等院校的学历与学位证明以及产品原产地证明等。

② 指在公民或组织因诉讼需要而提出申请时，行政主体根据法律规定在职权范围内为相对人提供材料来认定某种行为、关系或事实具有真实性的行为。该行政证明的法律效力需区分具体情况：如果行政主体作出的作证性行政证明对利害关系人的权利义务造成了实际影响，则其本质上构成具体行政行为，该行政证明便具有可诉性，否则属于不可诉的准行政行为。

常生活经验法则，对证据有无证明力和证明力大小进行判断，并公开判断的理由和结果。

根据上述规定，人民法院须对当事人出示并进行质证的各种证据材料的证据资格和证据证明力有无以及证明力大小进行综合判断。作为定案依据的证据必须同时具备客观真实性、关联性、合法性的要件。其中，证据的客观真实性是指作为民事证据的事实材料必须是客观存在的。为此，它要求当事人在举证时必须向人民法院提供真实的证据，不得伪造、篡改证据。证据的合法性指作为民事案件定案依据的事实材料必须符合法定的存在形式，并且其获得、提供、审查、保全、认证、质证等证据的适用过程和程序也必须是合乎法律规定的。证据的关联性是指民事证据与待证事实之间存在的客观联系，即证据材料所反映出来的事实本身就是待证事实的一部分或证据材料所反映出来的事实能够间接证明待证事实成立。

对证据证明力的认定，则是按照证据的来源、种类、证据与案件事实的关联程度等阐述证据有无证明价值以及价值的大小进行判断。最高人民法院《关于适用〈中华人民共和国民事诉讼法〉的解释》第114条规定，国家机关或者其他依法具有社会管理职能的组织，在其职权范围内制作的文书所记载的事项推定为真实，但有相反证据足以推翻的除外。必要时，人民法院可以要求制作文书的机关或者组织对文书的真实性予以说明。就当事人持公安机关出具的《出警经过》作为民事诉讼证据使用而言，虽然《出警经过》是国家机关出具的文书，但《出警经过》系对公安机关处警经过的客观记载，其证据资格和证据证明力须由法院根据《民事诉讼法》及相关司法解释予以判断。就本案而言，案外人吴某某持公安机关出具的《出警经过》作为其提起人身损害赔偿诉讼的证据之一，其能否作为认定案件事实的证据以及其证据证明力大小应由人民法院根据《民事诉讼法》和相关司法解释予以判定。朱某某若认为《出警经过》对其不利，应积极寻求其他证据来支持其诉称主张，而非起诉《出警经过》。如未能举示对其有利证据，则需承担举证不利的后果。而这种后果并非行政机关出具《出警经过》直接造成，亦非行政诉讼法所指称的“对相对人权利义务造成实际影响”。

司法政策实施类案例

司法弘扬核心价值观

刘某诉刘某某、周某某请求分割父母出资购买共有房屋纠纷案

基本案情

原告刘某系两被告的独生女。2012 年 11 月，原、被告共同购买重庆市某小区的房屋一套，大部分房款由两被告支付，双方就房屋产权约定原告占 90% 份额，两被告各占 5% 份额。该房是两被告的唯一居住房屋。后原、被告双方因房屋装修产生矛盾，原告向法院提起诉讼，请求判决将两被告所占房屋产权份额转让给原告所有，原告补偿两被告房屋款 2.8 万元。被告认为该房屋主要是自己出资购买，不同意向原告转让产权份额。

裁判结果

人民法院经审理认为，虽然本案讼争房屋系原告和两被告按份共有，并约定原告占房屋产权 90% 的份额，但两被告与原告系父母子女关系，双方以居住为目的购房，两被告支付了大部分房款，并出于对子女的疼爱，将 90% 产权登记在原告名下。现原告要求被告转让产权份额，但被告不同意。依《物权法》第 7 条之规定，原告要求父母将所占房屋份额转让于己的诉求与善良风俗、传统美德不符，依法不予支持。

典型意义

孝敬父母，是中国社会传承几千年的重要家庭伦理道

德。父母为子女含辛茹苦,将子女培养成人,子女长大后理应善待父母,为他们营造安定的生活环境。本案中,父母为购房支付了大部分房款,并从子女利益考虑,让女儿占有房屋产权90%的份额,但作为女儿,原告刘某却意图让父母将其占有的份额转让给自己,从而占有房屋的全部份额,损害了父母利益,违背了中华民族传统的家庭伦理,人民法院依法不予支持。

杜某某诉张某某、何某某保障残疾人经营权纠纷案

基本案情

原告杜某某为双眼全盲残疾人，其租赁壹某公司门面一间用于经营盲人按摩。在杜某某经营过程中，壹某公司不履行出租设施修理义务，且其员工破坏杜某某经营设施，阻碍杜某某对外经营，导致杜某某无法开展正常经营。为此，原告杜某某起诉到法院，要求张某某、何某某恢复其店内设施并赔偿相应的损失。

裁判结果

黔江区人民法院在审理本案过程中查明，原告杜某某作为残疾人，法律知识较为欠缺，诉讼能力较弱，且其起诉的被告错误（不应起诉张某某、何某某）。为切实依法保护残疾人弱势群体的合法经营权益，减轻残疾人的诉讼负担，法院加大案件协调力度，最终促成原告杜某某与案外人壹某公司签订调解协议，切实保护了原告杜某某的合法经营权益。原告杜某某亦撤回了针对被告张某某、何某某的起诉。

典型意义

让残疾人平等参与社会生活、共享改革发展成果，是具体检验支持残疾人事业发展的重要标志。本案原告杜某某

系双眼全盲残疾人，其作为民事主体租赁门面用于经营盲人按摩，是残疾人平等参与社会生活的积极体现，其合法经营权利更应受法律保护。由于其身体残疾、法律知识薄弱、经济条件有限等原因，在依法维护其权益时处于明显弱势地位。法院的审理工作立足保护残疾人生产经营权益，加大案件调解力度，最终通过调解方式结案，依法切实保障残疾人生产经营权利，使本案残疾人能够平等参与社会生活、共享改革发展成果。

徐某诉孟某离婚设置“婚姻冷静期”案

基本案情

原告徐某系聋哑人，与被告孟某于1998年经人介绍相识，1998年12月生育一女，1999年5月1日办理结婚登记手续。原告父母有严重的重男轻女思想，一直希望被告能为家庭生育儿子。但被告孟某生育女儿后，因某些原因无法继续生育，成为原告要求离婚的根本原因。在父母的影响下，2017年4月6日，原告诉至法院，请求与被告离婚，夫妻共同财产依法处理。被告到法院领取传票时，虽明确表态同意与原告离婚，但其言语中却透露出委屈。

裁判结果

在充分了解当事人的家庭情况及离婚原因后，承办法官认为本案当事人的婚姻并非走到了尽头，仍有修复和好的可能。在征求双方意见后，法院给予双方60天的冷静期，用于修复双方的夫妻感情。并要求双方在情感修复期间，克制冲动，认真、全面思考夫妻关系是否有维系的必要。同时，承办法官在此期间也分别对原告及其父亲、被告作了大量的调解工作。在法官动之以情、晓之以理的劝说下，原被告冷静对待、理性处理双方面临的问题，原告于冷静期内主动向法院申请撤回了起诉。

典型意义

家庭是社会的细胞，婚姻则是细胞核。给处于婚姻危机而非死亡状态的离婚案件设置“婚姻冷静期”，让充满温馨的司法关怀与情感诊断、治疗、修复过程相结合，引导当事人深度思考、理性分析面临的问题，平和解决纠纷，从而实现消除危机、修复感情、维护家庭和谐的目的。本案中，法院给予离婚双方 60 天的冷静期，让双方理性解决情感症结和心理纠葛，最终原告在冷静期内主动撤回起诉。

彭某诉李某离婚后轮流抚养子女案

基本案情

2010年5月12日,彭某与李某登记结婚,婚后生育一女李某某。2015年,彭某第三次起诉至法院,请求判决与李某离婚、李某某由其抚养并依法分割夫妻共有财产。审理中,双方对子女由谁直接抚养争执激烈,且双方均有独立抚育婚生女的经济条件,在居住环境、双方的文化程度等综合条件相当,无对未成年子女不利的恶疾、暴力、吸毒等情形。

裁判结果

关于婚生女李某某由谁直接抚养的问题,法院考虑到本案双方当事人对李某某抚育条件基本相当,双方对直接抚养李某某均有强烈愿望且在重庆本地均有较稳定的收入和生活,轮流抚养不会造成李某某成长环境的较大变动和就学的障碍,加之轮流抚养能有效减缓当事人间的矛盾,创造未成年子女成长的和谐环境,且能最大限度满足父母双方与子女间的相互感情需求,有利于未成年子女的健康成长。故法院判决由彭某、李某轮流直接抚养李某某。

典型意义

婚姻家庭是人类文明的重要标志,对于人类社会的健康发展有着无法取代的作用。父母双方的爱对于子女来说都不可或缺,离婚后双方的相处态度对于子女的身心健康至关重要。在离婚诉讼中,应当充分考虑原有的家庭情感作用,为离婚双方的后续相处和子女健康成长提供最优解决方案,体现司法的人性关怀。本案中,离婚男女双方直接抚养子女的条件相当,均有直接抚养的意愿,轮流直接抚养不会影响子女健康成长,人民法院判决离婚双方轮流直接抚养子女有效维系了原有的家庭情感,充分照顾了男女双方的情感需求,为各方当事人尤其是未成年子女提供了良好的成长环境,利于和谐的社会环境的建构。

重庆起点置业发展有限公司颐景酒店分公司诉孟某等婚宴办理损害赔偿案

基本案情

2015年6月30日，原告重庆起点置业发展有限公司颐景酒店分公司与孟某、余某二被告签订《宴席预定协议书》，定于2015年7月25日在原告所属的新华海颐酒店海颐锦宴餐厅举行婚宴。婚礼仪式由聚汇嫁公司主持。2015年7月25日中午，500余名宾客出席婚宴，婚礼拟定于12时08分举行，但在12时05分被告孟某（新郎）候场时，婚庆公司工作人员发现大厅舞台上的天花板有漏水现象，而且水刚好滴到为婚礼准备的两台投射大灯上面。原告随即安排工作人员进行简单维修，婚礼开始时间被迫延后。12时18分开始举行婚礼仪式。为保障安全，现场无法开启为婚礼预先准备的灯光。在仪式进行过程中，正当交换戒指的环节，大厅舞台上的天花板和4桌桌席上方的天花板均开始往下漏水。当新人交换戒指完毕，4桌桌席上方的天花板4～5米的吊顶材料全部垮塌，并掉落部分装饰材料、灯具、杂物等。此垮塌下方4桌桌席上的菜品被废料污损，座位上有的宾客衣服被打湿，坠落天花板的电线裸露出来，现场小范围出现混乱状态。原告随即安排维修工人在大厅垮塌部位搭楼梯进行维修。一部分宾客在被告亲朋好友的安抚指引下，改到楼上就餐；另一部分宾客不知楼上还有座位可就餐，便离开酒店。婚礼仪式进行完毕，午餐结束后未离去的宾客，二被告在原告处继续安排20桌晚餐予以款待。二被告因中午婚礼进行过程中天花板漏水、垮塌,宾客报怨等原因拒绝支付原告费用,并要求原告赔偿精神损失费,遂与原告发生争执。后重庆起点置业发展有限公司颐景酒店分公司起诉到法院,要求二被告支付未付餐费;二被告反诉要求重庆起点置业发展有限公司颐景酒店分公司赔偿精神损害抚慰金等费用。

裁判结果

法院认为,婚礼对于男女双方及家庭成员而言,具有特定的纪念意义,其重要性不言而喻,婚礼能否顺利进行,对当事人具有重大感情价值和情感寄托。本案中,原告因过错,未尽合理范围内的安全保障义务致使婚礼仪式不能按照二被告的计划圆满进行,现场喜庆、愉悦的气氛及视频图像的美好场景均受到破坏。因婚宴现场存在安全隐患,二被告遭宾客抱怨,对二被告而言无法进行补救、不可挽回,致使二被告在当天的宾客面前一直处于难堪境地,留下痛苦的回忆。而嗣后原告也未对二被告进行及时安抚和致歉,给二被告造成一定程度的精神损害。结合原告的过错程度、侵权的时间、场合、方式及损害后果,法院酌情认定原告支付二被告精神损害抚慰金20,000元。

典型意义

举办婚礼留下美好记忆是我国的重要传统和善良风俗。婚礼对于男女双方及家庭成员而言,具有特定的纪念意义,婚礼能否顺利进行,对当事人具有重大感情价值和情感寄托。本案中,酒店因为过错没有尽到合理范围内的安全保障义务使婚礼仪式不能按计划圆满进行,现场气氛受到破坏致使宾客抱怨、新郎新娘处于难堪境地以致留下痛苦回忆。对此,法院结合酒店的过错程度及损害后果等给予结婚当事人一定的精神赔偿,既符合法律规定,也与社会公众对婚礼习俗寄托的情感认知相契合。

陈某某等伪证案

基本案情

2012年上半年的一天，被告人陈某某在时任忠县某镇国土资源管理所所长乐某某的办公室里，代秦某某向乐某某行贿1万元。2014年年初，忠县人民检察院职务犯罪侦查局着手调查乐某某受贿案；同年4月10日，被告人陈某某在检察机关如实陈述了其代秦某某向乐某某行贿1万元的事实。2014年8月，乐某某受贿案进入审判阶段。被告人黎某某为了让丈夫乐某某逃避刑事处罚，于2014年9月至12月期间，在明知陈某某曾代他人向乐某某行贿1万元的情况下，以退还被告人陈某某之前送的1000元及出庭作伪证后退还其代为行贿的1万元为诱饵，唆使被告人陈某某等人出具未向乐某某行贿的亲笔伪证词，指使被告人陈某某在庭审中为乐某某出庭作伪证，并担保如果追究作伪证的法律责任由她自己承担。2014年10月2日，被告人陈某某出具未向乐某某行贿的书面伪证词，并于同年10月16日、12月11日分别在忠县人民法院、重庆市第二中级人民法院审理乐某某受贿案庭审中出庭作证，证实其未向乐某某行贿。被告人陈某某、黎某某到案后如实供述了前述事实。

裁判结果

法院认为，被告人陈某某作为证人，对与案件有重要关系的情节，故意作虚假证明，意图隐匿罪证，其行为已构成伪证罪。被告人黎某某通过贿买的方法指使被告人陈某某作伪证,其行为已构成妨害作证罪。鉴于被告人黎某某、陈某某被抓获归案后如实供述自己的罪行,可以从轻处罚。遂判决被告人黎某某犯妨害作证罪,判处有期徒刑1年2个月;被告人陈某某犯伪证罪,判处有期徒刑1年。

典型意义

诚实守法是每个人的立身之本,亦是每个公民的基本义务。在刑事诉讼中如实作证,是维护司法正常秩序、确保司法裁判公平公正的重要因素,也是每一个公民都应当履行的义务。虚假证词不仅违背诚信原则,更违反了国家关于证人如实作证的法律规定,势必严重影响裁判结果的公正性,危害司法权威,而且直接损害社会诚信建设。本案中,黎某某通过贿买的方法指使被告人陈某某作伪证、陈某某在诉讼中故意作伪证,两被告严重违背诚实信用原则,违反法律义务,受到应有刑事制裁。

生态文明司法保护

重庆市人民政府、重庆两江志愿服务发展中心诉重庆藏金阁物业管理有限公司等生态环境损害赔偿纠纷案

基本案情

藏金阁公司负责处理藏金阁电镀工业园区企业产生的废水，该公司将废水处理项目通过协议委托给首旭公司。2016 年 4 月、5 月，执法人员检查发现废水处理站中的废水未经处理便排入外环境，外排废水重金属超标。经鉴定违法排放废水共计 145,624 吨，生态环境污染损害量化数额为 1441.6776 万元。两江志愿者服务发展中心、重庆市人民政府先后提起诉讼，要求二被告连带赔偿生态环境损害费用用于异地替代修复。

裁判结果

重庆市第一中级人民法院认为，藏金阁公司和首旭公司对于违法排污存在主观上的共同故意和客观上的共同行为，构成共同侵权，应当承担连带责任。判决二被告连带赔偿生态环境修复费用 1441.6776 万元，用于开展替代修复。

典型意义

本案系全国首批、重庆首例生态环境损害赔偿诉讼案件，作为试点期间为数不多的诉讼案件之一，为生态环境损

害赔偿诉讼的经验积累与制度完善提供了样本。重庆市人民政府提起生态环境损害赔偿诉讼,重庆两江志愿服务发展中心提起环境公益诉讼,两案案件事实相同、诉讼目的一致、被告相同、诉讼请求基本相同,法院将公益诉讼和生态环境损害赔偿诉讼合并审理,为公益诉讼和生态环境损害赔偿诉讼的衔接进行了有益的尝试。

本案中,藏金阁公司将废水处理业务交由专业环境公司实施,对由此产生的责任承担问题,本案依据排污主体的法定责任、行为的违法性、主观上的默契及客观上的相互配合等因素对二者是否构成共同侵权进行综合判断,通过准确把握举证证明责任和归责原则判决藏金阁公司和首旭公司承担连带责任,有力地维护了环境公共利益。

中华环境保护基金会诉中化重庆涪陵化工有限公司环境污染民事公益诉讼案

基本案情

2014年1月12日至2016年4月7日，中化重庆涪陵化工有限公司（以下简称涪陵化工）因超标排放污水、废气等污染环境的违法行为，被行政机关处罚12次。央视《经济半小时》节目报道了涪陵化工污染环境的相关事实之后，涪陵化工在当地政府及环保监管机构的监管下，制定了整改处置方案，并按方案要求组织整改。中华环境保护基金会向人民法院提起诉讼，要求涪陵化工停止违反环境保护法规的生产、排放行为；赔偿生态环境修复费用、生态环境服务功能损失。重庆市人民检察院第三分院支持中华环境保护基金会的起诉。经鉴定，本案生态环境修复费用为523,700.80元。

裁判结果

在法院审理期间，涪陵化工纠正违法行为，实现达标排放。涪陵化工已按环境保护行政监管部门的要求制定了相应的整改方案且正在实施。经法院主持调解达成协议，涪陵化工按整改方案在2019年12月31日前完成复绿及受损环境修复工作；涪陵化工在鉴定的生态修复费用523,700.80元的基础上，自愿补充赔偿8万元，另行支付生态环境服务功能损失费20万元，以上款项共计803,700.80元。

典型意义

因涪陵化工的污染事实在中央环保督察期间被央视曝光,本案具有较大的社会影响和典型性。为充分确保公众参与和社会监督,4 名人民陪审员与 3 名审判员共同组成 7 人制合议庭进行审理。

诉讼中,涪陵化工在环保部门监管下按照整改处置方案积极整改,停止侵害,实现达标排放,公益诉讼的诉讼目的部分得以实现,使本案具备了调解的基础。

法院将调解协议在互联网公开,保障社会公众在环境公益诉讼案件调解程序中的知情权、参与权;引入专家参与诉讼制度,在专家库中挑选了 3 名专家对鉴定意见及和解协议中的环境修复技术部分进行审查,保证裁判结果的科学性;以调解书的形式确认企业制定的整改方案,节约司法资源,减轻当事人讼累;主动向当地政府、环保行政主管部门以及被告的上级公司发送司法建议,保障调解结果的正确执行。

杜某某、张某非法采矿案

基本案情

杜某某、张某出资新建“海牛77”号挖石船未取得长江河道采砂许可证,2016年3月,杜某某、张某组织工人在糖房嘴长江河道处进行非法挖采、销售砂石,直至2016年5月16日被查获。经统计,从2016年4月1日至2016年5月16日,杜某某、张某非法挖采河砂42,388吨,销售金额1,058,600元。2016年5月,杜某某、张某先后主动到重庆市江津区公安局办案中心接受讯问,供述“海牛77”号挖石船系在没有取得河道采砂许可证的情况下采砂。

裁判结果

重庆市江津区人民法院一审认为,被告人杜某某、张某违反《矿产资源法》的规定,未取得采砂许可证擅自在禁采区内采砂,其行为构成非法采矿罪且情节特别严重。综合被告人杜某某、张某的犯罪事实、情节及悔罪情况,以非法采矿罪分别判处杜某某有期徒刑1年9个月,并处罚金100万元,判处张某有期徒刑1年9个月,并处罚金100万元,依法追缴违法所得105.86万元。

典型意义

本案被告人明知其未取得采矿许可证,也明知长江河道禁采区的相关规定,仍擅自在禁采区内采砂。法院根据非法采矿司法解释的规定依法追缴二被告人违法所得 105.86 万元的同时，对被告人分别判处罚金 100 万，大幅提高了其犯罪成本，有利于从根本上遏制此类犯罪的发生。

刘某某非法占用农用地案

基本案情

2014 年 5 月 15 日，刘某某代表紫联公司与重庆市永川区五间镇政府签订圣水湖项目投资协议。随后，刘某某又以紫联公司的名义与重庆市永川区五间镇合兴村何家坝村民小组签订了土地承包经营权出租合同，租赁该村 400 余亩土地从事蔬菜、花卉特色产业及乡村旅游等生产经营活动。在未经有关政府部门用地审批的情况下，刘某某等人在租赁的土地施工修建办公生活临时设施用房及项目建设。2015 年 3 月，该项目被政府叫停。经现场勘查和鉴定，紫联公司未经审批占用的农用地共计 7468 平方米，其中基本农田 6675 平方米，造成了 6.11 亩（4074 平方米）的基本农田被重度破坏。

裁判结果

重庆市江津区人民法院认为，刘某某作为紫联公司的主管人员，违反土地管理法规，非法占用耕地，改变被占用土地用途，造成基本农田 6.11 亩严重毁坏，数量较大，其行为构成非法占用农用地罪，判处有期徒刑 8 个月，并处罚金人民币 30,000 元。刘某某不服，提起上诉，二审驳回上诉，维持原判。

典型意义

刘某某租赁农村土地约定从事蔬菜、花卉特色产业及乡村旅游,客观上有利于农村的振兴。但其未经审批、在相关行政部门多次叫停的情况下,仍继续施工建设,造成基本农田被重度破坏。开发农业资源必须遵守国家法律法规,必须履行相关审批手续。本案对维护耕地红线、维护农村生态环境安全具有警示意义。

熊某某等非法猎捕珍贵野生动物案

基本案情

2017 年 3 月 25 日，被告人熊某某、杜某、江某某共谋使用渔网在长江捕捉鱼虾用于食用。当晚，3 人携带渔网、鱼竿等工具到长江干流龙洞湾水域实施捕鱼，使用渔网捕捉到 2 只白鲢鱼和 1 条胭脂鱼幼鱼，被民警当场查获，三人所使用的 2 张刺网网目尺寸分别为 6 厘米和 10 厘米，重庆市规定刺网“长江干流和嘉陵江、乌江水域网目尺寸不得小于 8 厘米”。

经鉴定，被告人熊某某、杜某、江某某捕捉的胭脂鱼属于国家二级保护野生动物。

重庆市天然水域禁渔期为每年的 3 月 1 日至 6 月 30 日。长江在重庆市内的干流江段系国家农业部规定的禁渔区。

裁判结果

重庆市涪陵区人民法院认为，被告 3 人违反国家保护水产资源法规，在禁渔期、禁渔区内采用禁用方法捕捞水产品，情节严重，同时捕获野生鱼类胭脂鱼 1 条，系国家重点保护的珍贵野生动物，3 名被告人的行为均构成非法猎捕珍贵野生动物罪，同时还触犯了非法捕捞水产品罪，应择一重罪即非法猎捕珍贵野生动物罪定罪处罚。涪陵区法院根据 3 名被告人坦白、悔罪表现予以了从轻处罚，分别判处有期徒刑 6 个月，并处罚金 2000 元。

典型意义

长江是我国淡水渔业资源最丰富的河流,拥有众多水生物种及珍贵的生物基因。随着水产捕捞违法行为的增多,长江流域渔业资源遭到严重破坏,不仅导致鱼类数量、种类大大减少,甚至出现许多珍稀鱼类特别是一些长江流域特有的鱼类已经面临灭绝的危险。我国2003年开始实行长江禁渔期制度。加强对包括胭脂鱼在内的珍贵野生动物的保护,是落实“共抓大保护,不搞大开发”的具体实践,对维护长江生态平衡和生物多样性具有很强的现实意义。

重庆市永川区明华建材厂诉重庆市永川区环境保护局按日计罚行政处罚案

基本案情

明华建材厂排放污染物许可证有效期于2014年9月27日过期。2016年11月24日,永川环保局检查发现明华建材厂正在生产并向外环境排放污染物,以无证排污为由作出责令停止排污、罚款2万元的行政处罚。同时,永川环保局向明华建材厂送达《责令改正违法行为决定书》,否则将按《环境保护法》和《重庆市环境保护条例》的有关规定实施按日连续处罚。永川环保局经多次复查,发现明华建材厂仍在生产并向外环境排放污染物,作出对2016年11月30日至2016年12月20日共计21日期间拒不改正违法排污行为每日处2万元罚款,共计罚款42万元整的行政处罚。明华建材厂对按日计罚的行政行为不服,提起诉讼。

裁判结果

重庆市江津区人民法院一审认为,永川区环保局作出的按日处罚行政行为事实清楚,证据充分,程序合法,判决驳回原告的诉讼请求。一审判决已生效。

典型意义

未来3年打好污染防治攻坚战的重中之重是打赢蓝天

保卫战。2015 年实施的新环保法确立了按日计罚制度,该项制度通过严厉惩治企业的持续违法排污行为,引导和督促排污者及时改正环境违法行为,避免环境污染的扩大,有利于建立起正确的激励导向,对于实现污染防治目标具有十分重要的意义。

垫江县环境保护局申请强制执行张某某违法排放养殖废水行政处罚案

基本案情

垫江县环境保护局认定张某某未办理排放污染物许可证,在距离官仓水库(饮用水源)150 米处养殖生猪 500 多头,养殖废水经简单处理后排入附近鱼塘,鱼塘与官仓水库仅 5 米之隔。垫江县环境保护局以张某某未取得排污许可证违法排放污染物为由对其作出罚款 15 万元的行政处罚。张某某不服,向垫江县人民政府申请行政复议。垫江县人民政府维持该处罚决定。在规定期限内张某某未向人民法院起诉,也未履行行政处罚决定。垫江县环保局向重庆市涪陵区人民法院申请执行该处罚决定。张某某称其已与垫江县白家镇人民政府签订《禁养区畜禽养殖场关闭搬迁补偿协议》,并已搬迁完毕并验收合格,环保罚款不应该再执行。

裁判结果

重庆市涪陵区人民法院认为,张某某在未取得排污许可证擅自排放污染物的行为依法应受处罚。垫江县环保局作出的行政处罚决定认定事实清楚,证据充分,程序合法,适用法律正确,无明显违法并损害被执行人合法权益的情形。在其与垫江县白家镇政府协商搬迁过程中,垫江县环保局并未表示若张某某主动搬迁就不再执行罚款处罚,不能认为垫江县环保局已经变更行政处罚,遂裁定准予强制执行。

典型意义

近年来,我国畜禽养殖业发展迅速,但畜禽养殖污染防治设施普遍配套不到位,导致农村环境受到严重污染。对饮用水源周边的畜牧养殖业进行严格管控是保障人民群众身体健康的重要措施。本案中,人民法院积极支持环境监督管理部门依法履行环境保护职责,对其作出的行政处罚行为在依法审查后准予强制执行,有利于农村人居环境治理和美丽宜居乡村建设的深入开展。

吴某某诉正轩房地产公司等噪声污染责任纠纷案

基本案情

正轩公司于2013年年底开始在石柱县城开发“渝东·中央大街”项目,吴某某家住附近。2014年年初佳宇公司进场施工至同年9月,期间有夜间施工和产生工程噪声的情况,之后江西朝晖公司进场施工。朝晖公司仅取得2014年10月22日至24日夜间施工的许可证。石柱县环境监测站于2014年11月12日对项目工地夜间施工噪声进行监测,结果显示超标,2015年4月19日对工地昼间施工噪声进行监测,结果显示亦超标。施工期间,吴某某出现抑郁情绪发作的情况,先后被诊断为心境障碍(抑郁发作)住院治疗。

裁判结果

重庆市黔江区人民法院经审理后判决:正轩公司、朝晖公司、佳宇公司按照各自对损害发挥的作用对吴某某承担赔偿责任,正轩公司、朝晖公司采取措施使“渝东·中央大街”项目的施工工地噪声排放达到国家标准;朝晖公司在未取得夜间施工许可的情况下,禁止在该工地夜间施工。宣判后,正轩公司不服,提起上诉。重庆市第四中级人民法院认为,正轩公司对案涉项目建设产生的噪声有法定的采取措施防治的义务,其未履行该义务致发生噪声污染,属于不作为导致污染发生的情形,应当承担噪声污染责任。一审判决结果并无不当,判决维持原判。

典型意义

近年来,环境污染责任纠纷案件中涉及城市建筑噪声的案件呈上升趋势。建设单位是建设工程的投资人,是工程建设项目的总负责方,依照法律的规定负有进行建设项目环境影响评价及采取环境保护措施的法律责任,无论建设单位是否将建设项目的施工对外发包,均不能免除其在项目实施中的环境保护义务。强化建设单位不履行职责的法律责任,可有效减少噪声污染的发生,还群众以宁静。

重庆市铜梁区安居镇杨乐村村民委员会第七村民小组诉重庆龙珠电力股份有限公司排除违法倾倒施工渣土纠纷案

基本案情

安居水电站龙珠电力公司管理与运营。2015 年 7 月 27 日，安居水电站扩建工程于 2016 年开始施工，龙珠电力公司将施工渣土倾倒在涪江沿安居镇琵琶村一侧江边，位于安居镇杨乐村七组的土地对岸，占据部分河道。杨乐村七组起诉要求龙珠电力公司承担停止侵害、修建防护堤等民事责任。

裁判结果

重庆市渝北区人民法院一审认为，龙珠电力公司未经许可擅自将施工渣土倾倒在涪江，不仅影响行洪安全，客观上也增大了包括杨乐村七组土地在内的对岸沿江土地遭受的安全风险，判决龙珠电力公司清除其倾倒在涪江中的渣土。重庆市第一中级人民法院二审维持了一审判决。

典型意义

本案系农村集体经济组织为维护土地安全而提起的诉讼。近年来，农业面源污染加剧、土壤污染和生态破坏日趋严重。农村土地实行承包经营,在农村土地遭到污染、土地安全受到威胁时,在农村土地承包经营户未提起诉讼的情况下,农村集体经济组织作为农村土地的所有权人,有权提起诉讼,维护耕地安全。

民营经济司法保护

重庆融豪投资(集团)有限公司与泸州市江阳区人民政府等合同纠纷案

基本案情

2008年泸州市江阳区人民政府(以下简称区政府)通过公开招商,与民营企业重庆融豪投资(集团)有限公司(以下简称融豪投资公司)订立一系列土地整理项目投资协议,约定由融豪投资公司投资3.2亿元对该区两块土地实施土地整理。协议订立后,融豪投资公司陆续投入1亿余元资金用于该项目。2014年区政府向融豪投资公司发函称,以上协议违反国务院办公厅《关于规范国有土地使用权出让收支管理的通知》和四川省国土资源厅、省财政厅、省监察厅、省审计厅联合下发的《关于进一步加强国有土地使用权出让收支管理的通知》文件精神,要求终止履行以上协议。融豪投资公司诉至法院,请求确认区政府终止履行协议的函无效,并要求区政府继续履行协议。

裁判结果

重庆市高级人民法院一审认为:区政府解除行为是否产生效力应当依据《合同法》第94条的规定进行审查。该条规定:“有下列情形之一的,当事人可以解除合同:(一)因不可抗力致使不能实现合同目的;(二)在履行期限届满之前,当事人一方明确表示或者以自己的行为表明不履行主要债务;(三)当事人一方迟延履行主要债务,经催告后在合理期限内仍未履行;(四)当事人一方迟延履行债务或者有其他违约行为致使不能实现合同目的;(五)法律规定的其他情形。”本案中,区政府所提及2份文件并非法律、行政法规,且未对本案所涉协议明令禁止,区政府以政策变化为由要求解除相关协议的理由不能成立,其发出的终止履行协议的函不产生解除合同的效力。法院判决确认解除协议的函无效,区政府继续履行与融豪投资公司签订的相关协议。一审判决后,双方当事人均未上诉。

典型意义

本案是规范政府机关擅自解除民商事合同行为的典型案例。实践中,个别地方政府与民营企业签订民商事合同后,以各种借口否认合同效力,达到不履行合同的目的,影响正常市场交易秩序,侵害了民营企业的合法权益,应予规范。本案中,区政府通过公开招商程序与融豪投资公司订立投资协议,但在融豪投资公司作了大量投入后,却以投资协议违反有关文件为由要求终止协议的履行,有违诚信。法院审理该案时,平等对待融豪投资公司与区政府,准确适用《合同法》关于合同解除的相关规定,依法支持融豪投资公司要求继续履行协议的请求,有效地维护了民营企业的合法权益。

重庆克忠房地产开发有限公司与重庆市万州区国土资源和房屋管理局等土地使用权转让合同纠纷案

基本案情

2011年7月21日，重庆克忠房地产开发有限公司（以下简称克忠房地产公司）在重庆市万州区公共资源综合交易中心组织的土地拍卖中拍得涉案土地，并与重庆市万州区国土资源和房屋管理局（以下简称万州区国土房管局）签订了《国有建设用地使用权出让合同》。合同签订前后，克忠房地产公司交纳土地出让金及税费共计11,747,700元。2011年9月13日，万州区国土房管局与克忠房地产公司的法定代表人陈克忠签署了《建设用地交地备忘录》。其后，万州区房管局为涉案土地办理了国有土地使用权证。2014年4月16日，克忠房地产公司将该土地使用权证用于银行抵押贷款。因该宗土地上的二次青苗补偿问题未予解决，克忠房地产公司一直无法进场施工。克忠房地产公司为此自2013年4月起向万州区国土房管局、重庆市万州三峡平湖有限公司（以下简称三峡平湖公司）及重庆市万州区人民政府等相关部门和人员致函要求解决交付净地和进场施工问题，但无果。克忠房地产公司遂于2014年7月23日提起本案诉讼，请求：(1)万州区国土房管局、重庆市万州建设开发有限公司（以下简称万州建设开发公司）及三峡平湖公司承担逾期交付土地违约金12,004,200元;(2)万州区国土房管局、万州建设开发公司及三峡平湖公司赔偿因逾期交付土地给克忠房地产公司造成的直接损失;(3)万州区国土房管局、万州建设开发公司及三峡平湖公司赔偿因逾期交付土地而产生的房屋租金、快递费用共计74,792.7元。

裁判结果

重庆市第二中级人民法院认为,尽管万州区国土房管局与克忠房地产公司法定代表人陈克忠签署了《建设用地交地备忘录》,并为该公司办理了土地使用权证书,但由于该宗土地上仍有青苗、坟墓等附着物,故双方的上述行为仅系履行书面手续,土地并未实际交付。直至2014年8月21日克忠房地产公司进场,实施施工围合,该公司才实际占有使用该宗土地。故万州区国土房管局交付土地的时间应为2014年8月21日。由于万州区国土房管局未在合同约定的时间内交付本案诉争土地,其行为构成违约,应承担违约责任。遂判决:(1)万州区国土房管局在本判决生效后10日内支付克忠房地产公司违约金,以11,747,700元为基数,从2011年9月30日起至2014年8月21日止,按中国人民银行同期贷款基准利率的4倍计算;(2)驳回克忠房地产公司的其他诉讼请求。

一审宣判后,克忠房地产公司及万州区国土房管局均提起上诉。重庆市高级人民法院认为,根据国土资电发〔2007〕36号《关于加大闲置土地处置力度的通知》规定及重庆市万州区人民政府向万州区国土房管局作出的《关于万州建设开发公司位于万州区钟鼓楼街道枇杷坪社区三组范围连同周边国有存量土地共计1918.49平方米国有建设用地使用权拍卖出让方案的批复》(万州府土函〔2011〕74号),万州区国土房管局在拟进行公开拍卖时明知涉案土地应当按照"净地"条件进行交付;根据万州区公共资源综合交易中心就涉案土地发布的《万州区国有建设用地使用权拍卖出让竞买须知》第15条的告知,参与竞拍的克忠房地产公司亦有理由相信万州区国土房管局向其交付的土地为"净地"。结合三峡平湖公司于2014年8月5日对种植户发出的限期清除公告,以及涉案土地上的二次青苗、附着物补偿和清场工作实际由万州区钟鼓楼街道办事处完成的事实,可以认定双方实际上对合同中约定的"交地"均有"交付净地"的意思表示。各方签署《建设用地交地备忘录》时,涉案土地上尚有他人栽种的青苗、附着物,并非"净地",克忠房地产公司无法实际接收土地。该公司在签署备忘录后也一直在要求相关单位和部门解决交付净地和解决进场施工问题。故《建设用地交地备忘录》尚不足以证明克忠房地产公司自愿接受"现状交地"。万州区国土房管局应向克忠房地产公司承担迟延交地的违约责任。当事人一方履行合同义务不符合约定,其承担的违约责任应当相当于因违约所造成的损失。克忠房地产公司2014年4月16日用涉案土地使用权向哈尔滨银行股份有限公司重庆万州支行抵押贷款800万元,通过部分实现涉案土地使用权的交换价值,减少了800万元资金占用损失,相应地应当减轻万州区国土房管局的违约责任。遂改判:万州区国土房管局支付克忠房地产公司违约金,自2011年9月30日起至2014年4月16日止,以1140万元为基数,按中国人民银行同期贷款基准利率的4倍计算;自2014年4月16日起至2014年8月21日止,以340万元为基数,按中国人民银行同期贷款基准利率的4倍计算。

典型意义

本案体现了对民营经济合法权益的平等保护。因二次补偿不到位导致企业名义上获得土地使用权,但实际上无法使用土地的现象较为普遍,克忠房地产公司签署了《建设用地交地备忘录》,也获得了土地使用权证,但无法进场施工,客观上并未能取得土地使用权,国土房管部门应当承担违约责任。但另外,克忠房地产公司也通过土地使用权证向银行抵押贷款获得了该土地一定的使用价值,对其损失起到了相应弥补,由此可以适当减轻国土房管部门的违约责任。

重庆天宇实业集团有限公司与重庆市涪陵区龙潭镇人民政府建设工程施工合同纠纷案

基本案情

2010年2月，重庆天宇实业集团有限公司（以下简称天宇公司）与重庆市涪陵区龙潭镇人民政府（以下简称龙潭镇政府）签订《建设工程施工合同》，约定龙潭镇政府将龙潭镇廉租房建设一期工程的部分工程发包给天宇公司施工建设，工程款为固定价3,401,783.14元，并约定了结算方式、违约责任等内容。天宇公司施工完毕后，双方对工程款进行结算，结算金额为5,583,860.1元。天宇公司、龙潭镇政府及重庆华大建筑工程监理有限公司均在重庆市建筑安装工程造价预（结）算书上加盖公章对结算金额进行了确认。龙潭镇政府仅支付了380万元工程款，天宇公司遂提起诉讼，请求人民法院判决龙潭镇政府支付尚欠的工程款及相应利息2,511,879.39元。

裁判结果

重庆市涪陵区人民法院一审认为，双方当事人签订的《建设工程施工合同》是双方真实意思表示，内容不违反法律规定，应受法律保护。虽然该合同对工程款作了约定，但在工程完工后，双方对工程款进行了重新结算，应视为双方对工程款作了重新约定，龙潭镇政府应将重新约定的工程款金额支付给天宇公司。经双方结算确认的工程款为 5,583,860.1 元,龙潭镇政府已支付 380 万元,故龙潭镇政府尚欠工程款 1,783,860.1 元。利息根据案涉《建设工程施工合同》确定为从天宇公司起诉之日(2014 年 10 月 20 日)起,按中国人民银行同期同类贷款利率标准计算至付清之日。一审法院判决龙潭镇政府支付天宇公司工程款 1,783,860.1 元,并支付该款从 2014 年 10 月 20 日起至付清之日止按中国人民银行同期同类贷款利率计算的利息。天宇公司、龙潭镇政府均提起上诉,重庆市第三中级人民法院作出二审判决,驳回上诉,维持原判。龙潭镇政府申请再审,重庆市高级人民法院裁定驳回其再审申请。

典型意义

本案是人民法院依法审理基层人民政府与民营企业之间建设工程施工合同纠纷的典型案例。双方当事人的争议焦点是工程款金额。天宇公司与龙潭镇政府签订的《建设工程施工合同》约定的工程款为固定价 340 万余元,但在工程完工后,双方对工程款达成了结算意见,对工程款金额重新约定为 5,583,860.1 元。人民法院审理该案时,平等对待基层人民政府和民营企业,准确适用法律,支持了天宇公司要求按双方达成的工程款结算意见确定工程款的诉讼请求,依法保护了民营企业权益,维护了诚实守信的市场交易秩序。

左某等与重庆市蓝源机械制造有限公司民间借贷纠纷案

基本案情

重庆市蓝源机械制造有限公司成立于2005年，是荣昌区一家专业生产各种铝合金压铸件及机加成品的高新科技民营企业。公司现有固定资产8000万元，占地80余亩，员工300多人。公司拥有先进的生产设备及检验设备，具备压铸行业、机械制造行业高级工程师和一流的管理人才，直接服务于汽车摩托车工业广大用户，并于2008年10月通过ISO/TS16949:2002质量管理体系认证。该公司拥有雄厚的制造加工能力，压铸制造年产量为3600吨，机加成品年产量为45万套。2013~2015年，该公司在经营过程中，多次分别向左某等68人借款共计5185万元。现借款均已到期，公司资金出现困难，无法偿还上述借款及银行贷款，面临破产。

诉前化解结果

重庆市蓝源机械制造有限公司虽面临资金困难问题，但生产经营能力较强，如能挺过当前困难时期，待市场销售情况好转，就能顺利渡过难关。如果公司就此破产，300多名工人将失业，诸多债权人债权也难以全部得到清偿，将会造成社会问题。重庆市荣昌区人民法院（以下简称荣昌法院）

在受理调解申请后，对重庆市蓝源机械制造有限公司的债权债务、经营情况进行认真了解和分析，并在此基础上制定具体调解方案。调解方案拟通过分期还款延长还款时间或债转投的方式，减轻企业当期还款债务，使企业能轻装上阵。同时，针对债务的不同类型，银行金融借贷类债务借助区相关职能部门的协调作用，协调各金融机构对该企业的借款采取降息方式，不断贷、不抽贷；民间借贷类借款，采取多部门协调，让债权人考虑到公司现状，自愿保本停息，由企业与全体债权人订立一个标准的还款计划，在荣昌法院达成还款协议，降低企业的讼累，减少企业的诉讼成本；对于已经进入执行的债务，协调申请人与企业达成执行和解协议，与其他债权人统一一个还款标准。荣昌法院在调解过程中，汇集多方化解力量，会同区内相关部门，多次召集当事人双方协商，最终达成债务分期 8 年偿还本金或债权经企业资产评估后转股权的协议。

典型意义

本案是民营企业债务纠纷诉前化解的典型案例。实践中，许多企业因为面临资金链断裂，无法偿还银行等债务而陷入经济困境。在这些企业中，有的企业只是因行业经济下滑，一时陷入经营困难，实际仍具有很强的生产能力和经营潜力，如对此类企业简单采用破产清算方法处理或任其发展，将使债权人、企业和职工均陷入多方失利的局面，甚至将一些前景很好的企业直接推入破产困境。通过诉前调解方式，多元并举，通力合作，促使债权人与企业协商，延长还债期限，让企业渡过暂时困境，无疑给了企业再次重生的机会，也避免了企业破产或倒闭所导致的社会问题。

重庆市长寿区十字坡餐馆与重庆市长寿区长寿湖镇人民政府行政行为违法案

基本案情

原告十字坡餐馆于2013年3月19日取得食品流通许可证，该证有效期限为2013年3月19日至2016年3月18日。2016年2月29日，原告向被告长寿湖镇政府申请延续食品流通许可证的有效期，被告要求原告按照《长寿湖镇办理食品流通许可证汇签表》的填写要求，经过被告及长寿湖管委会的拟办人员、分管领导、主要领导签署审批意见后，才能为其办理食品流通许可的延续。原告认为，被告设置《长寿湖镇办理食品流通许可证汇签表》的行为没有法律依据，属于滥用权力，遂向本院提起行政诉讼，请求法院确认被告设置汇签表的行为违法。

裁判结果

根据渝食药监食流通〔2014〕7号《重庆市食品药品监督管理局关于进一步明确食品流通许可权限规范食品流通许可审批程序的通知》的规定，重庆市食品药品监督管理局长寿区分局具有对食品流通许可事项的审批权限。本案中，被告在原告申请办理食品流通延续许可的过程中设置《长寿湖镇办理食品流通许可证汇签表》的行为，没有法律依据，应被确认违法。依照《行政诉讼法》第74条第2款1项的规定,判决:确认被告重庆市长寿区长寿湖镇人民政府设置《长寿湖镇办理食品流通许可证汇签表》的行为违法。

典型意义

实践中存在少数行政机关利用职权违法设置门槛,对行政相对人正常办理相关手续造成不必要麻烦的问题。本案中,相关镇政府在十字坡餐馆申请办理食品流通延续许可的过程中设置《长寿湖镇办理食品流通许可证汇签表》的行为,没有法律依据,系非法设置门槛,影响了餐馆正常审批,因此餐馆请求法院确认被告设置汇签表的行为违法的诉讼请求,在有证据支持范围内,得到人民法院支持。人民法院审理该案件时,平等对待双方当事人,准确适用重庆市食品药品监督管理局《关于进一步明确食品流通许可权限规范食品流通许可审批程序的通知》的相关规定,依法支持重庆市长寿区十字坡餐馆的相应诉讼请求,维护了其合法权益。

垫江县东渝燃气有限公司与垫江县经济和信息化委员会其他行政行为案

基本案情

2015年7月20日,垫江县东渝燃气有限公司(以下简称东渝公司)与垫江县桂溪镇峡口社区居民委员会(以下简称峡口居委会)签订《天然气安装合同》,约定由东渝公司为峡口居委会规划建设范围内所有住户安装燃气管道及设施设备,并约定了安装范围及户头设施、安装价格及户数、付款方式和双方的权利义务等。垫江县经济和信息化委员会(以下简称垫江经信委)得知后,认为该合同涉及的社区不属于东渝公司许可的安装范围以及涉嫌违法收费,遂于2015年12月2日召集东渝公司、重庆鼎发实业股份有限公司(以下简称鼎发公司)、峡口居委会及垫江县桂溪街道办事处协调,后垫江经信委以该办公室的名义发出2015－18《"峡口新村"天然气安装协调会议纪要》(简称2015－18会议纪要):"1.东渝公司立即完全退出峡口新村天然气管道的安装工作,峡口新村天然气管道由鼎发公司牵头组织安装并负责以后的供气维护;2.鼎发公司与峡口社区按照原东渝公司与峡口社区同等条件签订完善相关合同,并完善天然气设施建设项目手续后施工;3.鼎发公司在合法施工中,东渝公司不得阻碍施工。"2015年12月5日,峡口居委会书面通知东渝公司认为:根据2015－18会议纪要精神,双方签订的合同无法履行。鼎发公司在现场张贴了上述会议纪要并与峡口居委会签订了新的合同并实际履行。之后，东渝公司以该会议纪要影响其与峡口居委会签订的合同的顺利履行，给其造成重大损失为由，向人民法院提起行政诉讼，请求撤销该会议纪要。

裁判结果

重庆市涪陵区人民法院一审认为，垫江经信委没有提供垫江县天然气安装规划方案，以证明东渝公司未获得在峡口居委会安装天然气管道的许可，属于跨区域违法安装，垫江经信委发出的会议纪要明显不当，但因鼎发公司、峡口居委会签订了合同并实际履行，导致会议纪要在事实上无法撤销，判决确认垫江经信委作出的2015－18会议纪要违法。一审宣判后，垫江经信委向重庆市第三中级人民法院提起上诉。重庆市第三中级人民法院认为，垫江经信委作为辖区天然气行业监管机关，具有对辖区内的天然气行业进行监督和管理的职责，但应当在法律规定的职权范围内履职，不得超越和滥用职权。本案中，垫江经信委作出会议纪要，要求东渝公司退出峡口新村天然气管道的安装工作，并由鼎发公司组织安装，本质上系通过行政手段干预东渝公司以及鼎发公司与峡口居委会之间的民事活动，属于滥用职权，应当被撤销。但鉴于鼎发公司已经与峡口居委会签订合同并实际履行，撤销该会议纪要会引发新的纠纷和矛盾，对人民群众的正常生产生活产生不利影响，故一审法院判决确认该会议纪要违法，并无不当。判决驳回上诉，维持原判。

典型意义

本案是关于政府违反职权法定原则，滥用行政权力，以会议纪要形式发布含有限制竞争内容的典型案例。职权法定原则是行政机关依法行政必须遵守的基本原则，行政机关及其工作人员行使职权必须有法律的明确授权且必须在法律规定的职权范围内活动。《反垄断法》第32条规定，行政机关和法律、法规授权的具有管理公共事务职能的组织不得滥用行政权力，限定或者变相限定单位或者个人经营、购买、使用其指定的经营者提供的商品；第37条规定，行政机关不得滥用行政权力，制定含有排除、限制竞争内容的规定。本案中，在行政机关不能提供作出被诉会议纪要依据的情况下，人民法院判决确认会议纪要违法，妥善维护了相对人合法权益。

中盐重庆长寿盐化有限公司等与重庆市长寿区珍心鲜农业开发有限公司环境污染责任纠纷案

基本案情

2011年3月,中盐长寿公司与四川钻井大队签订长平三井钻井施工合同,约定由四川钻井大队负责长平三井的钻井施工,地点位于珍心鲜农业基地西侧约30米。施工过程中产生的含盐污水对土壤造成污染,双方于2012年2月签订《协议书》,约定四川钻井大队一次性补偿珍心鲜农业公司50万元损失。2012年4月至5月,四川钻井大队因处理、填埋长平三井产生的污染物措施不当,加上下雨等因素,致使周边土壤受到污染。另外,中盐长寿公司的长平二井位于珍心鲜农业基地西北侧约100米处。2012年4月,长平二井配套管道发生泄漏,也导致周边土壤受到污染。经鉴定,环境修复费用为9.848万元,珍心鲜农业公司的农产品减产损失每年为21.19万元,土壤修复期间(1年)的产出损害费用为6.494万元,土壤的超标情况随着与长平三井、长平二井距离的增加,污染程度呈递减趋势。珍心鲜农业公司遂向法院起诉,请求:(1)中盐长寿公司、四川钻井大队停止侵害,恢复被污染土地原状;(2)赔偿2012年6月1日至2017年6月1日止的农产品损失、土壤修复期间损失等费用共141.952万元。

裁判结果

一审法院认为,四川钻井大队、中盐长寿公司分别实施了污染涉案土地的行为,在主观上不具有意思联络,且均未举示排放污染物数量等证据,应承担连带责任。遂判决中盐长寿公司、四川钻井大队对被污染的土地恢复原状,如逾期未恢复,则连带向珍心鲜农业公司支付修复费用;同时连带赔偿珍心鲜农业公司土壤修复期间的产出损害及农产品减产损失。

中盐长寿公司、四川钻井大队均不服一审判决,提起上诉。重庆市第一中级人民法院二审认为,四川钻井大队在对长平三井施工过程中产生污染,四川钻井大队处理、填埋长平三井产生的污染物措施不当产生污染,中盐长寿公司建成并使用的长平二井管道泄漏造成污染。中盐长寿公司、四川钻井大队的行为均污染了涉案土地,二者主观上无意思联络,无法详细区分各自排放污染物的数量及污染范围,但二者各自的污染行为尚不足以造成全部后果,应区分原因力的大小,各自承担相应的责任。考虑到距离远近因素、两次污染行为发生时间的先后因素以及珍心鲜农业公司采取积极措施防止污染扩大等因素,依法改判中盐长寿公司、四川钻井大队分别承担相应的责任。

典型意义

本案依法支持民营企业诉讼请求、合理认定国有企业环境污染侵权责任。中盐长寿公司、四川钻井大队对珍心鲜农业公司的农业基地分别实施了污染行为,二审法院充分考量造成涉案土地污染损害后果的原因力大小、受污染土地与污染源的距离远近等因素,依法认定由四川钻井大队、中盐长寿公司各自的赔偿责任。同时还考虑到,珍心鲜农业公司在土地遭受污染后,一直采取积极措施防止污染损失的进一步扩大并向相关部门积极反映,其对本案损害后果的发生并无过错,在本案中不应承担责任。法院在审理本案时,平等对待双方当事人,依法维护了民营企业合法权益。

赵某某职务侵占案

基本案情

2015年6月，被告人赵某某担任重庆福瑞口腔医院管理有限公司总经理。总体负责公司日常管理工作，该公司注册地在涪陵区，位于重庆市涪陵区滨江大道二段8号。2015年6月3日至8月14日，赵某某在公司内先后21次从公司收银员周某某、陈某处领取公司营业款现金人民币117,424元。2015年8月15日至10月10日，赵某某先后8次以备用金名义从公司对公账户将公司财产176,293.73元转入自己私人账户。赵某某将其中的36,000元营业款及63,760元备用金归还到公司对公账户，将其中53,322.72元用于支付公司房屋租金、车辆油费等公司费用。剩余公司财产140,635.01元被赵某某采取欺骗、隐瞒等方式占有后用于购买股票、偿还信用卡欠款等个人消费。案发后，被告人赵某某如实供述以上犯罪事实并且退还赃款人民币60,200元。诉讼中，被告人赵某某退还赃款人民币80,435.01元。

裁判结果

重庆市涪陵区人民法院认为，被告人赵某某身为重庆福瑞口腔医院管理有限公司的管理人员，利用职务上的便利，将本单位数额较大的财物非法占为己有，其行为已构成职务侵占罪。公诉机关指控被告人赵某某犯职务侵占罪的罪名成立，应依法追究被告人赵某某的刑事责任。被告人赵某某到案后,如实供述犯罪事实,认罪态度较好,可以从轻处罚;退还了全部赃款,可酌情从轻处罚。重庆市涪陵区人民法院以被告人赵某某犯职务侵占罪,判处有期徒刑8个月,被告人赵某某所退赃款人民币140,635.01元发还被害单位重庆福瑞口腔医院管理有限公司。一审宣判后,公诉机关未提出抗诉,被告人未提出上诉。

典型意义

本案是民营企业职工利用职务便利侵占公司财产的典型性案例。该案裁判体现了不但要对贪污、挪用公款等侵犯国家财产犯罪进行打击,同时对侵犯非公经济财产的犯罪也应严厉打击,依法维护民营企业的财产安全,促进民营经济健康发展。

申请执行人重庆太仓科技有限公司与被执行人内江远成置业有限公司借款合同纠纷案

基本案情

因内江远成置业有限公司逾期未履行生效法律文书确定的义务，申请执行人重庆太仓科技有限公司重庆市两江新区天宇小额贷款股份有限公司向重庆市第一中级人民法院申请对被执行人内江远成置业有限公司名下的房产进行强制执行。法院依法受理，于2016年5月6日立案执行，执行案号为〔2016〕渝01执587号，执行标的金额为3000万元。

2016年5月24日，重庆市第一中级人民法院到执行标的物所在地张贴拟处置公告，被执行房产被安泰酒店管理有限公司占有使用，其法定代表人付某某向执行法院提交材料，说明其与内江远成置业有限公司之间有债务未履行，要无偿使用被查封房产到其认为债权实现为止。但安泰酒店管理有限公司并未依法提交执行异议申请书，也无相应的证据材料。法院依法委托评估公司对上述被查封房屋进行评估、拍卖，评估总价为2573万元，以评估价为保留价进行拍卖，因无人竞拍而两次流标。2016年11月1日，申请执行人重庆太仓科技有限公司向执行法院提交《以物抵债申请书》，申请以二拍流标价2187.05万元接受上述房产用于抵债，法院作出以物抵债相关裁定，并于2017年2月送达内江市市中区不动产登记中心。

2017年3月19日，重庆市第一中级人民法院到执行现场张贴限期搬迁公告，通知安泰酒店管理有限公司60天内搬迁。安泰酒店管理有限公司逾期拒不搬迁，且未与法院联系。2017年7月17日，法院对安泰酒店管理有限公司及其法定代表人付某某立司惩案号，拟对其采取罚款、拘留等司法强制措施。因2017年8月21日，付某某到法院请求给予搬迁期限的宽限，法院经慎重考虑，决定给其宽限时间，故再次向其送达《限期搬迁通知书》。然而，第二次搬迁通知期限届满，安泰酒店管理有限公司仍然拒不搬迁。

2017年10月27日，重庆市第一中级人民法院实施强制交付，并请求内江市中级人民法院与市中区人民法院协助执行，执行法院出动20名干警，协助执行法院共派出19名干警，当天顺利完成上述房产的强制交付。

执行结果

重庆市第一中级人民法院在2017年10月27日完成强制执行后，经查询被执行人内江远成置业有限公司名下已无可供执行财产。申请执行人亦未提供被执行人可供执行的财产线索。经申请人重庆太仓科技有限公司书面同意，依法终结本次执行程序，待发现被执行人有可供执行的财产时，再申请恢复执行。同时，法院已将被执行人内江远成置业有限公司纳入失信被执行人黑名单，并向其发布限制高消费令。

典型意义

本案的典型意义体现在：一是执行法院多措并举，强化执行措施，积极作为，破除执行障碍，切实保护申请执行人利益，依法促进中小民营企业健康发展。金钱债权纠纷为民营企业常见纠纷，当事人拿着胜诉的一纸判决，却无法实现判决所确定的权利，让企业陷入经营困境，尤其是中小企业甚至会因资金困难而难以为继。当被执行人有可供执行财产，执行中却出现执行障碍时，法院应积极作为，依法采取强有力措施，确保该类具备执行条件的案件得到及时有效执行。二是强化法院间相互协助，集约化运用有限司法资源，是破解“执行难”的有效路径。本案中执行法院建立执行联动工作机制，实行跨区域协作执行，既解决异地执行难问题，又确保了执行效果。

涉自贸试验区司法保护

法国轩尼诗公司诉蓬莱酒业有限公司侵害商标权纠纷案

裁判要旨

组合立体商标的专用权范围由三维标志和平面要素的显著性决定。当两要素均有显著性时,三维标志相对于平面要素,视觉冲击力更大,特征更明显,相关公众能够第一时间通过该三维标志识别商品来源,对立体商标的保护范围更具影响,故被控侵权商品上即使没有使用与平面标识相似的图案,亦不影响对被控侵权商品是否构成侵权的判断。

基本案情

原告法国轩尼诗公司系第4842349号立体商标的商标专用权人,核定使用商品为葡萄酒等。商标注册证上的图片显示该立体商标的特征为:整体为透明圆形玻璃瓶形状,由瓶盖、瓶颈、瓶身和底座构成;瓶颈较窄,上裹有深色塑料瓶贴,该瓶贴并与瓶盖相连;瓶身较宽,上部接近瓶颈处印有呈扁平状的椭圆形瓶贴,该瓶贴上有"VSOP"字样;该椭圆形瓶贴的正下方有方形瓶贴,位于瓶身的中下部,上有"Hennessy"字样,瓶身背面也有方形瓶贴;瓶身的底部向内略凹陷并与底座相连,底座呈矮圆台形状,从底面向上看,底座圆形边缘有一个缺口。轩尼诗VSOP酒的外观造型与该立体商标特征一致。根据梅花网广告监测数据显示,2003年至2015

年,“轩尼诗 VSOP”酒在全国报刊刊登有近 300 条广告。被告蓬莱酒业有限公司生产销售的“万事好金奖白兰地”酒的外形特征与上述立体商标特征基本一致,但其正面瓶贴上还有“Waterwall”“V · S · O · P”“万事好金奖白兰地”字样;瓶身背面瓶贴上载有产品、生产日期、产地、生产者等信息;底座相对于瓶身呈略微凹陷的矮圆台形状。法国轩尼诗公司认为蓬莱酒业有限公司生产销售了侵害其立体商标的商品,遂起诉至法院请求判令蓬莱酒业有限公司停止生产销售侵权商品并赔偿经济损失及合理支出 300 万元。

裁判结果

重庆市渝北区人民法院经审理认为,商标的保护范围应当以商标注册证上显示的商标特征为准。具体到立体商标,商标的保护范围应当以商标注册证上的图形或照片为准。具体到本案,第 4842349 号注册商标的核定使用商品为酒类商品,从商标注册证上的照片来看,第 4842349 号立体商标的特征不仅包含商品的立体形状,还包括附着于该商品的装潢的形状及所处位置,即既包含具有独特形状、比例的立体瓶型,又包括附着于瓶型的瓶贴的形状及所处的位置。上述特征的组合,区别于一般的酒瓶,具有显著特征,能够识别商品来源,共同构成该商标的特征。且涉案立体商标经过原告的广泛宣传使用,具有较高的知名度,相关公众已将该立体商标——尤其是立体商标中的立体形状与原告建立了稳定的联系,该立体商标中的立体形状已不仅仅是商品的容器,其已经起到识别商品来源的作用。被控侵权商品使用的瓶型以及瓶型上使用的瓶贴的形状及位置均高度相似,尤其是相对于瓶身呈略微凹陷的矮圆台形状的底座,扁平椭圆形的瓶贴位于瓶身上部,下方有近似正方形的瓶贴。在上述立体标识已具有较高知名度的前提下,即使瓶贴内容有所差别,涉案商品使用上述组合特征的立体标识,也易使相关公众对商品来源产生误认,故涉案商品上使用的立体标识与第 4842349 号注册商标构成近似,被告在涉案商品上使用上述立体标识的行为构成侵权。另外,原告注册商标中平面要素部分与被告使用不近似,仍会导致消费者混淆和误认。理由在于:首先,一个商品上可以同时存在多个注册商标,相关消费者可以通过任何一个注册商标来识别该商品的来源。故原被告商品上是否使用其他标识,均不影响对被告使用涉案立体标识是否构成侵权的评价。其次,涉案立体商标经过原告的广泛宣传使用,已经与原告建立较强的稳定的联系,相关公众以一般的注意力为标准容易对被告生产的产品产生误认,或认为与原告具有某种关联。最后，被告作为酒类生产商，在涉案商标具有较高知名度的前提下，被告仍在同类酒产品上使用与原告涉案商标近似的立体标识，被告即使在相似的立体标识上增加其他标识，仍会导致相关公众产生混淆误认。综上所述，法院认定被告行为构成商标侵权，遂判决蓬莱酒业有限公司立即停止生产销售侵权商品并赔偿经济损失及合理支出 15 万元。

一审宣判后，被告蓬莱酒业有限公司递交上诉状，但未交上诉费，二审法院按撤回上诉处理，一审判决已生效。

见华实业股份有限公司诉重庆金海标准件有限公司买卖合同纠纷案

裁判要旨

国际商会制定的《国际贸易术语解释通则》完整总结并解释了国际贸易中与交付、价格、费用等密切相关的贸易条件,虽不具有强制性,但对于当事人订立和履行合同具有较强规范和指引作用,实际已为各国共同理解和普遍接受,成为一种国际惯例被交易各方一致遵守。双方当事人因对该规则理解偏差和适用不规范引发的国际贸易合同纠纷,可通过适用《国际贸易术语解释通则》对合同约定的 CIF 规则进行解释。

基本案情

2015 年 5 月 25 日,原告见华实业股份有限公司与被告重庆金海标准件有限公司签订《买卖合约书》,约定原告(卖方)向被告(买方)出售气压式四轴攻牙机、螺帽对边压点机,合计价款人民币 989,120 元。买方于签订合约后预付合约总额的 30% 即 296,736 元为订金,交货前支付合约总额的 60% 即 593,472 元,买方于收到标的物后 6 个月内付清余额为合约总额的 10% 即 98,912 元;本合约价款买方未清偿或支票不获兑现或取消买卖合约时,买卖标的物及订金所有权仍属卖方。卖方在收到买方预付订金后,4 个月交机;交货地点为买方重庆厂,交易条件为 CIF 重庆港。试车螺帽由买方客户提供,于交货日期前 1 个月送至卖方,每种规格须要 2 万个,如逾期提供,交货日期则顺延;卖方于设备完成后,通知买方于卖方厂内试车验收并签署验收单,以确认卖方产品出厂前标准无误。合同订立后,被告于 2015 年 7 月 23 日向原告支付了合同总价款989,120 元的30%,即296,736 元。原告于2016 年1 月 26 日完成涉案合同项下机械设备,并在高雄港装船出货。该批货物于同年 1 月 30 日达到上海港,3 月 2 日被告向上海港申请并作清关,3 月 6 日出关上海港,3 月 11 日达到重庆港珞璜码头,其后被告将该货物运抵被告厂区。该批货物现仍存放于被告厂区。被告为涉案买卖合同项下之货物运输,已向第三方货物运输公司支付了上海港至重庆港珞璜码头运输费 12,100 元、重庆港珞璜码头至被告厂区运输费 1650 元,两项运输费合计 13,750 元,并已向上海海关缴纳了进口关税 62,627.52 元、进口增值税 99,369 元、进口滞报金 3914 元。合同履行期间,原、被告双方通过电子邮件就合同履行细节、合同约定价款是否含税价、《补充协议》是否成立有效、运费和关税承担主体等问题发生争议,被告因此未按合同如期支付剩余货款。原告遂起诉至法院,请求判令被告支付所欠货款692,384元及相关利息。

裁判结果

重庆市第五中级人民法院经审理认为,本案《买卖合约书》系双方当事人真实意思表示,依法成立,合法有效,《补充协议》因没有获得原告公司确认,并未成立,更未发生法律效力,因此双方对于合同的履行仍应依据《买卖合约书》之约定执行。关于标的物交付地点,《买卖合约书》约定交易条件为 CIF 重庆港,标的物交货地点为被告重庆厂,其中 CIF 根据《国际贸易术语解释通则》是指在装运港当货物越过船舷时卖方即完成交货,因此《买卖合约书》的上述约定相互矛盾。结合双方往来函件及庭审所述,在原告交付标的物前,被告应提供试车螺母用于原告位于中国台湾地区的厂区完成测试验收,但由于被告未前往原告厂区,也未提供试车螺母,原告才将涉案标的物运至上海港,以期在其关联公司完成涉案标的物的测试验收,但被告已将涉案标的物从上海港清关运至重庆厂,才使双方未能按合同约定的验收方式实施货物验收。据此,原告将涉案标的物运至上海港不构成违约,其已完成涉案标的物的交付,交付日为被告在上海港所作之货物清关日即 2016 年 3 月 2 日。另根据《国际贸易术语解释通则》,CIF 价 = C 成本 + I 保险费 + F 运费;CIF 条件下之出口报关责任及费用应由卖方负责,进口报关责任及费用应由买方负责,因此涉案标的物进口关税及费用应由被告承担,但运费应由原告承担。综上所述,被告未按合同如期支付剩余货款,构成违约,应承担违约责任,并承担货物的出口关税及费用。据此,在扣除被告已经支付的运费13,750元后,法院判决被告重庆金海标准件有限公司向原告见华实业股份有限公司支付货物欠款总计人民币678,634元,并赔付相应资金占用损失。

一审宣判后,双方当事人均未上诉,裁判已生效。

台湾产物保险股份有限公司诉重庆卓劲装卸搬运有限公司合同纠纷案

裁判要旨

诉讼时效制度主要是为了督促权利人通过起诉来积极行使其权利,权利人向法院起诉无论法院是否受理,均产生诉讼时效中断的效果。受理保险人行使代位请求赔偿权利纠纷案件的人民法院应当仅就造成保险事故的第三者与被保险人之间的法律关系进行审理。

基本案情

英业达(重庆)有限公司自英鑫达公司处购买一批设备,需要运输及装卸。2013 年 2 月 22 日,重庆卓劲装卸搬运有限公司向英鑫达公司发出报价单,载明:"设备名称:1. 注塑机 450TX 5 台报价为人民币:壹万叁仟捌佰元整(¥13,800.00)。2. 厂区移位 450TX 4 台报价为人民币:叁仟贰佰元整(¥3200.00)。以上 1、2 项总报价为人民币:壹万柒仟元(¥17,000.00)。备注:我司派 35T 意大利进口自卸吊车 1 台、7T 叉车 1 台、专业搬运工具 1 套、专业搬运技术工 6 名。由一名工程主管带队,负责将以上设备一次性从厂内移出、装柜固定及厂内移位工程。"2013 年 3 月 3 日,英鑫达公司自原告台湾产物保险股份有限公司处为其中 5 台 450T 成型机设备投保,保险期间为自浙江嘉善发货人工厂至重庆收货人工厂,约定运输方式为海运、内河及内陆运输,投保金额为发票金额的 110%。当月,重庆卓劲装卸搬运有限公司负责案涉集装箱、货物的装卸固定,再由重庆集洋物流公司将集装箱整体运输至英业达(重庆)有限公司位于重庆的工厂。

2013 年 3 月 23 日、2013 年 3 月 25 日,集洋物流公司货车行驶至重庆市沙坪坝区西永地区遇红绿灯路口刹车时,集装箱内的货物突破箱内的绑扎固定物并冲击前壁箱。2013 年 3 月 23 日事故中箱内设备穿透集装箱箱壁 30 厘米左右,2013 年 3 月 25 日事故中箱内设备穿透集装箱箱壁撞向货车车头。两次事故,交警均认为货车为正常行驶,不属于交通事故,未进行事故认定。事故发生后,台湾产物保险股份有限公司委托上海安晟保险公估有限公司进行检验,上海安晟保险公估有限公司经调查后作出检验报告,载明事故发生经过,昆山震雄亚塑机械有限公司报价单对货物修理费用报价总计为 74,883.50 美元,折扣后为 74,333.50 美元,并认为该费用在合理范围内。还于结论中载明:“因此,我们认为本次事故中造成设备货物损坏的原因,应当是由于重庆卓劲装卸搬运有限公司对货物的包装/绑扎不当。”2013 年 6 月 5 日,台湾产物保险股份有限公司向被保险人英鑫达公司赔付 74,333.50 美元。台湾产物保险股份有限公司认为重庆卓劲装卸搬运有限公司应当就货损进行赔偿,遂于 2015 年 3 月 20 日起诉至浙江省嘉善县人民法院,向重庆卓劲装卸搬运有限公司追偿保险赔付金。2015 年 4 月 28 日,浙江省嘉善县人民法院裁定:“对起诉人台湾产物保险股份有限公司起诉重庆卓劲装卸搬运有限公司一案不予受理。”后台湾产物保险股份有限公司又起诉至重庆市沙坪坝区人民法院,请求判令重庆卓劲装卸搬运有限公司赔偿货物损失人民币 458,771.50 元及利息。

裁判结果

重庆市沙坪坝区人民法院经审理认为,我国《保险法》第 60 条规定,因第三者对保险标的的损害而造成保险事故的,保险人自向被保险人赔偿保险金之日起,在赔偿金额范围内代位行使被保险人对第三人请求赔偿的权利。本案中,保险人台湾产物保险股份有限公司已根据保险合同赔付保险金,双方主要争议焦点在于是否因重庆卓劲装卸搬运有限公司对本案所涉设备造成损害。重庆卓劲装卸搬运有限公司认可其实际负责 450T 成型机的装卸、固定等,故其与英鑫达公司之间装卸合同已成立有效,重庆卓劲装卸搬运有限公司应当尽到装卸方的相应义务。本案中,双方均未提供对于装卸服务具体内容的相关合同或约定的证据,但港口集装箱装卸工作系专业资质公司进行之工作，对货物的有效固定亦为行业标准《集装箱港口装卸作业安全规程》（GB 11602－2007）所要求。本案中货物重达 102.50 吨，显然对该货物的有效固定系重庆卓劲装卸公司应尽义务。

台湾产物保险股份有限公司提供的上海安晟保险公估有限公司《检验报告》与集洋物流公司陈述吻合，事故发生时交警到现场后因无交通违法行为未出具事故认定书，系正常行驶中货物发生位移造成损害。而庭审中重庆卓劲装卸搬运有限公司自述不能判断货物固定是否合理。考虑重庆卓劲装卸搬运有限公司系专业资质装卸人，固定货物系其业务专业范围，以其专业判断尚不能确定固定是否合理，显然未对固定方式尽到注意义务，结合上述事实足以认定本案中货物受损原因系固定不当。因此，重庆卓劲装卸搬运有限公司作为装卸方未履行其相应义务有效固定集装箱中货物致发生损害，其应当对此承担赔偿责任。保险人台湾产物保险股份有限公司已支付相应赔偿金，可依法在赔偿金额范围内行使对重庆卓劲装卸搬运有限公司请求赔偿的权利。遂判决：（1）由重庆卓劲装卸搬运有限公司于本判决生效后 3 日内向台湾产物保险股份有限公司清偿保险赔付金 458，771.50 元，并支付利息，该利息以未付保险赔付款为基数自 2016 年 8 月 31 日起算按中国人民银行同期贷款利率计算至付清之日止。（2）驳回台湾产物保险股份有限公司的其他诉讼请求。

一审宣判后，重庆卓劲装卸搬运有限公司不服，提起上诉。

二审法院经审理认为，根据最高人民法院《关于适用〈中华人民共和国保险法〉若干问题的解释（二）》第 16 条第 2 款的规定，保险人代位求偿权的诉讼时效期间应自其取得代位求偿权之日起算。因此，台湾产物保险股份有限公司代位求偿权的诉讼时效的起算点应该是其赔付保险金从而取得代位求偿权的时间（2013 年 6 月 5 日），并非以事故发生日为起算点。台湾产物保险股份有限公司向浙江省嘉善县人民法院起诉的时间为 2015 年 3 月 20 日，未满 2 年诉讼时效期间。其后，台湾产物保险股份有限公司于 2016 年 8 月 25 日再次起诉至重庆市沙坪坝区人民法院，距其起诉至浙江省嘉善县人民法院之日未满 2 年。双方的争议集中在"向无管辖权的法院起诉后被法院裁定不予受理且诉讼文书未到达对方当事人时是否引起时效中断"。对此，《民法通则》第 140 条规定："诉讼时效因提起诉讼、当事人一方提出要求或者同意履行义务而中断。从中断时起，诉讼时效期间重新计算。"根据最高人民法院《关于审理民事案件适用诉讼时效制度若干问题的规定》第 12 条的规定，当事人一方向人民法院提交起诉状或者口头起诉的，诉讼时效从提交起诉状或者口头起诉之日起中断。本案中,尽管台湾产物保险股份有限公司向无管辖权的法院起诉后被法院裁定不予受理,仍然产生诉讼中断的效果。因为诉讼时效制度主要是为了督促权利人通过起诉来积极行使其权利,避免权利义务处于不稳定状态,强调权利人在诉讼时效期间内积极主张过权利,在诉讼时效内起诉是权利人通过公权力向对方主张权利,是权利人行使其权利最切实有效、最强烈的方式,主观上是希望自己权利尽快实现,客观上也采取了向人民法院起诉的措施,表明其并非怠于行使权利。而且,法律和司法解释并没有对诉讼时效起诉构成中断进行限制规定。根据最高人民法院《关于审理民事案件适用诉讼时效制度若干问题的规定》第 14 条、第 15 条的规定:权利人向人民调解委员会及其他有权解决相关民事纠纷的国家机关、事业单位等组织提出保护相应民事权利请求和向公检法报案或者控告请求保护其民事权利的均可引起诉讼时效的中断。从以上规定可以看出,当事人向有关机关提出保护民事权利的请求后,即引起诉讼时效的中断,而不问相关机关是否将这一请求及时告知了相对方。同理,诉讼时效的中断取决于原告是否向法院提起诉讼,而非诉讼过程或诉讼结果。因此,台湾产物保险股份有限公司向无管辖权的浙江省嘉善县人民法院起诉后被法院裁定不予受理仍然导致诉讼时效中断。

关于保险合同是否无效是否应该纳入本案的审查范围。最高人民法院《关于审理海上保险纠纷案件若干问题的规定》第 14 条规定:“受理保险人行使代位请求赔偿权利纠纷案件的人民法院应当仅就造成保险事故的第三者与被保险人之间的法律关系进行审理。”这虽然是海商法对保险代位求偿权制度的规定,但都属于保险法的范畴,可以在陆地保险代偿权纠纷中参照适用。保险合同是对被保险人的保障,对于第三者来说,是否承担法律责任和保险合同效力无关,而应当依据第三者与被保险人之间的法律关系确定。保险人是基于第三者与被保险人之间的法律关系提起的代位求偿之诉,如果轻易允许第三者对保险合同效力提出异议,将使保险合同已经确定的保险责任再生变故,徒将法律关系复杂化。因此,保险代位求偿权的取得属于法定请求权转让,保险人行使的是原属于被保险人的赔偿请求权,该赔偿请求权和保险合同属于不同法律关系,法院仅就造成保险事故的第三者与被保险人之间的法律关系进行审查,保险合同效力不属于法院的审查范围。故判决驳回上诉,维持原判。

西门子产品生命周期管理软件有限公司诉重庆环松科技工业有限公司等侵害计算机软件著作权纠纷案

裁判要旨

在难以确定著作权人因侵权所受损失或侵权人因侵权所获利益具体金额的情况下，如有证据证明权利人的损失数额已经明显超过法定赔偿最高限额的，人民法院可以综合考虑作品性质、侵权产品数量、侵权行为持续时间及后果、作品正常许可费用、侵权人过错程度、合理维权开支等因素，在法定最高限额以上综合确定赔偿数额。

基本案情

原告西门子产品生命周期管理软件有限公司（以下简称西门子公司）享有涉案 NX6.0、NX8.0、NX8.5、NX10.0 计算机软件的著作权并在美国版权局进行了登记。上述软件在行业内亦称为"UG 设计软件"。NX 系列计算机软件是一个产品工程解决方案，它为用户的产品设计及加工过程提供了数字化造型和验证手段。它是一款集 CAD/CAM/CAE/于一体的三维参数化设计软件，涵盖了产品设计、制造和仿真的完整开发流程。在汽车、航空航天、日用消费品、通用机械及电子工业等工程设计领域得到广泛应用。被告环松集团公司成立于 1997 年 3 月 26 日，经营范围包括制造、销售摩托车整车、助力车产品、摩托车零部件、汽车零部件、助力车零部件、普通机械配件等。被告重庆环松科技工业有限公司(以下简称环松科技公司)成立于2004年12月24日,经营范围包括生产销售:摩托车、通用汽油机以及加工、销售全地形车及零部件、高尔夫球车及零部件、小型电动机械、汽车零部件、普通机械配件等,公司股东包括环松集团公司。

一审法院根据西门子公司的申请,对重庆市长寿区晏家工业园区齐心大道29号环松科技公司技术中心2层中的相关计算机采取证据保全。现场共有计算机45台,除2台计算机无主机、2台计算机无法开机、6台计算机设有密码无法操作外,其余开机检查的35台计算机中,有26台计算机安装了NX8.0,有1台计算机同时安装了NX8.5和NX6.0,有1台计算机安装了NX8.5,有1台计算机安装了NX10.0,有5台计算机显示有NX软件界面但无法打开软件,有1台计算机显示没有NX软件。保全地址虽然系环松科技公司住所地,但该地址入门处却显示有"环松工业集团欢迎您"字样,附近公路也立有"环松工业集团"标牌。但环松集团公司工商登记住所地为重庆市九龙坡区华岩镇石堰工业园区。

西门子公司认为,两被告未经其许可擅自使用其NX系列计算软件,遂起诉至法院请求判令环松集团公司、环松科技公司立即停止侵犯西门子公司计算机软件著作权的行为,并由二被告赔偿西门子公司经济损失以及制止侵权支出的费用合计人民币875万元(计算方式为:单价25万元/套×侵权数量35套)

案件审理过程中,西门子公司举示了案外人之间签订的多份《购买UG NX软件合同》,用以证明NX系列计算机软件的价格在每套18万元至25万元。环松科技公司向法院提交了转账凭证、增值税专用发票、计算机删除记录等证据,用以证明保全计算机中的软件已全部删除。

裁判结果

重庆市第一中级人民法院经审理认为,环松集团公司工商登记住所地为重庆市九龙坡区华岩镇石堰工业园区,现有证据并未显示其住所地曾位于重庆市长寿区晏家工业园区(环松科技公司所在地)。虽然环松科技公司入门处显示有"环松工业集团欢迎您"字样、附近公路也有"环松工业集团"标牌,但"环松工业集团"与环松集团公司的企业名称并非一一对应,在无充分证据的情况下,不能以此推定"环松工业集团"即代指环松集团公司。西门子公司出示的有关证据,并不能直接证明环松集团公司实际使用了被控侵权软件,在未举示其他证据佐证的情况下,其关于环松集团公司实施了被控侵权行为的主张不能成立。

由于环松科技公司未举证证明涉案保全计算机中的 NX 系列软件经过西门子公司授权复制和使用,故环松科技公司未经西门子公司许可,复制并使用西门子公司的计算机软件,侵犯了西门子公司的计算机软件著作权,应依法承担停止侵权和赔偿损失的法律责任。虽然环松科技公司举示了计算机删除记录拟证明涉案保全计算机中软件已全部删除,但该删除记录系其自行制作,且无法证明相关计算机即为涉案保全计算机,无法证明与本案具有关联性,不予采信。因此,西门子公司要求环松科技公司停止侵权行为的诉讼请求成立,应予支持。

环松科技公司因复制使用侵权软件给西门子公司造成的实际损失可以根据侵权情节推算出与侵权行为持续时间和规模相当的损失数额,不属于权利人实际损失无法确定的情形,且该损失额明显超出了 50 万元法定赔偿限额,如果仍按法定限额酌定损失赔偿数额显然不具有合理性。西门子公司举示了若干销售合同及其相关支付票据拟作为其损失赔偿额的计算依据,但 NX 系列软件的价格依据不同的软件包所包含的模块数量的不同,价格会有所差异;同时,NX 系列软件销售合同中所显示的价格可能包含后期维护服务,NX 系列软件在高一版本上市后,按照市场规律原版本价格会下浮,且经过相当时期后,原版本即不再公开销售。故并不能直接以西门子公司所提交的相关合同价格确定复制品的实际价值,对于其实际损失可由法院进行酌定。在酌定损失时,要考虑以下因素确定:(1)软件的性质。NX 系列软件与其他应用软件的最大不同就是可以使用该软件产生直接的经济效益,没有 NX 软件或者类似的设计软件,其企业成本将大大增加。(2)软件的合理使用费,涉案软件的正常市场价格较高。(3)从法院证据保全的情况看,西门子公司主张侵权数量为 35 套具有一定合理性。(4)环松科技公司的主观状态。环松科技公司在其经营场所内计算机上安装涉案软件是为了其生产经营活动需要,属于商业性使用,由于其并未提供证据证明涉案软件系合法取得或得到西门子公司授权、许可,故可以认定其主观上具有一定过错。(5)侵权行为持续的时间以及造成的后果。从环松科技公司的企业性质、经营范围、成立时间、企业规模来看,环松科技公司复制并使用涉案软件的时间可能较长,造成了一定的损害后果。(6)虽然涉案软件存在多个不同的版本,但各版本之间是功能扩展及完善的关系,各版本软件并不存在根本性的差异。(7)合理费用情况。虽然西门子公司并未举示相关证据证明合理费用的开支情况,但西门子公司的举证中有公证书,也聘请了律师进行诉讼,故西门子公司主张公证费、律师费具有一定合理性。综合考虑以上因素,法院酌情确定环松科技公司赔偿西门子公司经济损失及合理费用合计 125 万元。遂判决:(1)被告重庆环松科技工业有限公司于本判决生效之日起立即停止对原告西门子产品生命周期管理软件有限公司享有的 NX6.0、NX8.0、NX8.5、NX10.0 计算机软件著作权的侵害;(2)被告重庆环松科技工业有限公司于本判决生效之日起 10 日内赔偿原告西门子产品生命周期管理软件有限公司经济损失及其为制止侵权产生的合理费用合计人民币 125 万元;(3)驳回原告西门子产品生命周期管理软件有限公司的其他诉讼请求。

一审宣判后,西门子公司和环松科技公司均不服,提起上诉。

二审法院经审理认为,从一审法院保全的证据材料来看,涉案保全计算机中有西门子公司享有著作权的 NX 系列软件,环松科技公司没有提供涉案 NX 系列软件的来源,也未举证证明一审法院保全的 NX 系列软件与西门子公司享有著作权的计算机软件的不同之处,故认定环松科技公司复制和使用的涉案 NX 系列软件与西门子公司享有著作权的计算机软件相同。环松科技公司在未经西门子公司许可的情况下,复制并使用西门子公司的 NX 系列软件,侵犯了西门子公司的计算机软件著作权,依法应承担停止侵权和赔偿损失的法律责任。环松科技公司提出其未侵犯西门子公司 NX 系列软件著作权的上诉理由不成立,不予支持。此外,一审法院判决确定的赔偿数额为 125 万元,西门子公司认为该数额过低,而环松科技公司则认为该数额过高。本院认为,虽然根据《著作权法》第 49 条的规定,法定赔偿数额的上限是 50 万元,但是权利人如果有初步证据证明权利人的损失明显超过该上限时,法院判决的赔偿数额则可以超过 50 万元。本案中,西门子公司举示的相关证据证明环松科技公司复制并使用的涉案 NX 系列软件有 35 套,且购买一套的价格较高,故西门子公司已初步证明本案西门子公司的损失明显超过 50 万元,故一审法院超过 50 万元法定赔偿的上限来确定赔偿数额并无不当。同时,本院认为,本案在确定具体的赔偿数额时,除了一审法院考虑的软件的性质、软件的合理使用费、侵权数量、环松科技公司的主观状态、侵权行为持续的时间及造成的后果、各软件版本之间的关系、合理费用情况等因素外,还应考虑以下因素:(1)虽然西门子公司提交的其与案外人所签的合同反映出涉案软件的正常市场价格较高,但涉案软件的价格会因买方和卖方在具体合同条款中的约定有所差异,并不是固定的每套软件 25 万元,且西门子公司未提交证据证明涉案软件的利润构成,无法证明价格与利润之间的关系,因此西门子公司主张按照每套软件25万元来计算其经济损失的证据不充分;(2)虽然西门子公司主张侵权数量为35套具有一定合理性,但是环松科技公司使用35套涉案NX系列软件,并不代表西门子公司就相应地减少了35套软件的获利,二者没有一一对应的关系,因此西门子公司主张仅按照35套×25万元来计算其损失,而不考虑其他因素对损失计算的影响,缺乏合法性和合理性。综合本院和一审法院考虑的各种因素,一审法院酌情确定环松科技公司赔偿西门子公司经济损失及其为制止侵权产生的合理费用共计125万元并无不当,遂判决:驳回上诉,维持原判。

依普卡公司诉重庆顺天物流有限公司等委托合同纠纷案

裁判要旨

国际货物买卖合同双方选择 CIP 贸易术语的，即确定由卖方自付费用取得货物保险。此时，卖方购买保险的义务系由 CIP 贸易术语确定，而非基于买方委托。在卖方委托第三方货运公司购买货物保险后发生保险事故的情况下，由于卖方并非作为受托人将买方的委托事务转委托给货运公司，而是处理自身事务。因此，买方基于委托合同关系直接起诉货运公司赔偿损失的，人民法院应判决驳回其诉讼请求。

基本案情

2011 年 9 月 13 日，原告依普卡公司与重庆科瑞南海制药有限责任公司（以下简称科瑞公司）签订《外销合同》，约定：(1)由科瑞公司向依普卡公司出口 40 桶共计 1000 公斤的青蒿素，总金额为 675,000.00 美元，付款方式为 60 天不可撤销信用证，价格条款为 CIF 孟买 675 美元。(2)约定货物须在 2012 年 7 月 1 日前以空运形式发货，装运港为中国重庆，目的地为印度孟买。(3)由科瑞公司购买保险，保险条款为按发票金额 110% 投保，承保期间从卖方仓库到买方仓库。(4)若合同发生争议应向中国国际经济贸易仲裁委员会申请仲裁。合同签订后，依普卡公司按约申请开立了外销合同项下信用证。信用证记载开证申请人的地址为印度拉特拉姆,装运港为中国境内任何一家机场,卸货港为孟买机场,价格条款为 CIP 孟买机场交货。

2012 年 5 月 2 日,科瑞公司就该批货物的运输、保险事宜与被告重庆顺天物流有限公司(以下简称顺天公司)签订了《运输协议书》和《进出口货物运输委托书》,主要内容包括代办运输和代办保险等。双方约定由科瑞公司委托顺天公司代办货物运输,约定托运人为科瑞公司,收货人科塔克银行,通知人为依普卡公司,装运港为中国重庆,目的地为印度孟买,运费金额为 22,837 元,价格条款为 CIP 孟买。科瑞公司委托顺天公司办理保险,约定保险费率按 110% 货值的 8‱计算,保险金额为 594 美元,折合人民币 3861 元,并将办理保险的具体要求在委托书特别约定中注明:保险费率为 110% 货值的 8‱,保险范围包括协会货物条款(A)附加转运风险,如果适用,盗窃、破损和提货不着险,战争险和罢工险,保险条款为从卖方仓库至买方仓库的协会运送条款,赔付地点在印度,不计免赔。

2012 年 5 月 3 日,顺天公司依约向华泰财产保险有限公司重庆分公司(以下简称华泰保险公司)投保。顺天公司收取科瑞公司 3861 元的保险费,实际向华泰保险公司支付 2340.17 元。2012 年 5 月 5 日,顺天公司将货物发往依普卡公司,货物于同日抵达目的港印度孟买机场。5 月 9 日,依普卡公司委托清关代理公司将货物从孟买机场运送至当地运输公司;5 月 15 日,运输公司将货物运往依普卡公司,托运人为清关代理公司,收货人为依普卡公司,出发地为印度孟买,目的地为印度拉特拉姆;5 月 16 日,装载上述货物的汽车在印度巴瓦尼失火,货物连同汽车全部烧毁。

2014 年 5 月 9 日,依普卡公司向中国国际经济贸易仲裁委员会提出仲裁申请,要求华泰保险公司承担责任。2015 年 8 月 26 日,中国国际经济贸易仲裁委员会认定由于拉特拉姆在仲裁庭认定的保险承保目的地孟买之外,保险责任于 5 月 15 日货物开始向拉特拉姆运送之时终止,故裁决驳回依普卡公司的全部仲裁请求,华泰保险公司不承担保险责任。之后,依普卡公司向北京市第四中级人民法院申请撤销该裁决书,北京市第四中级人民法院裁定驳回依普卡公司的申请。依普卡公司遂以顺天公司为被告、科瑞公司为第三人向重庆市第一中级人民法院提起诉讼,请求判令顺天公司立即赔偿依普卡公司货物损失人民币 4,266,337 元,并支付货损赔偿金的资金占用利息。

裁判结果

重庆市第一中级人民法院经审理认为,本案是涉外民事纠纷案件,被告的住所地在本院辖区,法院依法享有管辖权。因本案是委托代理保险合同纠纷,依据我国《涉外民事关系法律适用法》第16条第1款规定,代理适用代理行为地法律。本案中代理行为地为中国重庆,因此适用中华人民共和国相关法律解决本案纠纷。本案争议焦点是依普卡公司起诉是否已经超过诉讼时效、顺天公司是否是适格被告以及若被告适格,顺天公司在保险代理过程中是否存在过错。对上述焦点,法院认为依普卡公司于2015年不服仲裁裁决申请撤销裁决,北京市第四中级人民法院于2016年3月30日裁定驳回申请后,华泰保险公司不承担保险赔偿责任的事实才得以确认,依普卡公司自此才知道自己的权益受到侵害,转而向顺天公司索赔,未超过两年的诉讼时效。

依普卡公司与科瑞公司签订的《外销合同》中以独立的保险条款方式对涉诉货物保险事宜作出约定,同时约定由科瑞公司办理保险,科瑞公司经依普卡公司同意,通过《运输协议书》和《进出口货物运输委托书》将约定的涉诉货物保险投保事宜转委托给顺天公司,顺天公司以其向华泰保险公司购买保险的行为履行了依普卡公司委托科瑞代理购买保险的代理义务,此时依普卡公司与顺天公司之间应直接成立保险代理合同关系。因此依普卡公司可以基于与顺天公司的委托合同关系提起诉讼,顺天公司是适格的被告。但顺天公司严格依照《运输协议书》和《进出口货物运输委托书》中委托人的指示,将载明的装运港和目的地以及特别约定中的保险条款填写至投保单,已及时全面地履行了代办保险的义务,因此,顺天公司不存在过错,不应承担货物损毁的责任。另根据仓至仓条款,该批货物的保险承保责任期间从运离中国重庆卖方仓库始,至货物运抵印度孟买买方仓库止,且根据《2010年国际贸易术语解释通则》,货物运输途中的风险至货物运抵孟买机场交付依普卡公司后转移至依普卡公司,因此货物损失应由依普卡公司承担。遂判决驳回依普卡公司的全部诉讼请求。

一审宣判后,依普卡公司不服,提起上诉。

二审法院另查明,编号为0958MDC120001267的信用证载明:"货物/服务描述:青蒿素,数量2000公斤,单价675.00美元/公斤(合计1,350,000.00美元)CIP孟买机场交货,符合中国重庆科瑞南海制药有限责任公司于2012年1月13日签署的KRNH2012011301-IPCA号销售合同。"二审法院经审理认为,本案的关键问题是涉案民事法律关系性质该如何确定。《涉外民事关系法律适用法》第8条规定,涉外民事关系的定性,适用法院地法律。本案中,依普卡公司注册地在印度共和国,本案具有涉外因素，因此，对于本案民事关系的定性应适用中华人民共和国法律。本案中，依普卡公司与科瑞公司签订的《外销合同》中约定贸易术语为CIF，在科瑞公司与顺天公司签订的《进出口货物运输委托书》中载明贸易术语为CIP，在信用证中载明贸易术语为CIP。根据《2010年国际贸易术语解释通则》的规定，CIF术语仅用于海运或内河水运，CIP术语适用于任何运输方式或多种运输方式。由于本案《外销合同》所涉的运输方式并不涉及海运或内河水运，并结合当事人的相关陈述，可以确定依普卡公司与科瑞公司在本案所涉的国际货物买卖合同关系中选择的应为CIP术语。根据《2010年国际贸易术语解释通则》的规定，无论是CIF术语还是CIP术语，两者均确定由卖方自付费用取得货物保险。虽然《外销合同》中另有保险条款约定"由卖方按照发票金额110%投保，从供货商仓库到卖方在印度的仓库"，但该条款系合同双方在选择相关贸易术语的基础之上，就该贸易术语确定的卖方购买保险义务具体要求的进一步明确，并不是合同双方在该贸易术语之外另行成立的委托合同关系。因此，科瑞公司购买保险的义务系由其与依普卡公司在《外销合同》中约定选择的国际贸易术语确定，并非基于依普卡公司的委托。在依普卡公司与科瑞公司不成立委托合同关系的情况下，科瑞公司委托顺天公司办理保险事宜当然不构成《合同法》第400条规定的转委托，因此，依普卡公司与顺天公司不成立委托合同关系。依普卡公司依据委托代理关系起诉顺天公司要求其赔偿货物损失及资金占用利息的诉讼请求，缺乏事实和法律依据，依法予以驳回。一审法院对涉案民事法律关系性质认定错误，依法予以纠正。综上所述，一审判决认定事实、适用法律均有误，但判决结果可以维持，故对依普卡公司的上诉请求不予支持，遂判决驳回上诉，维持原判。

大新银行有限公司诉香港金润印务有限公司等融资租赁合同纠纷案

裁判要旨

当事人选择适用域外法的，域外法的查明问题采取以当事人提交为主，法院查明为辅的原则。在认定方面，应严格按照我国《民事诉讼法》及其相关司法解释规定的公证认证程序来审查，在符合前述程序性要求的前提下，经当事人认证无异议的，可以作为法院裁判的依据。

基本案情

2012年11月30日，被告香港金润印务有限公司（以下简称香港金润公司）向原告大新银行有限公司（以下简称大新银行）发出《租赁建议表格》，提出进行融资租赁交易的要约。大新银行根据香港金润公司的要求向香港金润公司指定的设备供应商“香港新亚菲印刷机械有限公司”购买了机器设备，并向设备供应商支付了购机款项，取得了设备供应商开具的发票。同日，香港金润公司与大新银行签订了《租赁合同》（编号为LS39970129）及《附加条款》，大新银行同意将前述设备出租给香港金润公司并置于重庆金润印务有限公司（以下简称重庆金润公司）处，明确如不能按期支付租金，逾期利率按每月3%计算，双方并就租金、租期、利息、违约责任、选择购买权等进行了约定。之后，香港金润公司签署了《交付及接受确认书》(以下简称《确认书》),确认已收到前述租赁设备,并确认设备一切正常,符合其要求设备之用途。另外,重庆金润公司与周某某、唐某、李某共同为香港金润公司的融资租赁行为向大新银行出具了《担保及弥偿书》,承诺为香港金润公司的前述融资租赁行为承担连带担保责任。协议生效后,香港金润公司仅支付了租赁协议项下42期租金,从第43期开始,香港金润公司未再支付租金,且香港金润公司与重庆金润公司未交还设备,重庆金润公司、周某某、唐某、李某亦拒绝履行连带担保责任。大新银行遂起诉至法院,请求确认原告对租赁合同所涉相关设备的所有权并由被告香港金润公司、重庆金润公司向原告返还前述设备,判令被告香港金润公司向原告支付尚欠的租金港币889,552元及逾期利息,并由被告重庆金润公司、周某某等对被告香港金润公司的前述债务承担连带清偿责任。

案件审理过程中,原告大新银行向法院出具了由香港蒋尚义律师行王伟民律师出具的《法律意见书》,该意见书载明以下主要内容:(1)我国香港特别行政区的不成文法大部分是源自英国的普通法。根据普通法,一般来说,合同在平等自愿基础上及符合当事人意思自治原则下所订立的合同均对合同双方当事人具有法律约束力。(2)除上文所述外,在合同法下,一份合同还需有代价支持或以契据形式订立,才能构成一份有效的合同。(3)根据香港特别行政区法律,本案《租赁合同》《确认书》《担保及弥偿书》均属合法有效,大新银行在香港金润公司出现违约情形时,有权依据上述合约主张终止合同、收回租赁物及要求支付拖欠的租金及逾期利息,并有权要求担保人重庆金润公司、周某某、李某、唐某承担连带清偿责任。(4)根据香港特别行政区《放债人条例》(《香港法例》第163章)第3条规定,有关禁止高利息的规定不适用于香港特别行政区《银行业条例》(《香港法例》第155章)所指的"认可机构",该"认可机构"是指银行、有限制牌照银行及接受存款公司,故大新银行将有关逾期利率约定为月息3厘或月息4厘是合法有效的,并没有违反《香港法例》。同时,该意见书还载明,蒋尚义律师行是在香港特别行政区律师会注册登记的法律服务机构,王伟民系该律师行合伙人。王伟民于1989年取得香港律师资格,自该年起在香港特别行政区执业,其作为香港特别行政区执业律师,具有资格就香港特别行政区法律问题出具法律意见书。

裁判结果

重庆市第一中级人民法院审理后认为,本案系涉港合同纠纷,涉案《租赁合同》《确认书》《担保及弥偿书》均未排除香港特别行政区之外的其他有管辖权的法院对本案争议行使管辖权。本案中,被告重庆金润公司、周某某、李某、唐某的住所地均在本院辖区,涉案租赁物使用地即合同履行地亦在本院辖区,故依照《民事诉讼法》第23条规定,本院对本案具有管辖权。由于涉案《租赁合同》《确认书》《担保及弥偿书》均已明确约定适用香港特别行政区法律,且该约定不违反相关法律的强制性规定及社会公共利益,故本案应适用香港特别行政区法律作为解决本案争议的准据法。根据查明的香港特别行政区法律,涉案《租赁合同》《确认书》均为合法有效,对当事人具有法律约束力。本案中,依据涉案《租赁合同》及《确认书》约定,涉案租赁物的所有权人为原告大新银行,且原告大新银行已依约交付了租赁设备给被告香港金润公司,被告香港金润公司理应依约按期足额交纳租金。但从原告大新银行提交的还款记录表来看,被告香港金润公司向原告大新银行已交纳42期的月租金,还剩6期未交纳,合计欠付租金港币893,652元,扣除被告于2016年7月18日支付的部分还款数额港币4100元,被告尚欠港币889,552元未支付。由于被告未举示相应的反证,故原告大新银行依照合同约定要求被告香港金润公司支付前述租金的主张成立,予以支持。依照涉案《租赁合同》约定,合同终止后,被告香港金润公司作为承租人,有义务将涉案设备及时返还原告。被告重庆金润公司仅对涉案设备拥有占有权和控制权,故在涉案《租赁合同》已终止的情况下,原告大新银行要求被告香港金润公司、重庆金润公司返还涉案设备的主张成立。涉案《租赁合同》中关于逾期利率为每月3%的约定,亦符合香港特别行政区法律规定,合法有效。至于涉案《担保及弥偿书》,虽当事人约定适用香港特别行政区法律,且根据香港特别行政区法律规定,其系合法有效,但由于重庆金润公司、周某某、李某、唐某所担保的债权人及债务人均为香港特别行政区注册的企业,故本案属于跨境担保,除合同效力审查外,还应审查其是否违反我国外汇管制的强制性规定。根据国家外汇管理局颁布实施的《跨境担保外汇管理规定》第29条及第31条规定,跨境担保的登记或备案手续不是效力性规定,而是管理性规定,本案当事人未就跨境担保合同进行登记或备案不影响担保合同的效力。故,涉案《担保及弥偿书》合法有效。遂判决:(1)确认原告大新银行有限公司系编号为LS39970129《租赁合同》项下设备的所有权人,被告香港金润印务有限公司、重庆金润印务有限公司于判决生效之日起10日内将前述设备返还原告大新银行有限公司。(2)被告香港金润印务有限公司于本判决生效之日起10

日内向原告大新银行有限公司支付租金港币 889,552 元及逾期利息。(3)被告重庆金润印务有限公司、周某某、李某、唐某对第二判项中确定的义务承担连带清偿责任。

一审宣判后,各方当事人均未提起上诉,裁判已生效。

图书在版编目(CIP)数据

人民法院法律适用与司法政策审判指导与参考 / 杨临萍主编. -- 北京 : 法律出版社, 2019
ISBN 978 - 7 - 5197 - 0027 - 0

Ⅰ. ①人… Ⅱ. ①杨… Ⅲ. ①法律适用 - 案例 - 重庆 ②司法 - 工作 - 案例 - 重庆 Ⅳ. ①D927.719.5

中国版本图书馆 CIP 数据核字(2019)第 013331 号

人民法院法律适用与司法政策审判指导与参考
RENMIN FAYUAN FALÜ SHIYONG YU SIFA ZHENGCE SHENPAN ZHIDAO YU CANKAO

杨临萍 主编

策划编辑 沈小英 陈 妮
责任编辑 陈 妮 张泽华
装帧设计 李 瞻

出版 法律出版社
总发行 中国法律图书有限公司
经销 新华书店
印刷 中煤(北京)印务有限公司
责任校对 晁明慧
责任印制 吕亚莉

编辑统筹 法治与经济出版分社
开本 710 毫米 × 1000 毫米 1/16
印张 18.75
字数 300 千
版本 2019 年 5 月第 1 版
印次 2019 年 5 月第 1 次印刷

法律出版社/北京市丰台区莲花池西里 7 号(100073)
网址/www.lawpress.com.cn
投稿邮箱/info@lawpress.com.cn
举报维权邮箱/jbwq@lawpress.com.cn
销售热线/010 - 83938336
咨询电话/010 - 63939796

中国法律图书有限公司/北京市丰台区莲花池西里 7 号(100073)
全国各地中法图分、子公司销售电话:
统一销售客服/400 - 660 - 6393
第一法律书店/010 - 83938334/8335 西安分公司/029 - 85330678 重庆分公司/023 - 67453036
上海分公司/021 - 62071639/1636 深圳分公司/0755 - 83072995

书号:ISBN 978 - 7 - 5197 - 0027 - 0 **定价**:80.00 元
(如有缺页或倒装,中国法律图书有限公司负责退换)